Schöningh

EinFach Deutsch

Unterrichtsmodell

Hermann Hesse

Der Steppenwolf

Von
Timotheus Schwake

Herausgegeben von
Johannes Diekhans

Baustein 4: Lösung oder Scheitern? – Das Magische Theater (S. 76 – 94 im Modell)

4.1	Maskenball und Magisches Theater: Höhepunkt und Abschluss des Romans	S. 203 – 278	Bildvergleich Textanalyse Gruppenarbeit Tafelbild
4.2	Der Steppenwolf: Ein Bildungs- und Entwicklungsroman Exkurs: (Anti-)Bildungsroman	ganzer Roman	Entwicklungskurven Präsentation textgebundene Erörterung Pro- und Kontra-Diskussion
4.3	Der psychoanalytische Ansatz: Freud und C.G. Jung	S. 87 – 278	Collage Bildbeschreibung Drei-Schritt-Interview Textmarkieren Einzelarbeit

Baustein 5: Autor und Epoche – Zum Verhältnis von Leben und Werk (S. 95 – 114 im Modell)

5.1	Zur Verbindung von Existenz und Dichtung: Ist Hermann Hesse Harry Haller?	ganzer Roman	Collage Gruppenpuzzle Galerie-Gang Präsentation
5.2	Merkmale der Epoche: Eine Lernspirale zu expressionistischer Zeitkritik	S. 193	Bild: „Stützen der Gesellschaft" (G. Grosz) Lernspirale „Spickzettel" Debatte

Baustein 6: Rezeption und Kritik (S. 115 – 123 im Modell)

6.1	Strukturiert streiten: Ist der ‚Steppenwolf' ein guter oder ein schlechter Roman?	ganzer Roman	Einpunktabfrage Strukturierte Kontroverse Fish-Bowl-Diskussion
6.2	Rezension: Hesses Menschenbild und Demokratieverständnis hinterfragen	ganzer Roman	Textanalyse Tafelbild Rezension Karikatur

Der Steppenwolf

Baustein 1: Die Frage des Einstiegs (S. 22 – 32 im Modell)			
1.1	Bildeinstieg und Lesestunde		Collage, Skizze
1.2	Assoziativer Einstieg: ABC-Methode oder Stummes Schreibgespräch	ganzer Roman	ABC-Methode Placemat Klappentext
1.3	Inhaltssicherung: Lektüretest	ganzer Roman	Arbeitsblatt: Test
1.4	Informationen zu zentralen Figuren erarbeiten: Hermine, Pablo und Maria		Orientierung

Baustein 2: Der Grundkonflikt: Die Identitätskrise Harry Hallers (S. 33 – 56 im Modell)			
2.1	Das Grundmotiv: Rollenbiografie und Statue	S. 7 – 53	Textarbeit, Tafelbild Schreiben: Rollenbiografie Szenische Interpretation: Statue
2.2	Figurenkonstellation	ganzer Roman	Skizze/Schaubild
2.3	Hermine	S. 87 – 278	Brainstorming Textanalyse Tagebucheintrag Kommunikationsanalyse ESAU-Methode Schreiben zu Bildern
2.4	Maria und Pablo	S. 156 – 185	Partnerpuzzle

Baustein 3: Formaler Aufbau, Sprache und Erzählweisen (S. 57 – 75 im Modell)			
3.1	Aufbau und Struktur des Romans	ganzer Roman	Textarbeit Erzähltechnik analysieren Tafelbild
3.2	Tractat: Inhalt und Aufbau	S. 54 – 86	Markieren und exzerpieren Flussdiagramm
3.3	Von der Theorie zur Praxis: Zum Verhältnis von Tractat und Magischem Theater	S. 244 – 248; S. 75 – 86	Lerntempoduett Pfeildiagramm/Schaubild Textvergleich
3.4	Besonderheiten der Sprache	S. 38; S. 100; S. 181	Blitzlicht Analyse sprachlicher Mittel Sprachkritik

Bildnachweis

|akg-images GmbH, Berlin: 125. |bpk-Bildagentur, Berlin: Hesse, Martin 131, 131; Hubmann, Hans 112; Ludwig Meidner-Archiv, Jüdisches Museum der Stadt Frankfurt am Main 113; © Estate of George Grosz, Princeton, N.J./ VG Bild-Kunst, Bonn 2016 130. |Deutsches Literaturarchiv Marbach, Marbach am Necker: 131, 131, 131. |Domke, Franz-Josef, Hannover: 35, 36, 82, 91, 114. |Friedrich Verlag, Seelze: 46. |Kassing, Reinhild, Kassel: 40, 42. |Martin Hesse Erben, Bottmingen: „Maskenball", Aquarelle von Hermann Hesse 125 u.. |Picture-Alliance GmbH, Frankfurt/M.: dpa 148; dpa-Bildarchiv 102, 104, 106, 108, 110. |Schmidt, Roger - Karikatur-Cartoon.de, Brunsbüttel: 132. |Schwake, Timotheus, Bonn: 38, 83; Paffrath, Ronja 9. |SPIEGEL-Verlag Rudolf Augstein GmbH & Co. KG, Hamburg: DER SPIEGEL 51/1959 127. |ullstein bild, Berlin: Heritage Images / © VG Bild-Kunst, Bonn, 2016 55.

westermann GRUPPE

Druck A^2 / Jahr 2018
Alle Drucke der Serie A sind im Unterricht parallel verwendbar.

Umschlaggestaltung: Jennifer Kirchhof
Druck und Bindung: Westermann Druck GmbH, Braunschweig

ISBN 978-3-14-**022671**-9

Vorwort

Der vorliegende Band ist Teil einer Reihe, die Lehrerinnen und Lehrern erprobte und an den Bedürfnissen der Schulpraxis orientierte Unterrichtsmodelle zu ausgewählten Ganzschriften und weiteren relevanten Themen des Faches Deutsch bietet.
Im Mittelpunkt der Modelle stehen Bausteine, die jeweils thematische Schwerpunkte mit entsprechenden Untergliederungen beinhalten.
In übersichtlich gestalteter Form erhält der Benutzer/die Benutzerin zunächst einen Überblick zu den im Modell ausführlich behandelten Bausteinen.

Es folgen:

- Hinweise zu den Handlungsträgern
- Zusammenfassung des Inhalts und der Handlungsstruktur
- Vorüberlegungen zum Einsatz des Romans im Unterricht
- Hinweise zur Konzeption des Modells
- Ausführliche Darstellung der einzelnen Bausteine
- Zusatzmaterialien

Ein besonderes Merkmal der Unterrichtsmodelle ist die Praxisorientierung. Enthalten sind kopierfähige Arbeitsblätter, Vorschläge für Klassen- und Kursarbeiten, Tafelbilder, konkrete Arbeitsaufträge, Projektvorschläge. Handlungsorientierte Methoden sind in gleicher Weise berücksichtigt wie eher traditionelle Verfahren der Texterschließung und -bearbeitung.
Das Bausteinprinzip ermöglicht es dabei den Benutzern, Unterrichtsreihen in unterschiedlicher Weise und mit unterschiedlichen thematischen Akzentuierungen zu konzipieren. Auf diese Weise erleichtern die Modelle die Unterrichtsvorbereitung und tragen zu einer Entlastung der Benutzer bei.

Das vorliegende Modell bezieht sich auf folgende Textausgabe:
Hermann Hesse: Der Steppenwolf. Frankfurt am Main: Suhrkamp. ISBN: 978-3-518-36675-2
Aus lizenzrechtlichen Gründen werden die Texte von Hermann Hesse nicht in reformierter Schreibung abgedruckt.

Arbeitsfrage
Einzelarbeit
Partnerarbeit
Gruppenarbeit
Unterrichtsgespräch
Schreibauftrag
szenisches Spiel, Rollenspiel
Mal- und Zeichenauftrag
Bastelauftrag
Projekt, offene Aufgabe

Inhaltsverzeichnis

Zeichnung: Ronja Paffrath

„[…] es ist die Geschichte eines Menschen, welcher komischerweise darunter leidet, daß er zur Hälfte ein Mensch, zur Hälfte ein Wolf ist. Die eine Hälfte will fressen, saufen, morden und dergleichen einfache Dinge, die andere will denken, Mozart hören und so weiter, dadurch entstehen Störungen, und es geht dem Mann nicht gut, bis er entdeckt, daß es zwei Auswege aus seiner Lage gibt, entweder sich aufzuhängen oder aber, sich zum Humor zu bekehren."

Hermann Hesse. Aus einem Brief an Georg Reinhardt, 18. August 1925. In: Materialien zu Hermann Hesses „Steppenwolf". Herausgegeben von Volker Michels. Frankfurt am Main: Suhrkamp 1972

Die Figuren des Romans

Harry Haller ist der Protagonist des Romans, der seine individuelle Entwicklungsgeschichte erzählt. Beschrieben wird er als übersensibler, neurotisch veranlagter Mann mittleren Alters, in dem unschwer ein Alter Ego Hesses erkennbar wird, der sich zum Zeitpunkt der Niederschrift des Romans in einer ‚Midlife Crisis' befand. Der „Mann um die Fünfzig" ist ein von der Gesellschaft freiwillig isoliert lebender Intellektueller, der kurzzeitige Phasen persönlichen Glücks nur in der Beschäftigung mit der europäischen Geistesgeschichte findet. Oberflächliche Zerstreuung, die nur von kurzer Dauer ist, findet der an seinem Leben leidende Außenseiter auf nächtlichen Streifzügen in Kneipen. Haller versucht mit dem Umzug in eine ihm unbekannte Kleinstadt, sein bisheriges Leben hinter sich zu lassen. Von der strengen Sauberkeit und Ordnung des bürgerlichen Lebens fühlt sich Harry gleichermaßen angezogen wie abgestoßen: Er sieht die verführerische Einfachheit und Überschaubarkeit des bürgerlichen Lebens, zugleich entgeht ihm die dem Bürgertum inhärente Verlogenheit, kulturelle Dekadenz und banale Konsumorientierung nicht, sodass das Angebot, ein bürgerlichen Leben zu führen, für ihn nicht in Frage kommt. An dieser Steppenwolf-Existenz leidet Haller so sehr, dass er für sich die Möglichkeit des Suizids in Betracht zieht. Kein Ausweg scheint sich für ihn aus den im Inneren ausgetragenen Seelenkämpfen zu öffnen, als ihm von einem seltsam aussehenden Mann ein Traktat überreicht wird, in welchem Haller sein individuelles Problem in theoretischer Form entfaltet findet. Die Lektüre des Traktats macht ihm deutlich, dass nur der Abschied von der bisher strikt eingehaltenen Trennung von Durchschnittsmensch und Steppenwolf eine Lösung bietet. Den hier theoretisch vorgezeichneten Lösungsweg, der in der Akzeptanz der unendlichen Vielfalt der Persönlichkeit beruht, kann Haller nur mithilfe mehrerer Begleitfiguren gehen, die ihm auf seinem individuellen Entwicklungsprozess hin zum Magischen Theater, dem Höhe- und Endpunkt des Romans, begleiten und anleiten. In zahlreichen Zwiegesprächen mit diesen Figuren lernt Haller, sich von der dualistischen Steppenwolf-Philosophie zu verabschieden und sich selbst zu begegnen, soll heißen, bisher unbewusste, da verdrängte Persönlichkeitsinhalte an die Oberfläche zu holen und zu akzeptieren. In den Visionen des Magischen Theaters, das anschaulich den Weg ins Innere des Selbst beschreibt und eine therapeutische Funktion innehat, erfährt Haller die Bedeutung des Abschiednehmens von der Vorstellung einer einheitlichen Persönlichkeit. Dabei wird nicht endgültig deutlich, ob er die „ewige Hingabe des Ichs an die Wandlung" tatsächlich umzusetzen in der Lage ist, da er in einer Vision des Magischen Theaters Hermine ermordet. In jedem Fall steht am Ende des Romans die Bereitschaft des Helden, sich auf die befreiende Botschaft Mozarts, eines „Unsterblichen", in Zukunft einzulassen.

Hermine ist die für Hallers inneren Entwicklungsprozess entscheidende Figur. Haller lernt das „hübsche, bleiche Mädchen" mit einem „blutrot gemalten Mund und den hellen grauen Augen" im Wirtshaus ‚Zum Schwarzen Adler' kennen. Sie erweist sich entgegen der Erwartung Hallers als gute Menschenkennerin, da sie seine Situation sofort zu analysieren in der Lage ist. Sehr schnell wird die Seelenverwandtschaft zwischen Harry und Hermine deutlich, die für Harry einerseits als Spiegel, andererseits als Gegensatz fungiert. Ihre Aufgabe als Lebenskünstlerin besteht darin, Harry das Tanzen, Spielen und Lächeln beizubringen, – Eigenschaften und Tätigkeiten, zu welchen der Steppenwolf bisher nicht in der Lage schien. Dabei erweist sie sich als intellektuell ebenbürtige Gesprächspartnerin, die Harry in mehreren Dialogen auf die Notwendigkeit einer Veränderung aufmerksam macht. Zwar teilt sie seine kritische Analyse der Gesellschaft und Kultur, die echtes und authentisches Leben nahezu verunmögliche, andererseits kritisiert sie Harrys Verweigerung eines Kompromisses. Indem sie Harry auf die von diesem bisher verdrängten Lebensformen hinweist, verkörpert sie zugleich den Anspruch des Traktats, dass auch in einer modernen, technisierten und seelenlosen Zivilisation ein glückliches Leben möglich ist. Dafür jedoch gilt es, eine Position zu gewinnen, in der Gelassenheit – „Lachen und Leben lernen" – möglich ist und konkret gelebt wird. Daher ist es nur folgerichtig, wenn Harrys Schicksalsschwester diesen mit Maria bekanntmacht, damit er sich in sie verliebe. Im Magischen Theater, auf das Hermine Harry vorzubereiten versucht, wird sie von Harry erstochen. Damit hat sie ihre Funktion der geistig-sinnlichen Integration erfüllt, sodass Harry der Falle des Suizids entkommt.

Pablo

wird Harry als bisexueller Freund Hermines vorgestellt. Harry empfindet ihm gegenüber anfangs überwiegend negative Gefühle, er scheint abgestoßen von der schönen Oberflächlichkeit des bisexuellen, drogenkonsumierenden Jazzmusikers, der den Menschen die (Populär-) Musik gibt, die sie von ihm verlangen und für die Harry anfangs nur kulturpessimistisch motivierte Verachtung empfindet. Harrys Einstellung zu Pablo ändert sich jedoch mit der Zeit, da er merkt, dass diesem ebenso wie Hermine eine Spiegelfunktion zukommt. Der Saxophonspieler Pablo, offensichtlich zu nichts anderem in der Welt, als um schön zu sein, den „Frauen zu gefallen, die Kragen und Schlipse der neuesten Moden zu tragen", stellt anfangs all das dar, was Harry ablehnt. Erst nach einer Weile lernt er mit Hermines Hilfe zu begreifen, dass er von einem Sicheinlassen auf diese Gegenfigur profitiert. An zwei Stellen im Roman wird Pablo mithilfe tierischer Attribute beschrieben, ein Indiz dafür, dass bei ihm die Harry Probleme bereitende und für seinen Seelenschmerz ursächliche Trennung von Geist und Körper noch nicht vollzogen ist. Pablo, später als Regisseur des Magischen Theaters zu erkennen, macht Harry in einigen Musikgesprächen klar, dass es für ihn eine Gleichwertigkeit von moderner Unterhaltungsmusik und klassischer Musik gibt. Anders als Harry analysiert Pablo die von ihm gespielte Musik nicht, sondern spielt sie einfach. Damit treibt Pablo, ebenso wie Hermine eine Figur aus Harrys Unterbewusstsein, die für Haller notwendige Einsicht in die Synthese unterschiedlicher Persönlichkeitsanteile voran. Als Regisseur des Magischen Theaters führt er Harry in die tiefsten Tiefen seines Unbewussten ein und lässt ihn im drogenbeeinflussten Rausch teilhaben am „Erlebnis des Festes", dem „Geheimnis vom Untergang der Peron in der Menge, von der Unio mystica der Freude". So findet das Gegensatzpaar von Sozialisation und Individuation seinen notwendigen Ausgleich.

Maria ist Meisterin der erotischen Künste und Verkörperung der Sinnlichkeit. Ihr Name ist schon allein deshalb bedeutungsvoll, weil Hesses Mutter und seine erste Frau denselben trugen. Ebenfalls kann man mit ‚Maria' als Bezeichnung der Mutter Gottes die Unschuld des Geschlechts assoziieren. Harry findet sie nach einigen Gesprächen mit Hermine eines Abends in seinem Bett vor. Hermine hat ihm die Prostituierte „zugespielt". In der Erfahrung sexueller Gemeinschaft löst sich ein Teil der Verkrampfungen Hallers. Die körperliche Liebe mit Maria verdeutlicht Harry die Erfordernis der schrankenlosen Selbsthingabe, Sexualität wird als integrativer Teil der Persönlichkeit vorgestellt, der von Harry schon zu lange vernachlässigt wurde. Der Geist bedarf notwendigerweise der Sinnlichkeit und Natur. So dient das körperliche Liebesabenteuer Harrys mit Maria der Vorbereitung auf das Grenzen verwischende Abenteuer des Magischen Theaters, der Auslotung aller Persönlichkeitsbestandteile in ihrer Totalität. Der Genuss der körperlichen Liebe mit Maria qualifiziert Harry für den Eintritt ins Magische Theater.

Der Herausgeber/ Vermieter wohnt im Haus seiner Tante, in welchem Harry als Untermieter einzieht. Als typischer Bürger schildert er seine anfängliche Skepsis gegenüber dem als Außenseiter identifizierten Intellektuellen, der einerseits als Gefahr für das Bürgertum und dessen Werte angesehen wird. Dem Herausgeber entgeht nicht, dass Harry Hallers Lebensweise der gutbürgerlichen diametral entgegengesetzt und von grundsätzlicher Verachtung motiviert ist. Er spürt, dass Haller ein ‚Steppenwolf' ist, und führt den Leser durch die Beschreibung zentraler Motive in das Romangeschehen ein. Zugleich verstärkt er die Authentizität des in Folge Erzählten. Auf der anderen Seite gelingt Hesse über die Figur des Herausgebers eine erste Leserlenkung, denn indem dieser seine Sympathie und sein Mitleid gegenüber Hallers neurotischer Krankheit nicht verhehlen kann, werden zugleich Anknüpfungspunkte für die rein subjektiven Schilderungen Hallers geschaffen. Dem Herausgeber ist bei der Schilderung der inneren Zerrissenheit des Steppenwolfs klar, dass er kein individuelles Schicksal vor sich hat, sondern das Symptom einer „kranken Zeit". Obwohl der Mieter ihm und seiner Tante geradezu lieb geworden ist, empfindet er doch Erleichterung, als Haller die Stadt verlässt. Damit schleicht sich das Gespenst des Antibürgerlichen auch aus seinen Träumen und lässt ihn in Ruhe sein mittelmäßiges, stetiges und normalbürgerliches Leben weiterleben.

Die Unsterblichen sind Goethe und Mozart. Sie sind keine realen Figuren, sondern erscheinen nur im magischen Zusammenhang. Durch die Wahl dieser beiden Figuren wird das Kulturverständnis Hesses deutlich. Angesichts der von Hesse als dekadent empfundenen kulturellen Realität der 20er-Jahre sieht er als Ausweg aus der diagnostizierten Mittelmäßigkeit und Leere seiner Zeit nur die Möglichkeit einer Rückwendung zu den Klassikern, was Hesse von Seiten der Forschung den Vorwurf des Reaktionären, Konservativen und Rückwärtsgewandten eingebracht hat. In der deutschen Romantik und Klassik sieht er den Kulminationspunkt der deutschen Kultur, der als weiterhin gültiger Maßstab zu gelten habe. Im Gegensatz zur niveaulosen Massenkultur seiner Zeit, symbolisiert durch die verspottete „Radiomusik" und den als bedrohlich, da nivellierend empfundenen Einflüssen der amerikanischen Populärkultur, sieht Hesse in der Beschäftigung mit „ewigen, kulturell beständigen Werten“ einen Ausweg aus der Sinnleere seiner Zeit. Im Goethe-Traum, noch mehr aber in seinem finalen Gespräch mit Mozart findet dieser elitäre Anspruch jedoch seine Relativierung. Beide Unsterblichen lehren Haller „Humor“ und Selbstrelativierung, ein Gedanke, der an das Konzept der romantischen Ironie Jean Pauls erinnert. Statt die bürgerliche Welt der Mittelmäßigkeit zu verachten, wie es im ‚Professorenerlebnis‘ zum Ausdruck kommt, soll Harry lernen, über sich und die Gesellschaft zu lachen, also Abstand zu sich selbst und den anderen zu gewinnen. Selbst die vehemente Kritik Hallers am entseelten Automatismus seiner Zeit lässt Mozart nicht gelten, sondern lässt sich selbst auf das von Haller verachtete Radiohören ein in dem Bewusstsein, dass das Leben nur mit Heiterkeit zu ertragen ist: „Wir Unsterblichen lieben das Ernstnehmen nicht, wir lieben den Spaß.“ Das Lachen der Unsterblichen, zentrales Leitmotiv des Romans, ist vorstellbar als ein den Ernst des Lebens überschreitendes, befreiendes Lachen. Dennoch fehlt Harry – darauf verweist der Mord an Hermine – die von den Unsterblichen dargestellte Fähigkeit zum distanzierten Humor.

Inhalt des Romans

Harry Haller, einsamer und von der Gesellschaft ausgeschlossener Künstler, ist der Protagonist des Romans. Bei ihm, allein schon durch die Initialen unverkennbar als Alter Ego des Autors kenntlich gemacht, handelt es sich um einen übersensiblen, neurotischen Mann, der, in der Mitte seiner Jahre stehend, um Versuche bemüht ist, die Krise seiner Identität zu lösen. Weil ihm das nicht gelingt, steht er zu Beginn der Handlung kurz vor dem Selbstmord.
Der Roman wird durch drei Erzählebenen konstituiert. Er beginnt mit den **Mitteilungen eines Herausgebers**, dem Aufzeichnungen seines ehemaligen Mieters im Hause seiner Tante in die Hände gefallen sind und der aus der Warte des scheinbar objektiven, da in das eigentliche Geschehen nicht integrierten Beobachters von seinen Eindrücken berichtet. Dieser erzähltechnische Kunstgriff – schon von Goethe in seinem ‚Werther' angewandt – dient der Leserlenkung und Leseridentifikation und erhöht zugleich den Authentizitätsgrad des Erzählten. Gleich einer Exposition in das Geschehen werden zentrale Motive schon auf diesen wenigen Seiten entfaltet: Die Isolation des einsamen Intellektuellen, der sich meist in seine Studierstube zu den Büchern zurückzieht und mit den Geistesgrößen seiner Zeit eine innere Zwiesprache hält. Nur die Nächte, so die Beobachtung des Vermieters, verbringt Haller in Kneipen, wo er oberflächliche Zerstreuung sucht. Dem Vermieter entgeht die innere Zerrissenheit seines Gastes nicht. Wenn er ihn beispielsweise im Treppenhaus bei der fast meditativen Betrachtung einer Aurakie vorfindet und ihm Raum lässt, die Ordnung und Disziplin des bürgerlichen Haushaltes zu bewundern, wird bereits der dem Roman seine Struktur gebende Dualismus zwischen Kunst und Leben deutlich: Haller fühlt sich einerseits von der rigiden Strenge und Ordnung des bürgerlichen Lebens angezogen, die Einfachheit und ein klares Wertekorsett versprechen Sicherheit und Orientierung. Andererseits entgeht dem Herausgeber Harrys Verachtung für die von ihm selbst realisierte bürgerliche Lebensform des Spießers nicht. Das Leben Hallers kann in den von der Gesellschaft, der Kultur und Zivilisation angebotenen Formen kein Glück garantieren, weil es die Entfaltung der Persönlichkeit des Einzelnen in ihrer Totalität verunmöglicht. Das einsame Leben des neurotischen Steppenwolfs – wild, leidenschaftlich, unruhig und unstet – wird zur Gefahr für die bürgerliche Ordnung. So erklärt sich auch die Erleichterung, die der Vermieter verspürt, als Haller das Mietverhältnis auflöst und die Stadt verlässt.
Auf die Ausführungen des Vermieters bzw. Herausgebers folgt **der erste Teil der Aufzeichnungen Harry Hallers**, geschildert aus der Ich-Perspektive. Der Perspektivwechsel sorgt nun aber nicht dafür, dass der Leser andere Ursachen für das Leiden des Protagonisten angeboten bekommt. Im Gegenteil, Hallers subjektive Beichte – der Roman wird von Hesse selbst als „Bekenntnisliteratur" charakterisiert – bestätigt vielmehr die Einsichten des Herausgebers und erweitert sie um konkret-biografische Aspekte. Geschildert wird die verzweifelte Situation eines vom Leben Enttäuschten, der in seinen nächtlichen Streifzügen Entlastung sucht, diese aber nur kurzzeitig findet. In der zugleich selbst- wie gesellschaftskritischen Rekapitulation seines bisherigen Lebens wird die innere Leere des Protagonisten deutlich, der allein in der einsamen Beschäftigung mit hoher Literatur, Musik und Philosophie seltene und vor allem nichtdauerhafte Glücksmomente genießt, die er rigide von den oberflächlichen Massenvergnügungen seiner Zeit („Radiomusik") abgrenzt.
Die Zwiegespaltenheit Hallers in Bürger und Steppenwolf, Ursache seines scheinbar unheilbaren Leidens in einer sinnentleerten Zivilisation, findet ein Ende, als Haller eines Abends auf seinem Heimweg aus einer Kneipe, wo er banale Ablenkung von seinem Leiden sucht, auf einen Mann trifft, der ihm ein kleines Büchlein mit dem Titel ‚**Tractat vom Steppenwolf**. Nicht für jedermann' überreicht. Mit diesem Tractat, schon allein optisch durch den Kursivdruck vom Rest des Erzählten abgehoben, werden die Aufzeichnungen Hallers unterbrochen. In dem in einem theoretischen Duktus verfassten Tractat wird das individuelle Exis-

tenzproblem Hallers, das auf den ersten Seiten des Romans entfaltet wurde, auf eine allgemein-philosophische Ebene überführt. In auktorialer Erzählform verfasst, generalisiert das Traktat Hallers Lebensproblem und macht so deutlich, dass die Leidensgeschichte Hallers keinen Einzelfallcharakter aufweist, sondern als notwendige Folge der Krise seiner Zeit aufzufassen ist. Dabei wird zu Beginn der den Roman bisher strukturierende Dualismus von Mensch und Wolf, von Geist, Kultur auf der einen sowie dem Triebhaften, dem Wilden und Chaotischen auf der anderen Seite beschrieben. Diese polare Welt- und Selbstsicht Hallers findet aber keine theoretische Bestätigung, sondern wird als simplifizierende Hilfskonstruktion des Protagonisten verstanden. Der geschilderte Konflikt sei nur durch die Einsicht zu lösen, dass es die von Haller angestrebte Einheit der Seele, den Kampf um die Totalität der Persönlichkeit, nicht gibt. Vielmehr bestehe der Mensch aus Tausenden Wesen, deren Vielfältigkeit und Diversität es zu akzeptieren gelte. Gegen Ende des in einem lehrhaft-didaktischen Duktus verfassten Traktats wird deutlich, dass gerade das Bedürfnis der Menschen, sich selbst als Einheit zu begreifen, ursächlich für sein Leiden ist. Die Selbstwerdung des Menschen könne nur dann erfolgreich sein, wenn der Mensch den „Wahn der Persönlichkeitseinheit" abstelle und zu einem Selbstbild komme, das den permanenten, fließenden Wandel unzähliger Persönlichkeitsaspekte zulasse. Echte, authentische Menschwerdung setze gerade die Entpersonalisierung des Individuums voraus. Anzustreben sei paradoxerweise die „Auflösung der Persönlichkeit bis hin zum anonymen, unbeteiligten Kern, der eines ganz gewiss nicht ist: ein Ich." (Vgl. Peter Huber: Der Steppenwolf. Psychische Kur im deutschen Maskenball. In: Interpretationen. Hermann Hesse. Romane. Stuttgart: Reclam 2003, S. 89)

Der vierte, umfangreichste Teil des Romans, der auf das Traktat folgt, besteht im **zweiten Teil der Aufzeichnungen Hallers**. In diesem werden die Versuche Hallers beschrieben, die theoretischen Vorgaben des Traktats, in welchem Haller seine verzweifelte Situation beschrieben findet, in aktives Leben zu transformieren. Entscheidenden Anteil an dem Versuch Hallers, der Falle des dualistischen Selbstbildes zu entkommen, haben daran vor allem drei Figuren. So lernt er im ‚Schwarzen Adler' eine Frau namens Hermine kennen, die ihm den „Weg ins Freie" weist, indem sie ihn an diejenigen Dinge des Lebens heranführt, die Haller bisher vermieden hat: Tanz, Jazz, Liebe und Sexualität. Schnell erkennt Haller, dass Hermine alles hat, was ihm fehlt, sie quasi als indirekter Spiegel seiner selbst fungiert. Bei der Auslotung seiner inneren, bisher sublimierten Persönlichkeitsbestandteile sind Haller Pablo, ein südländischer Jazzmusiker, und Maria, eine unverfälschte Prostituierte, behilflich. Sie helfen Harry den „Teil seiner selbst, den er auf der einseitigen Suche nach ‚Kultur' versäumt hat, zu entwickeln." (Egon Schwarz: Zur Erklärung des Steppenwolfs. Zitiert nach: Peter Huber: Der Steppenwolf, a. a. O., S. 93) Seinen Höhepunkt findet der nicht linear verlaufende Entwicklungsprozess Hallers im Maskenball und dem sich anschließenden **Magischen Theater**. Dieses kann als Weg in die eigene Innerlichkeit, als Selbsterfahrungsvision verstanden werden. Hesses Protagonist lernt hier – unter Kokaineinfluss – in verschiedensten Episoden, auf eine fest gefügte Vorstellung vom eigenen Ich zu verzichten und die „zahllosen Harryfiguren" als nichtintegrative Bestandteile seiner Persönlichkeit zu akzeptieren. Im seelischen Ausnahmezustand des Magischen Theaters lernt Harry auf konkrete Weise in Antizipation der Theorie des Traktats, dass er persönliches Glück nur dann erfahren wird, wenn er das „Leben lernt", indem er „Lachen" lernt, wie Mozart es ihm am Ende der Vision offenbart. Die Angst, die mit der Aufgabe des eigenen, engen Ichs natürlicherweise verbunden ist, soll durch eine spezifische Form von Gelassenheit – einem „Über-den-Dingen-Stehen" – überwunden werden. Der Roman endet offen, weil unklar bleibt, ob Haller in der Lage ist, diese anspruchsvolle Aufgabe der ‚Unsterblichen' in die Tat umzusetzen. Es gilt nun zu begreifen, was Goethe zu Beginn des „Faust" (Teil II) schreibt: „Am farbigen Abglanz haben wir das Leben."

Vorüberlegungen zum Einsatz des Romans

Erzählenden Texten kommen im Deutschunterricht eine besondere Bedeutung zu: zum einen, weil sie im Vergleich mit Lyrik und Drama in der Regel den schon quantitativ größten Raum im Literaturunterricht mit Beginn der Grundschulzeit bis hin zum Abitur einnehmen, zum anderen, weil ihnen ein „bedeutender Sitz im Leben“ entspricht: „Nicht jeder Mensch hat einen Sinn für Lyrik, aber jeder Mensch erzählt, und zwar in den unterschiedlichsten Kontexten und Alltagssituationen [...]. Im Erzählen werden Beziehungen gestiftet, das Spiel von Nähe und Distanz reguliert, Welt und Menschenbilder entworfen. Das Erzählen stellt einen Grundbestandteil menschlicher Kommunikationsfähigkeit dar.“ (Vgl. J. Pfeiffer: Romane und Erzählungen im Unterricht. In: Bogdal/Korte (Hg.): Grundzüge der Literaturdidaktik. München 2003, S. 190) Gerade für junge Heranwachsende – das Unterrichtsmodell zu Hermann Hesses ‚Der Steppenwolf‘ richtet sich an Oberstufenschülerinnen und Schüler in der Phase ihrer Spätadoleszenz – kann die Auseinandersetzung mit Erzähltem neben rein literarästhetischen Begründungen eine wichtige entwicklungspsychologische Funktion haben. Junge Erwachsene beschäftigen sich vermehrt mit Fragen ihrer ureigensten Identität, diese bildet sich in Auseinandersetzung mit ihrer sozialen Umwelt und in Abgrenzung zu Familienzusammenhängen und der Gesellschaft. Dass es dabei zu Konflikten kommt, dass der Einzelne sich sehr schnell als isoliert erfährt, manchmal sogar diese Isolation sucht und herbeisehnt, ist eine Erfahrung, die wohl jeder Pubertierende schon einmal gemacht hat. Die Lektüre des ‚Steppenwolfs‘ bietet hinsichtlich dieser von einem identitätsorientierten Literaturunterricht vorangetriebenen Fragen in Anlehnung an Kaspar H. Spinner ein großes Potenzial, schließlich bietet sich im lesenden Nachvollzug eines fiktiven und beispielhaften Entwicklungsprozesses, in diesem Fall Harry Hallers, die Möglichkeit, über den eigenen Prozess der Individuation und Sozialisation nachzudenken.

Dieses Nachdenken geschieht bei der Lektüre des Erfolgsromans Hesses in der Regel affirmativ und identifikatorisch. Dafür verantwortlich ist vor allem die Erzählstruktur des Romans: Schon durch die wenigen Seiten des Herausgebers, der seine Sympathie gegenüber Haller nicht verhehlen kann, wird der Eindruck hoher Authentizität erzeugt. Die unmittelbar-intimen und sich selbst gegenüber schonungslos offenen und kritischen Aufzeichnungen des Protagonisten, unterbrochen nur von einem diese Aufführungen theoretisch untermauernden Traktat, lenken durch die Ich-Perspektive den jugendlichen Leser, der sich im Helden wiederfindet. Insbesondere der Konflikt zwischen den (absoluten) Ansprüchen des Individuums und den (einschränkenden) Ansprüchen der Gesellschaft – im Roman konkret gespiegelt im Kampf des sensiblen Künstlers gegenüber den Systemimperativen des Bürgertums seiner Zeit – kann als überzeitlich und immer wieder aktuell angesehen werden. Auf diese Weise erklärt sich auch die Tatsache, dass Hesses Roman immer wieder, auch von Leserinnen und Lesern im 21. Jahrhundert, begeistert rezipiert wird. Die Weigerung Hallers, die Spiele der Gesellschaft mitzuspielen, seine Kritik an den ewigen Kompromissen in einer als verlogen empfundenen Umwelt, kurz: die Problematik des Einzelgängers machen ihn gerade für junge Erwachsene so attraktiv. Hallers verzweifelte Suche nach personaler Identität, nach dem, was Glück ausmacht, sein Kampf gegen Determinierung und Verzweckung lassen sich auch als Zusammenstoß zwischen der „Poesie des Herzens und der entgegenstehenden Prosa der Verhältnisse“ (Hegel) deuten, zwischen einer sich „zunehmend abkapselnden Innenwelt und der verwalteten, bürokratisch strukturierten Außenwelt“. (Ebd., S. 200) Dass Hesses Kritik an Umwelt und Gesellschaft dabei – wie die Hesse-Forschung zu Recht moniert – häufig sehr diffus und ohne konkrete Umsetzungsmöglichkeiten formuliert ist, erscheint aus dieser Perspektive nicht als Mangel, sondern als Chance, da die entsprechenden Leerstellen von den Leserinnen und Lesern autonom mit ihren je individuellen Wünschen und Sorgen gefüllt werden können. Als verbindende Konstante bleibt das von allen Leserinnen und Lesern geteilte Gefühl, in dieser seelenlosen Gesellschaft keinen Raum mehr für individuelle Entwicklung und einzigartige Persönlichkeit zu finden. Desintegrationserfahrungen sind auch für die jungen Menschen in der Gesellschaft des 21. Jahrhunderts eine weiterhin schmerzende Selbstverständlichkeit. Auch für Esselborn-Krumbiegel sind es an Schulen und Universitäten vor allem „die Suchenden, die sich durch Hesses Parteinahme für den Einzelnen und seine individuelle Selbstverwirklichung bestätigt und ermutigt" fühlen. In dieser „Bestärkung des Individuellen" sieht sie angesichts politischer und industrieller Nivellierung das „entscheidende Motiv für das internationale Echo", das dieser Romans bis heute findet. (Vgl. Helga Esselborn-Krumbiegel: Hermann Hesse: Der Steppenwolf. 3. Aufl., München 1998, S. 21)

Bei aller z. T. sicher berechtigten Diskussion über die literarische Qualität der Romane Hesses liegt vor allem in diesem Aspekt die Chance für einen identitätsorientierten Literaturunterricht, der auch in der Sekundarstufe II nicht unterschätzt werden sollte, da er Möglichkeiten eröffnet, sich mit Fragen der Identitätsentwicklung, der moralischen Bildung und der Fähigkeit zum Fremdverstehen im fiktiven Raum auseinanderzusetzen. Leselust stellt sich primär über Identifikation ein, Eggert spricht sich daher für eine Stärkung der „libidinösen Komponenten" in der Literaturrezeption aus (ebd., S. 199). Andererseits darf sich ein wissenschaftspropädeutischer Literaturunterricht nicht mit der Anbahnung von Identitätserlebnissen zufrieden geben. Bei einer narzisstischen Selbstbespiegelung – ein dem Roman häufig gemachter Vorwurf – darf es in einer den Idealen der Aufklärung und Selbstbestimmung verpflichteten Schule nicht bleiben. Gerade angesichts der Fragwürdigkeit der von Nietzsche stark beeinflussten Kulturkritik Hesses, seiner Verachtung gegenüber der angeblich nur Mittelmäßigkeit erzeugenden Demokratie, insbesondere aber seines elitären, an einigen wenigen Stellen faschistoiden Menschenbildes muss ein den Roman behandelnder Literaturunterricht den Schülerinnen und Schülern Chancen zur Distanznahme einräumen. Ohne den anfangs in der Mehrheit vom ‚Steppenwolf' sicher begeisterten Schülerinnen und Schülern den Roman madig machen zu wollen, und aufbauend auf den individuellen Lesererfahrungen der Schülerinnen und Schüler, sollte ein den ‚Steppenwolf' behandelnder Unterricht das Ziel haben, die Schüler in die Lage zu versetzen, auf der Grundlage von geeigneten Kriterien ein eigenständiges Urteil fällen zu können. Dieses kann sicher nur dann erreicht werden, wenn die Primärrezeption, die Phase des unkritischen Konsumierens und der bloßen Identifikation, zugunsten von Reflexion und Distanz überwunden wird. Das vorliegende Unterrichtsmodell versucht daher, durch die Modellierung von Lerngelegenheiten hilfreiches Material und geeignete Impulse zur Verfügung zu stellen, das unsere Schülerinnen und Schüler zu einer reflektierten, kriteriengeleiteten und wissenschaftspropädeutischen Deutung des Romans befähigt.

Einen methodischen Schwerpunkt dieses Unterrichtsmodells bilden **kooperative Lern- und Arbeitsformen**, die in jüngster Zeit als sogenannte „WELL"-Methoden bekannt geworden sind. Diese haben das „Wechselseitige Lehren und Lernen" zum Ziel. Innerhalb der hier vorgestellten Methoden, wie beispielsweise dem Lerntempoduett oder der strukturierten Kontroverse, geht es schwerpunktmäßig darum, die Schülerinnen und Schüler aus der Rolle des passiven Rezipienten des Lernstoffes herauszuholen. In Einzelarbeitsphasen wird der Schüler zum Experten eines Teilgebietes gemacht, das dieser anschließend in einer Lehrer-Rolle seinen Mitschülern aufbereitet erläutern muss. Die hohe Wirksamkeit solcher kooperativer Arbeitsformen in der Tradition der „LdL"-Methodik („Lernen durch Lehren", „Schüler unterrichten Schüler") ist dabei von der Unterrichtsforschung und Lernpsychologie vielfach bestätigt worden. Dass diese Methoden dabei mehr Unterrichtszeit in Anspruch nehmen, sollte angesichts der Nachhaltigkeit des Gelernten und der beim Lernen erfahrenden Autonomie kein Hindernis sein.

Klausuren

Das Unterrichtsmodell stellt für mögliche Klausuren in der Oberstufe mehrere Alternativen zur Auswahl für die Lehrkraft.

Vorschlag 1
Direkt einsetzbar sind die zwei Vorschläge, die sich im Anhang dieses Modells finden. (**Zusatzmaterial 11 und 12**, S. 135 ff.) Dabei handelt es sich beim ersten Klausurvorschlag um eine Rezension Helga Esselborn-Krumbiegels, die Rezeptionsmechanismen des Romans gerade unter seinen jugendlichen Leserinnen und Lesern unter die Lupe nimmt, gleichzeitig aber die Fragwürdigkeit der Kulturkritik und des Menschenbildes Hesses nicht außen vor lässt. Voraussetzung für den Einsatz dieser Klausur sollte die Bearbeitung des sechsten Bausteins (Rezeption und Kritik) sein, da in diesem die Schülerinnen und Schüler verschiedene Aspekte der Kritik am Roman Hesses erarbeiten, die sie dann in der Klausur, insbesondere in der zweiten Teilaufgabe, zur Anwendung bringen können.
„Ein umfangreicher Bewertungsbogen im Anschluss sorgt im Hinblick auf die bewertete Schülerarbeit für mehr Transparenz und Nachvollziehbarkeit und erleichtert zudem die Korrekturarbeit der Lehrkraft."

Vorschlag 2
Der zweite Klausurvorschlag (**Zusatzmaterial 12**, S. 141 f.) fordert die klassische Analyse eines Auszuges aus einem epischen Text ein. Dabei liegt der Schwerpunkt auf der Erarbeitung erzähltechnischer Verfahrensweisen Hesses sowie der Untersuchung der Sprache des Romans. Für die Bearbeitung dieser Klausur ist die intensive Beschäftigung mit den Inhalten des Bausteins 3 (Formaler Aufbau, Sprache und Erzählweisen) erforderlich.

Zu den Klausurvorschlägen 1 und 2 (Zusatzmaterialien 11 und 12) sorgt jeweils ein umfangreicher Bewertungsbogen im Hinblick auf die bewertete Schülerarbeit für mehr Transparenz und Nachvollziehbarkeit und erleichtert zudem die Korrekturarbeit der Lehrkraft. In jedem Fall hilfreich ist das **Zusatzmaterial 13** (S. 147). Für weitere Klausuren sind folgende Vorschläge denkbar:

Vorschlag 3
1. Analysieren Sie die Episode ‚Auf zum fröhlichen Jagen! Hochjagd auf Automobile' aus dem Magischen Theater (S. 230–243). Stellen Sie im Rahmen Ihrer Analyse insbesondere die Auffassung Hesses zur Kultur seiner Zeit sowie seine Lösungsvorschläge dar.
2. „Hesses Kulturkritik ist furchtbar übertrieben, sein Verständnis vom Wert eines Menschen und seiner Würde indiskutabel." Nehmen Sie auf Grundlage Ihrer Ergebnisse aus Aufgabe 1 begründet zu dieser Aussage Stellung.

Vorschlag 4
1. Stellen Sie anhand ausgewählter Textstellen vergleichend dar, in welchem Verhältnis das ‚Tractat vom Steppenwolf' und Harry Hallers Erlebnisse im Magischen Theater stehen. Machen Sie deutlich, wieso das Lesen des ‚Tractats' eine wichtige Voraussetzung für Harrys weiteren Werdegang bis zum Magischen Theater ist.
2. *„Der Roman klingt aus, aber endet nicht. Vielmehr bleibt er völlig unabgeschlossen und offen. Man klappt das Buch mit dem Gefühl zu, dass sich da eigentlich nichts zugetragen hat, dass der Held zum Schluss der Erzählung an derselben Stelle bleibt, wo man ihm am Anfang begegnet ist […].“* Erörtern Sie unter Berücksichtigung des Zitates von Reso Karaschwili, ob und inwiefern man Hesses Roman ‚Der Steppenwolf' als Bildungs- und Entwicklungsroman bezeichnen kann.

Referate

Referate bieten sich vor allem zum Baustein 5 an. Da das Unterrichtsmodell aus zeitökonomischen Gründen nur eine kurze und notgedrungen exemplarische Vorstellung ausgewählter Merkmale der Epoche anbietet, kann über ein Schülerreferat – beispielsweise zu Oswald Spenglers ‚Der Untergang des Abendlandes' oder über die Hesse stark beeinflussende Kulturkritik Nietzsches, den Nihilismus sowie dessen Elitegedanken – eine sinnvolle Vertiefung erfolgen. Geeignete und für die heutige Schülergeneration verständliche Informationen finden sich hierzu beispielsweise bei Ivo Frenzel: Friedrich Nietzsche. rororo Monographie. 4. Auflage 2006.

Facharbeiten

Mögliche Themen für Facharbeiten wären beispielsweise eine Arbeit über den Einfluss der Kulturkritik Nietzsches und/oder Oswald Spenglers auf den Roman Hesses. Eine andere Arbeit könnte sich mit dem Zusammenhängen der Biografie Hesses und Leitmotiven des ‚Steppenwolfs' auseinandersetzen. Für heutige Schülerinnen und Schüler interessant erscheint auch eine Facharbeit über die außergewöhnliche Aufnahme des Romans im Amerika der 60er-Jahre und die Frage nach ihren gesellschaftlichen und kulturellen Ursachen. Intertextuelle Verweise könnten über einen (Motiv-)Vergleich zwischen dem ‚Steppenwolf' und einem anderen Roman Hesses im Rahmen einer Facharbeit thematisiert werden. Hierfür bietet sich wegen der Ähnlichkeit in der Leitmotivik insbesondere Hesses „Demian" an; der Einfluss buddhistischer Philosophie kann auch über die Beschäftigung mit „Siddharta" ermöglicht werden.

Themenvorschläge

- Der Einfluss der Kulturkritik Nietzsches auf Hesses Roman „Steppenwolf"
- „Ist Hermann Hesse Harry Haller?" – Ein Vergleich von Roman und Leben
- Die außergewöhnliche Rezeption des „Steppenwolfs" von Hermann Hesse in den USA – Erscheinungsformen, gesellschaftliche Folgen, Ursachen
- Analyse ausgewählter Motive in Hermann Hesses Romanen „Steppenwolf" und „Demian" – Ein Vergleich
- Der Buddhismus und der Einfluss asiatischer (Religions-)Philosophie auf Hermann Hesses Roman „Der Steppenwolf"

Mein besonderer Dank gilt meiner Frau Anne, die mir beim Entwurf zahlreicher Tafelbilder behilflich war, sowie meinem Schwiegervater Roland Richter für seine Korrekturen. Für die gemeinsame Arbeit an den Arbeitsblättern 21a und 21b bedanke ich mich herzlich bei meinen immer freundlichen und hilfsbereiten Kolleginnen Petra Geyer und Regine Roland.

Konzeption des Unterrichtsmodells

Das vorliegende Unterrichtsmodell versucht mithilfe unterschiedlicher methodischer Verfahren des Literaturunterrichts, Schülerinnen und Schülern der Oberstufe den Erfolgsroman ‚Der Steppenwolf' von Hermann Hesse näher zu bringen. Hesses „Steppenwolf" kann als ein wichtiges Dokument des Kulturpessimismus und Frühexistenzialismus der 20er-Jahre gedeutet werden. Die Geschichte des Helden Harry Haller ist zugleich die des Autors selbst, auch spiegelt sie die Zeitgeschichte, die Hesse als „krank" empfindet. Der Erfolg des Romans war und ist beachtlich: Um 1940 hatte er eine deutsche Gesamtauflage von 40 000 Exemplaren, bis heute sind weit über eine Million Exemplare an den Leser gebracht, die Auflage in den USA nicht eingerechnet (Klaus Walter: Hermann Hesse. München: dtv porträt 1992, S. 107 f.). Der große Erfolg, insbesondere bei den jungen Leserinnen und Lesern des Romans, beruht nicht zuletzt auf einem leicht durchschaubaren Dualismus im Weltbild, mit dem sich viele Leser identifizieren konnten und können. Die im Grunde einfache Geschichte, die den bekannten Widerspruch zwischen Kunst und Leben, zwischen dem herausgehobenen, gesellschaftlich isolierten, künstlerisch begabten Individuum und der banal-bürgerlichen Gesellschaft, wird allerdings durch eine außergewöhnliche, komplexe Technik erzählt. Gerade diese erzähltechnisch komplexe Handlung sollte dabei auch mithilfe handlungs- und produktionsorientierter Verfahren im Deutschunterricht der Oberstufe bearbeitet werden, dabei kommen eher textanalytisch strukturierte Verfahren nicht zu kurz. Das Modell strebt folglich eine Verbindung beider zum Literaturunterricht gehörenden methodischen Bereiche an und erhofft sich auf der Grundlage von Anschauung tiefere Einsichten in Handlung und Struktur der immer noch aktuellen, von den Schülerinnen und Schülern des 21. Jahrhunderts oft sogar begeistert, manchmal auch unkritisch-affirmativ aufgenommenen Geschichte Harry Hallers.

Die Abfolge und Struktur der im Einzelnen beschriebenen Bausteine ist nicht zwingend. Allerdings empfiehlt es sich, die ersten beiden Bausteine am Anfang der Unterrichtsreihe zu bearbeiten, um eine geeignete Grundlage für die weiter zu behandelnden thematischen Bereiche sicherzustellen. Keinesfalls sollte jedes der in den einzelnen Bausteinen skizzierten Unterrichtsvorhaben in Gänze durchgenommen werden, da dies den empfohlenen Umfang der Einheit von maximal 16 Stunden sprengen würde. Das Modell sollte daher eher als „Ideensteinbruch" genutzt werden.

Baustein 1 dient dem Einstieg in den Roman. Die Lehrkraft kann hier – abhängig davon, ob der Roman von den Schülerinnen und Schülern bereits vorab in häuslicher Lektüre gelesen wurde oder ob ein gemeinsamer Leseeinstieg erfolgen soll – auf verschiedene methodische Variationen zurückgreifen. Als assoziativer Einstieg kann die ABC-Methode oder ein stummes Schreibgespräch eingesetzt werden, um auf diese Weise gleich zu Beginn des Unterrichts alle Schülerinnen und Schüler zu aktivieren. Zur Inhaltssicherung bietet sich ein Lektüretest an, der alternativ oder zusätzlich zu den hier skizzierten Unterrichtseinstiegen zum Einsatz kommen kann.

Die inhaltlichen Grundlagen werden im **Baustein 2** gelegt. Mittels handlungs- und produktionsorientierter Verfahren nähern sich die Schülerinnen und Schüler auf möglichst aktive Weise dem Grundkonflikt, dem sich Hesses Held ausgesetzt sieht. Der Gegensatz zwischen isoliertem Steppenwolf auf der einen, dem Bürgertum aber dennoch zugeneigten, einsamen Künstler auf der anderen Seite kann über eine Rollenbiografie oder das Bauen von Statuen erarbeitet werden. Nach der ersten Beschäftigung mit der zentralen Figur des Romans, ein Alter Ego Hermann Hesses, nähern sich die Schülerinnen und Schüler den weiteren Figuren des Romans, insbesondere die Hallers Entwicklung stark beeinflussenden Hermine, Pablo und Maria, durch die Anfertigung einer Figurenkonstellation. In diesem Baustein kommen auch gesprächsanalytische Aspekte sowie die Analyse des den Roman dominierenden Spiegelmotivs zum Tragen.

Der Erfolg der Prosa Hesses, die Euphorie, die viele seiner Romane vor allem bei seinen jüngeren Leserinnen und Lesern auslöst, lässt sich insbesondere mit der Sprache des Autors erklären, deren Suggestivkraft sich nur wenige Leser entziehen können. Neben der Analyse der Sprache des Romans wird in **Baustein 3** der formale Aufbau erarbeitet, der einige Besonderheiten aufweist und auf seine Funktion hin zu befragen ist. Welche Konsequenzen bringt das multiperspektivische Erzählen im „Steppenwolf" mit sich? Wie lässt sich die hohe Anziehungskraft des Helden auf seine Leser – das Identifikationsangebot des Romans – formalsprachlich erklären?

Der Maskenball und das Magische Theater stehen im Mittelpunkt des **Bausteins 4**. Als Höhepunkt und Abschluss des Romans, der als Entwicklungsgeschichte seines Helden begriffen werden kann, sollte der schwierige, auf den ersten Blick und für die Schülerinnen und Schüler schwer verständliche Gedanke Hesses erarbeitet werden, dass das zentrale Ziel der Persönlichkeitsentwicklung die Entindividuation, die „Entwerdung" ist. Dafür können einzelne Episoden des Magischen Theaters arbeitsteilig analysiert und auf ihre Übertragbarkeit hinterfragt werden. Mit der Frage, ob und inwiefern es sich beim ‚Steppenwolf' um einen Entwicklungs- oder Bildungsroman handelt, beschäftigen sich die Schülerinnen und Schüler gegen Ende des Bausteins ebenso wie mit einer knapp gefassten Einführung in die Grundlagen der Psychoanalyse, die am Beispiel des Drei-Instanzen-Modells Freuds und anhand des für Hesse wichtigen Freud-Schülers C. G. Jung erarbeitet werden kann.

Es gibt wohl kaum einen Autor, bei dem Existenz und künstlerisches Schaffen dermaßen intensiv miteinander verwoben sind wie bei Hermann Hesse. Diese Verbindung wird beispielhaft deutlich an der Entstehungsgeschichte des Romans ‚Steppenwolf', die von der literaturwissenschaftlichen Forschung weitgehend nachvollzogen wurde. Infolgedessen ist es Aufgabe von **Baustein 5**, diese enge Verbindung von Leben und Dichtung zu beleuchten. In der Auseinandersetzung mit ausgewählten biografischen Aspekten wird auch die intellektuelle Krise seiner Zeit deutlich, die im Leiden des Steppenwolfs ihren Ausdruck findet. Auch wenn der gängigste Interpretationsansatz im Literaturunterricht zu Recht der werkimmanente ist und fraglos seine Berechtigung hat, kann der Zugriff auf die Biografie Hesses an dieser Stelle fruchtbare Einblicke bieten, zumal das zur Verfügung gestellte Material von den Schülerinnen und Schülern in relativ kurzer Zeit erarbeitet werden kann. Mit exemplarischen Einblicken in die Epoche des Expressionismus endet der Baustein.

Hesses „Steppenwolf" stieß sowohl in Deutschland als auch weltweit, insbesondere in den USA, auf ungewöhnliche Resonanz. Offensichtlich traf die Thematik des an einer kulturlosen bürgerlichen Gesellschaft leidenden Künstlers den Nerv seiner Zeit. Insbesondere von Autoren des Expressionismus finden sich euphorische Besprechungen, selbst Thomas Mann äußert seine Bewunderung. Gleichzeitig rief der Roman schon bald nach seinem Erscheinen erbitterten Widerstand hervor, der sowohl Hesses Plädoyer für eine ungezügelte Sinnlichkeit als auch seinen radikalen Hang zur Innerlichkeit und Selbstbespiegelung in den Blick nahm, der als typisch deutsch und im Kern reaktionär gewertet wurde. Im abschließenden **Baustein 6** sollen daher Möglichkeiten angeboten werden, wie man die literarische Qualität des Romans, seine Stärken und auch seine Schwächen, strukturiert diskutieren kann. Insbesondere das Menschenbild Hesses sowie seine offensichtliche Demokratieverachtung sollten gerade in vom Roman begeisterten Lerngruppen thematisiert und einer dezidierten Kritik unterzogen werden.

Die thematischen Bausteine des Unterrichtsmodells

Baustein 1

Die Frage des Einstiegs

Die Beantwortung der Frage, wie man in den Roman „Steppenwolf" von Hermann Hesse einsteigt, ist davon abhängig, ob der Roman bereits von den Schülerinnen und Schülern zu Hause gelesen wurde oder ob ein gemeinsamer Einstieg im Unterricht die Lektüre eröffnen soll. Dieser erste Baustein bietet daher methodisch unterschiedliche Möglichkeiten an, wie einerseits eine gemeinsame motivierende Eröffnung gelingen und andererseits ein erster allgemeiner Erfahrungsaustausch über die häusliche Lektüre des Romans ermöglicht werden kann. Ohne Frage sieht sich der gegenwärtige Literaturunterricht angesichts eines viel diskutierten Paradigmenwechsels vor die Herausforderung gestellt, auf inhaltliche Schwerpunktverlagerungen im Zuge von Kompetenzorientierung und Lehrplanverkürzungen angemessen zu reagieren. Dies schließt in der Regel die nur exemplarische Besprechung längerer literarischer Texte ein und fordert von den Schülerinnen und Schülern eine selbstständigere Lektüreleistung ein, als dies bisher vielfach der Fall war. In beiden Fällen sollen Perspektiven aufgezeigt werden, in welcher Form Schülerinnen und Schüler ihre eigenen Fragen an den thematisch dichten und auch formal durchaus komplexen Roman formulieren können, um diese so weit wie möglich an der weiteren Planung und Gestaltung des Unterrichtsgeschehens zu beteiligen. Dabei kann der erste Einstieg (1.1) voraussetzungslos ausgewählt werden. Das in 1.2 bis 1.4 skizzierte Vorgehen setzt hingegen voraus, dass der Roman bereits gelesen wurde. Für die Lektüre sollten den Schülerinnen und Schülern mindestens zwei Wochen Zeit gelassen werden.
Da weite Teile des Romans von den Schülerinnen und Schülern in der Regel zu Hause gelesen werden müssen, bietet dieser Baustein ein die Lektüre unterstützendes Arbeitsblatt (1.4) an, mit dessen Hilfe bereits während der Primärlektüre wichtige Informationen zu zentralen Figuren der Romanhandlung exzerpiert werden können.

1.1 Bildeinstieg und Lesestunde

Die Frage, ob es sich empfiehlt, vor der eigentlichen, häuslichen Lektüre eine gemeinsame Grundlage und Motivation im Unterricht zu schaffen, ist sicher nur lerngruppenabhängig zu beantworten. Das im Folgenden skizzierte Vorgehen ist insbesondere dann gut geeignet, wenn die Schülerinnen und Schüler der Lehrkraft als wenig lesebegeistert bekannt sind und vor der eigenständigen Lektüre mit dem zentralen Motiv des Romans in Berührung kommen sollen, ohne dabei zu viel Handlungsgeschehen vorwegzunehmen. Der vorgestellte Bild-Zitat-Einstieg hat demnach die Funktion, die Fantasie der Schüler anzuregen, sie zu motivieren und neugierig auf die Lektüre zu machen.

Für den Bild-Zitat-Einstieg wird die Auftaktseite – eine Zeichnung der jungen Bonner Künstlerin Ronja Paffrath – dieses Unterrichtsmodells (S. 9) auf **Folie** gezogen und an eine Wand projiziert. Anders als ein Austeilen der Seite an jeden Schüler fokussiert ein solches Vorgehen die Lerngruppe auf das zentrale Problem, schafft Gemeinschaft und Aufmerksamkeit und ist daher in der Regel als didaktisch geeigneter anzusehen. Es ist denkbar, das Zitat auf der oberen Hälfte des Blattes zuerst abzudecken.

- *Beschreiben Sie, was Sie sehen.*
- *Welche Situation könnte hier dargestellt sein?*

Erst nach dieser spontan-assoziativen Einstiegsphase, die auch rein spekulative Schüleräußerungen zulässt, wird das Textzitat – eine Äußerung des Autors selbst – aufgedeckt. Die Schülerinnen und Schüler erhalten nun Gelegenheit, ihre ersten Vermutungen zu konkretisieren und das Zitat mit der Darstellung des Bildes in Verbindung zu bringen:

- *Wie kann man das Zitat mit dem Bild in Verbindung bringen?*
- *Inwiefern hilft uns das Textzitat bei der Deutung des Bildes?*
- *Beschreiben Sie den Konflikt, dem die Figur ausgesetzt ist.*
- *Um was für eine Art von Roman könnte es sich bei Hesses „Steppenwolf" handeln? Welchen Eindruck haben Sie von dem Titel? Was stellen Sie sich unter einem Steppenwolf vor?*
- *Halten Sie diesen Konflikt noch heute für aktuell?*

Es ist zu erwarten, dass die wenigen Informationen, die der gewählte Einstieg zur Verfügung stellt, für eine erste, grobe Skizzierung des Grundkonflikts von Bürger- und Künstlertum bereits ausreichen. Bezieht man das Zitat aus dem Roman auf die Zeichnung, kann festgehalten werden, dass es in dem Roman vermutlich um eine oder mehrere Figuren gehen dürfte, die zwischen wilden, ungebändigt-natürlichen Persönlichkeitsinhalten auf der einen und kontrollierten, bürgerlich-kulturellen auf der anderen Seite schwanken. Im Unterrichtsgespräch kann bereits in einem ersten Verständigungsprozess erarbeitet werden, dass der Konflikt zwischen ungebändigter, natürlich-amoralischer Freiheit des Individuums und sozial-gesellschaftlicher Integration des Einzelnen auch heute noch virulent ist:

- *Für wie aktuell halten Sie den hier dargestellten Konflikt? In welchen Zusammenhängen hat der moderne Mensch den Wunsch nach Freiheit, nach Wildnis oder Exstase?*
- *Welche Vorteile bietet das Leben als in die Gemeinschaft integrierter Mensch?*
- *Aus welchen Gründen wünscht man sich manchmal, aus allem auszusteigen und der Gesellschaft zu entfliehen? Warum tun wir dies in der Regel dennoch nur für kurze Zeit (Abenteuerurlaub) oder gar nicht?*

Erweitern ließe sich der erste thematische, Orientierung schaffende Einstieg mit dem folgenden produktiven Schreibauftrag:

- *Was für eine Art Roman erwarten Sie? Verfassen Sie eine kurze Inhaltsangabe, in der Sie ein mögliches grobes Handlungsgerüst beschreiben.*

Einige Texte könnten im Anschluss vorgelesen und mit Blick auf ihre Wahrscheinlichkeit diskutiert werden. In jedem Fall sollte aber bei Auswahl des Schreibauftrags nach Beendigung der Lektüre auf die Schülerproduktionen rückblickend Bezug genommen werden. Wessen Version vom Steppenwolf kam der Originalfassung am nächsten?
Steht noch ausreichend Zeit zur Verfügung, kann der Romananfang gemeinsam angelesen werden. Im Anschluss sollte der Lerngruppe ausreichend Zeit für die häusliche Lektüre des gesamten Romans eingeräumt werden. Je nach momentanem Belastungsgrad der Schülerinnen und Schüler sollte ein Zeitraum von zwei Wochen angesichts der Länge des Romans in der Regel nicht unterschritten werden.

Malauftrag

Alternativ kann man vor der Konfrontation der Schülerinnen und Schüler mit dem Bild auch einen Malauftrag, der die Kreativität anregt, vorschalten. Dafür schreibt die Lehrkraft den Titel des Romans in die Mitte der Tafel:

- *In Hesses Roman geht es um eine Person, die sich selbst als sogenannten Steppenwolf bezeichnet. Was stellen Sie sich unter einem solchen Menschen vor? Malen Sie auf Grundlage Ihrer spontanen Assoziationen eine kleine Skizze zum Begriff des Steppenwolfs.*

Ausgewählte Schülerzeichnungen können im Anschluss an eine etwa zehnminütige Produktionsphase vorgestellt und diskutiert werden. Es schließt sich die Präsentation der Auftaktseite an. Das weitere Vorgehen entspricht dem anfangs geschilderten, allerdings sollte zusätzlich ein Vergleich zwischen den Schülerzeichnungen und der Auftaktseite des Unterrichtsmodells hergestellt werden:

- *Vergleichen Sie Ihre grobe Skizze mit der Zeichnung.*
- *Wo finden Sie inhaltliche oder formale Übereinstimmungen, wo Unterschiede?*

1.2 Assoziativer Einstieg: ABC-Methode oder stummes Schreibgespräch

Das in der Folge skizzierte Vorgehen bietet sich für den Fall an, dass die Lerngruppe den Roman Hesses bereits vorab gelesen hat. Über ein Strukturierungselement (Alphabet) soll den Schülerinnen und Schülern die Möglichkeit zur offenen und assoziativen Mitteilung ihrer ersten spontanen Leseeindrücke gegeben werden. Dabei hat der Einstieg über die ABC-Methode den Vorteil, dass naheliegende Lenkungen von Seiten der Lehrkraft, wie man sie aus dem traditionellen Gesprächseinstieg im Unterrichtsgespräch zuhauf kennt, unterbleiben müssen. (Vgl. Bettina Hugenschmidt/Anne Technau: Methoden schnell zur Hand. 58 schüler- und handlungsorientierte Unterrichtsmethoden. Stuttgart: Klett 2002, S. 23)

Die Lerngruppe erhält zum Einstieg das **Arbeitsblatt 1** (S. 29). Gemeinsam wird kurz das Vorgehen abgesprochen, mögliche methodische Verständnisfragen werden mithilfe der Lehrkraft geklärt. In der sich anschließenden, etwa fünfminütigen Einzelarbeitsphase notiert nun jeder Schüler für sich zu jedem angebotenen Buchstaben einen Begriff, den er/sie in Zusammenhang mit dem Roman „Steppenwolf" bringen kann. (Diese Einzelarbeitsphase kann bei Bedarf um eine sich anschließende Partnerarbeitsphase erweitert werden. In diesem Fall stehen weitere fünf Minuten dafür zur Verfügung, dass sich zwei Partner ihre Spontanassoziation vorstellen, ihre Listen vergleichen, Dopplungen streichen und sich gemeinsam auf die zehn wichtigsten Begriffe einigen.)

Die folgende Phase findet in Kleingruppen statt. In Gruppen zu maximal vier Schülerinnen und Schülern werden die Ergebnisse aus der ersten Phase vorgestellt und miteinander verglichen. Die Aufgabe, ein Wandplakat/eine Wandzeitung zu erstellen und im Anschluss zu präsentieren, zwingt zur Auswahl bzw. Anfertigung einer Prioritätenliste und macht es daher notwendig, dass die Schüler in ihrer Gruppe über die Legitimität bzw. Logik ihrer Assoziationen diskutieren, statt diese bloß zur Kenntnis zu nehmen. Durch die Einsicht, dass viele Einfälle mehrfach vorkommen, erfahren die Schüler Näheres über die Funktion von Rezeptionsprozessen und nähern sich intuitiv den zentralen Themen des Romans. In dieser Phase ist von Seiten der Lehrkraft zu beobachten, ob die Teilnehmer sich nicht auf einige Begriffe einigen können oder wollen. Es könnte daher hilfreich sein, in jeder Gruppe einen „Moderator" zu bestimmen, dessen Aufgabe darin besteht, diese erforderliche Einigung kommunikativ herzustellen. Auch zeigt sich in manchen Gruppen, dass die Teilnehmer zu lange über einzelne Begriffe diskutieren und so den Zeitrahmen nicht einhalten können. Ein vorab bestimmter „Zeitwächter" kann dieses mögliche Problem unter Kontrolle halten.

Die abschließende Plenumsphase ist zweigeteilt: In einem ersten Teil stellen die Kleingruppen mithilfe ihrer Wandzeitung ihre Gruppenergebnisse vor. Durch geschickte Vorauswahl von Seiten der Lehrkraft kann diese Präsentationsphase so gestaltet werden, dass inhaltlich unterschiedliche Plakate vorgestellt und so mögliche ermüdende Redundanzen vermieden werden. Nach Beendigung der Präsentationsphase von mehreren, aber nicht allen Wandzeitungen geht es nun im zweiten Teil darum, gemeinsam im Unterrichtsgespräch mögliche Fragestellungen zu entwickeln, die der Lerngruppe zentral erscheinen und im Mittelpunkt der weiteren Unterrichtsarbeit stehen sollten:

- *Welche Fragestellungen erscheinen Ihnen bei unserer Beschäftigung mit dem „Steppenwolf" zentral? Mit welchen Themen sollten wir uns im Unterricht beschäftigen?*
- *Welche Aspekte, die nicht auf den Wandzeitungen erwähnt werden, scheinen Ihnen zusätzlich von Bedeutung zu sein?*
- *Angenommen, Sie könnten den Autor interviewen, welche Fragen würden Sie Hermann Hesse zu seinem Roman stellen?*
- *Welche Aspekte des Romans halten Sie vor allem für junge Menschen von Bedeutung?*
- *Interessiert Sie der Roman? Begründen Sie, indem Sie sich auf Probleme/ Fragestellungen aus dem Leben von jugendlichen Erwachsenen beziehen.*

Die Schülerfragen, die von der Lehrkraft je nach Bedarf gebündelt, inhaltlich verdichtet bzw. zusammengefasst werden können, sollten in jedem Fall an der Tafel oder auf Folie fixiert und von den Schülerinnen und Schülern in ihr Heft übernommen werden. Hält man die durch die Ideenpräsentation abgeleiteten Fragestellungen der Schülerinnen und Schüler auf einer Wandzeitung fest, kann diese im Kursraum aufgehängt werden. Auf diese Weise kann im Laufe der Unterrichtseinheit immer wieder Bezug zu den Ausgangsfragen genommen werden. Als mögliche thematische Aspekte können die hier verkürzt vorgestellten Fragen eines Grundkurses (Jg. 12) genannt werden:

- Worin besteht die Ich-Krise Harry Hallers? Welches sind die Ursachen für seine innere Zerrissenheit und Unzufriedenheit?
- Warum lehnt Harry die Sicherheit der bürgerlichen Gesellschaft ab? Warum entscheidet er sich bewusst für ein Leben als Außenseiter?
- Nach welchen Erfahrungen und Abenteuern sehnt sich Harry?
- Wie baut sich Ich-Identität auf? Was ist Entgrenzung?
- Wie kann man sein Bewusstsein erweitern u. sein Leiden an der Gegenwart mindern?
- Welche Funktion kommt dem Magischen Theater zu?
- Wie gerechtfertigt ist Harrys Kritik an seiner Zeit, an seiner Kultur?
- Welche Rolle bzw. Funktion haben Hermine, Pablo und Maria für den Ich-Findungsprozess Harry Hallers?
- Was bedeutet die Gegenüberstellung von Populärkunst (Jazz/Pablo) und „hoher" Kunst (Goethe/Mozart)? Welche Bedeutung hat Kunst für das Leben des Einzelnen?
- Welches Menschenbild Hesses wird in dem Roman deutlich?

Alternative: Das stumme Schreibgespräch (Placemat-Verfahren)

Methodisch ähnlich offen angelegt wie die bereits skizzierte ABC-Methode ist das stumme Schreibgespräch, welches nach dem Dreischritt „Denken – Austauschen – Vorstellen" („Think – Pair – Share") funktioniert. Ähnlich wie diese hat es den Vorteil, dass naheliegende Lenkungen durch die Lehrkraft ausgeschlossen werden, da ausschließlich die Schüler ihre Lese-eindrücke mitteilen. Das stumme Schreibgespräch erhöht gegenüber traditioneller Unterrichtsarbeit die Intensität der sozialen Interaktion und zwingt auch sonst stillere Schüler zur aktiven Mitarbeit im Schonraum der Kleingruppe. Im Allgemeinen ist zudem mit einer höheren Qualität der Äußerungen zu rechnen, da den Teilnehmern mehr Zeit zur Verfügung steht, ihre Gedanken zu formulieren und zu reflektieren.
Die Arbeit erfolgt in Gruppen von bis zu vier Schülern. Jede Gruppe erhält vorbereitete große Plakate und Stifte in unterschiedlichen Farben. Auf der Mitte der Plakate sollte jeweils „Hermann Hesse: Steppenwolf" stehen. Wie beim Placemat-Verfahren bekommt jeder Schüler ein „Feld" auf dem Plakat zugeteilt. Zu Beginn formulieren die Schüler in absoluter Stille ihre jeweils bedeutendsten, subjektiv wichtigsten Leseeindrücke in das ihnen zugeteilte Feld. Um zu signalisieren, dass ihr Beitrag beendet ist, legen die Schülerinnen und Schüler ihren Stift stumm in ihr Feld. Das Plakat wird nun um eine Position weitergedreht, sodass alle vor einem neuen, bereits einmal beschriebenen Feld sitzen.

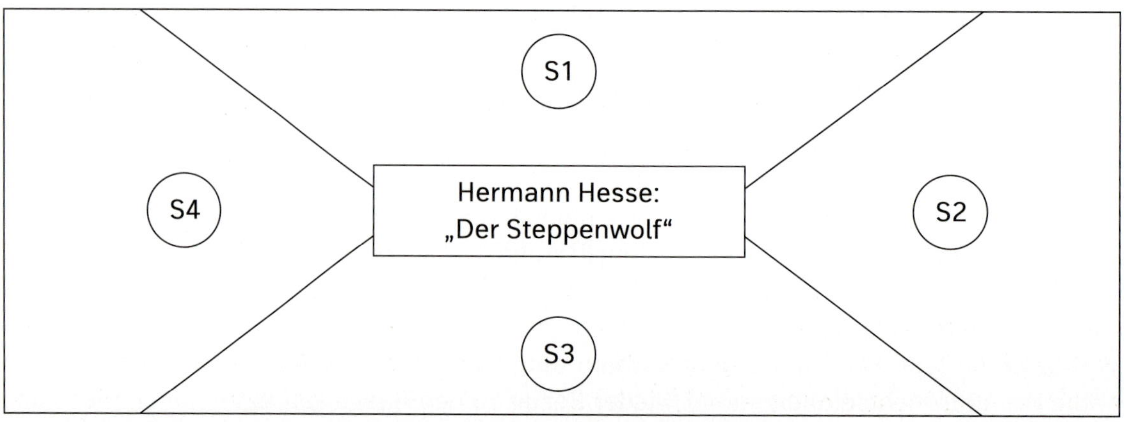

Danach nehmen die Schüler – weiterhin schweigend – aufeinander Bezug, indem sie den Schülertext lesen, ihn kommentieren oder mit einer Frage versehen, auf die weitere Gruppenmitglieder im nächsten Schritt antworten können. Auf diese Weise entsteht ein allein von

Schülerinnen und Schülern formulierter „Text“ auf Grundlage ungefilterter Erstrezeption, der für eine produktive Weiterarbeit meist wertvolle Inhalte bietet. Erst wenn das Plakat seine Runde gedreht hat und jeder Schüler wieder vor seinem Ausgangstext sitzt, wird das stumme Schreibgespräch beendet. Nun spricht die Gruppe über ihre Ergebnisse, wertet sie aus und bereitet eine gemeinsame Präsentation im Plenum vor. Bei mit der Methode unerfahrenen Lerngruppen empfiehlt es sich, Vorgehen und Zeitvorgaben auf Folie anzubieten, um eine deutlichere Orientierung zu ermöglichen:

5 – 8 Minuten
Schreiben Sie Ihre Gedanken, Einschätzungen und Fragen zum Roman „Der Steppenwolf“ in das Ihnen zugeteilte Feld auf dem Plakat. Vermeiden Sie es, dabei zu sprechen.

10 – 12 Minuten
Drehen Sie nun für einige Minuten das Plakat um eine Position weiter. Lesen Sie den Text Ihres Mitschülers. Treten Sie nun mit Ihren Mitschülern in einen stummen (!) Dialog, indem Sie deren Niederschrift auf dem Plakat kommentieren oder mit einer Frage versehen. Drehen Sie das Plakat so häufig weiter, bis es wieder in der Ausgangsposition vor Ihnen liegt.

10 – 12 Minuten
Diskutieren Sie die Ergebnisse in Ihrer Gruppe, indem Sie Beiträge, die Sie für besonders wichtig halten, farblich markieren. Fassen Sie ebenfalls ähnliche Aussagen oder Aspekte zu einem Oberbegriff zusammen. Notieren Sie wichtige, evtl. auch noch ungeklärte Fragen Ihrer Gruppe, die Ihnen für eine weitere Beschäftigung im Unterricht geeignet erscheinen. Bereiten Sie sich auf eine Kurzpräsentation im Plenum vor.

Anschließend werden die Ergebnisse im Plenum vorgestellt und besprochen. Es ist denkbar, die Plakate an den Wänden des Kursraumes aufzuhängen und zunächst den Schülerinnen und Schülern die Gelegenheit zu geben, die Plakate der anderen Gruppen zu betrachten. Können die Plakate über die gesamte Unterrichtseinheit hinweg an den Wänden hängen, kann regelmäßig auf bestimmte Aspekte oder Fragestellungen Bezug genommen werden. Zentrale Fragestellungen oder Themenkomplexe sollten durch die Lehrkraft oder einen Schüler während der Präsentationen auf Folie festgehalten und systematisiert werden.
Eine mögliche Hausaufgabe:

- *Verfassen Sie für den Roman „Steppenwolf“ einen (kurzen) Klappentext, in dem einige wenige, von Ihnen ausgewählte zentrale Aspekte aus dem stummen Schreibgespräch auftauchen. Bauen Sie dazu ein passendes Originalzitat aus dem Roman Hesses in Ihren Klappentext ein.*

1.3 Inhaltssicherung: Lektüretest

Das **Arbeitsblatt 2a** (S. 30) setzt, anders als das erste, die vorherige Lektüre des Romans voraus. Mithilfe des Lektüretests kann das Leseverständnis zentraler inhaltlicher Aspekte überprüft werden. Das Arbeitsblatt kann dabei variabel eingesetzt werden. Bei vorheriger Ankündigung kann es durchaus als Mittel extrinsischer Motivation begriffen werden und die Schülerinnen und Schüler zu zielgerichteter häuslicher Lektüre anhalten. Bespricht man nach der Bearbeitung den Lektüretest, kann es zum Einstieg in die gemeinsame Interpretationsarbeit auf komplexe Zusammenhänge aufmerksam machen und zu einer Identifizierung zentraler Themenbereiche beitragen. Dabei kann man es sich zunutze machen, dass einzelne Fragen des Lektüretests zu Themenblöcken zusammengefasst und bei der sich anschließenden gemeinsamen Besprechung an der Tafel oder auf Folie fixiert werden können.

■ *Welche der Fragen aus dem Lektüretest kann man zu einem Oberbegriff oder einer thematischen Überschrift zusammenfassen?*

Mögliche Themen im „Steppenwolf"

- Identitätsproblematik (Fragen 1 – 3, 11)
- Kultur- und Zivilisationskritik: Konflikt zwischen Anpassung und dem Wunsch nach Freiheit (Fragen 4 – 5, 8, 12)
- Konflikt zwischen Vernunft/Regeln und dem Unbewussten (Fragen 13 – 14)
- Aspekte der konkreten Ausgestaltung des Lebens: Integration/Isolation (Fragen 7, 9, 10)

Die Lösungen für die Lehrkraft inklusive einiger Erläuterungen finden sich auf dem **Arbeitsblatt 2b** (S. 31).

1.4 Informationen zu zentralen Figuren erarbeiten: Hermine, Pablo und Maria

Um das selbstständige Arbeiten und Exzerpieren der Schülerinnen und Schüler zu fördern, kann das **Arbeitsblatt 3** (S. 32) noch vor der häuslichen Lektüre an die Lerngruppe ausgeteilt und besprochen werden. Da der Roman von einigen Schülern sowohl inhaltlich als auch rein quantitativ als anspruchsvoll empfunden werden dürfte, kann die Strukturierungshilfe des Arbeitsblattes wertvolle Orientierung bieten. Ein solches Vorgehen zwingt die Schüler zudem zu langsamem und genauem Lesen und leistet einer rein oberflächlich-ungenauen Lektüre Widerstand. Gleichzeitig können ihnen die exzerpierten Informationen bei der späteren Besprechung des Romans im Unterricht eine große Hilfe sein, weil die Schüler die dann benötigten Textstellen mithilfe Ihrer Aufzeichnungen schneller wiederfinden und eigenständiger argumentieren. Wie genau das Arbeitsblatt in den Unterricht integriert werden kann, wird im zentralen Baustein 2 dieses Unterrichtsmodells beschrieben. Bei Platzproblemen kann die Tabelle eventuell großkopiert oder ins Heft übertragen werden.
Folgende Fragen können den Schülerinnen und Schülern als Strukturierungshilfe zur Hand gegeben werden, z. B. indem die Lehrkraft sie zu Beginn an der Tafel festhält. In leistungsstärkeren Lerngruppen kann hierauf gegebenenfalls auch verzichtet werden:

- In welcher Situation wird die Figur eingeführt? Wie geht es Harry Haller zu diesem Zeitpunkt?
- Was empfindet Harry bei der ersten (und auch weiteren) Begegnung mit der Figur?
- Wie sieht die Figur aus? Wie verhält sie sich gegenüber ihren Mitmenschen?
- Wovon lebt die Figur?
- Wie sieht der Alltag und der Beruf der Figur aus?
- Wie alt ist die Figur?
- Was hält die Figur von Harry Haller und dessen Denk- bzw. Verhaltensweisen?

Die ABC-Methode zum Einstieg in Hesses „Steppenwolf“

1. *Mithilfe dieses Arbeitsblattes soll es Ihnen ermöglicht werden, möglichst offen Ihre ersten Eindrücke zu Hesses Roman festzuhalten. Nutzen Sie dafür den jeweiligen Anfangsbuchstaben des Alphabets und assoziieren Sie einen Begriff, den Sie in Zusammenhang mit dem „Steppenwolf“ bringen können. Notieren Sie diesen Begriff stichpunktartig. Buchstaben, zu denen Sie keine Einfälle haben, überspringen Sie.*
2. *Setzen Sie sich in Kleingruppen zusammen und präsentieren Sie dort Ihre Assoziationen. Stellen Sie Gemeinsamkeiten her, indem Sie im Gespräch feststellen, dass unterschiedliche Begriffe möglicherweise ein und dieselbe Bedeutung haben.*
3. *Wählen Sie in Ihrer Gruppe gemeinsam zehn Begriffe aus, die Ihnen zentral erscheinen. Erstellen Sie eine Wandzeitung zum „Steppenwolf“, auf der sich diese Begriffe wiederfinden. Sie könnten z. B. unter Ihren Stichpunkten Erläuterungen geben oder aber weiterführende Arbeitsfragen formulieren.*
4. *Stellen Sie Ihre ausgewählten Stichpunkte im Plenum vor.*

ABC	Stichpunkt	ABC	Stichpunkt
A		M	
B		N	
C		O	
D		P	
E		R	
F		S	
G		T	
H		U	
I		V	
J		W	
K		X	
L		Z	

Lektüretest zum Steppenwolf

1. Wie alt ist der Protagonist des Romans?
   ☐ fast 30 Jahre ☐ fast 50 Jahre ☐ fast 70 Jahre

2. Für den Fall, dass er seine persönlichen Probleme nicht in den Griff bekommt, plant Harry für seinen nächsten runden Geburtstag
   ☐ den Suizid ☐ die Abreise aus der Kleinstadt ☐ das Ende seiner Karriere als Künstler

3. In der Kleinstadt liest Harry H. auf einer alten Tür neben einer alten Steinmauer den Spruch
   ☐ „Nur für Kranke" ☐ „Nur für Künstler" ☐ „Nur für Steppenwölfe" ☐ „Nur für Verrückte"

4. Wie steht Harry Haller anfangs seiner Zeit und deren Kultur gegenüber?

   ____

5. Welche Einstellung hat Harry Haller gegenüber dem Krieg und wie positioniert er sich durch eben diese Einstellung gegenüber der Mehrheitsmeinung der Gesellschaft?

   ____

   ____

6. An wen fühlt sich Harry H. beim Anblick Hermines erinnert?
   ☐ an einen alten Freund namens Hermann ☐ an seine geschiedene Ehefrau ☐ an seine Mutter

7. Zu welchen Tätigkeiten animiert Hermine Harry in mehreren Gesprächen?

   ____

8. Im Gespräch mit einem Professor äußert sich Harry H. kritisch zu einem Goethe-Bildnis. Die Darstellung Goethes auf dem Lieblingsgemälde der Frau lehnt er ab, weil
   ☐ es eher dem Gesicht Schillers entspreche ☐ es von Eitelkeit und edler Pose geprägt sei
   ☐ es die Schönheit des Dichters verunziere ☐ eher dem Gesicht Mozarts entspreche

9. Was bietet Pablo Harry bei einem gemeinsamen Treffen an?
   ☐ Kokain ☐ das Erlernen von Jazzmusik ☐ ein homoerotisches Abenteuer ☐ eine Partitur

10. Was antwortet Pablo auf die Kritik Harrys, man könne Mozart und Tanzmusik unmöglich auf eine Stufe stellen?

    ____

11. Welches Motiv prägt das Verhältnis von Harry und Hermine?
    ☐ Jazzmusik ☐ Bücher ☐ Reinheit ☐ Araukarie ☐ Spiegel ☐ Zeit (Uhr)

12. Auf wen oder was macht Harry Jagd im „Magischen Theater"?
    ☐ auf Hirsche ☐ auf Automobile ☐ auf Kinder ☐ auf Drogenhändler ☐ auf Flugzeuge

13. Was kostet der Eintritt im „Magischen Theater?"
    ☐ den Verstand ☐ 100 Mark ☐ nichts ☐ die Aufgabe der bürgerlichen Existenz

14. Was tut Harry im „Magischen Theater", als er Hermine und Pablo nackt erblickt?
    ☐ er wendet sich ab und geht ☐ er erschießt Hermine ☐ er stößt ihr ein Messer in die Brust

Lektüretest zum Steppenwolf (Lösungen)

1. Harry Haller ist fast 50 Jahre alt.

2. Haller begreift den Suizid als möglichen Ausweg aus seiner Krise, was ihn beruhigt.

3. Er liest den Ausspruch „Nur für Verrückte!"

4. Haller hält seine Zeit für oberflächlich, sie gilt ihm als genusssüchtig und geistlos. Abschätzig äußert sich Haller gegenüber der Populärmusik (Jazz) und den neuen Medien der Zeit, z. B. dem Radio, welches der heiligen Unsterblichkeit Mozarts nicht gerecht werde. Seine Zeit erscheint ihm als aufgeregt, verlogen und vereinfachend.

5. Wie im Gespräch mit dem Professor deutlich wird, lehnt Haller das Mittel des Krieges ab. Seine Lebenserfahrung und Klugheit lässt ihn erahnen, dass der nächste Krieg unmittelbar bevorsteht und neues, unnötiges Leid über die Menschen bringen wird. Er erweist sich damit als Prophet, der die Katastrophe Hitler-Deutschlands vorhersieht. Seine kritische Einstellung gegenüber dem Krieg macht ihn zum von der Presse verunglimpften intellektuellen Außenseiter.

6. Er fühlt sich an einen alten Freund namens Hermann erinnert.

7. Hermine macht sich über Harrys Hang zum Grübeln und der von ihm angestrebten intentionalen Abwendung vom Leben des einfachen Bürgers lustig. Studieren (Latein und Griechisch), Musikmachen, Bücher schreiben seien eben nur die eine Seite des Lebens, die andere Seite habe Harry schwer vernachlässigt. Zu ihr gehört für Hermine v. a. das Tanzen, welches sie ihm beibringt, aber auch die Integration von Körperlichkeit und Sexualität. Aus diesem Grund bringt sie Harry mit Maria zusammen. Die beiden werden zu Geliebten.

8. Harry Haller bewundert Goethe und hält ihn, von dem er einen großen Traum hat, für einen „Unsterblichen". Die Art und Weise, wie Goethe aber auf dem Gemälde dargestellt wird, sei von Eitelkeit und edler Pose geprägt und gibt für Haller darüber Auskunft, wie wenig die Frau des Professors doch vom „echten Geist" Goethes versteht.

9. Pablo bietet Harry Kokain an. Der Höhepunkt des Romans – das „Magische Theater" – scheint zudem beeinflusst von bewusstseinserweiternden Drogenerfahrungen.

10. Pablo interessiert sich nicht für Rangstufen unter Künstlern. Als Musiker kenne er nur eine Pflicht, nämlich das zu spielen, was gerade im Augenblick von den Leuten begehrt wird, und zwar so gut und schön und eindringlich zu spielen wie nur möglich.

11. Gemeint ist das Motiv des Spiegels. Man beachte, dass Hermine die weibliche Form von „Hermann" ist und man sie daher als integralen Persönlichkeitsbestandteil des Autors verstehen könnte.

12. Die Jagd auf Automobile ist Teil der Kultur- und Zivilisationskritik des Romans.

13. Der Eintritt ins „Magische Theater" kostet den Verstand. Damit wird die Notwendigkeit der Akzeptanz von irrationalen Persönlichkeitsbereichen – das Unbewusste – betont.

14. Harry H. stößt Hermine ein Messer in die Brust, er ersticht sie.

Lektürehilfe: Gezielt Informationen herausschreiben

Dieses Arbeitsblatt können Sie dazu nutzen, bereits während der ersten Lektüre wichtige Informationen zu zentralen Figuren des Romans festzuhalten. Ein solches Vorgehen zwingt Sie zu langsamem und genauem Lesen, eine wichtige Voraussetzung für gelingende Interpretation und Analyse. Gleichzeitig können Ihnen aber die exzerpierten Informationen bei der Besprechung des Romans im Unterricht hilfreich sein, weil Sie die dann benötigten Textstellen mithilfe Ihrer Aufzeichnungen schneller wiederfinden und für Ihre Zwecke verwenden können.
Auf folgende Fragen könnten Ihre Aufzeichnungen zu den Figuren Antworten geben, natürlich können auch weitere, hier nicht aufgeführte Fragen von Bedeutung sein. Diese Informationen sollten Sie dann natürlich ebenfalls stichpunktartig festhalten.

- *In welcher Situation wird die Figur eingeführt? Wie geht es Harry Haller zu diesem Zeitpunkt?*
- *Was empfindet Harry bei der ersten (und auch weiteren) Begegnung mit der Figur?*
- *Wie sieht die Figur aus? Wie verhält sie sich gegenüber ihren Mitmenschen?*
- *Wovon lebt die Figur?*
- *Wie sehen der Alltag und der Beruf der Figur aus? Was ist für die Figur wichtig im Leben?*
- *Wie alt ist die Figur? Welche Eigenschaften sind typisch für sie?*
- *Was hält die Figur von Harry Haller und dessen Denk- bzw. Verhaltensweisen?*
- *Was lernt Harry Haller von der Figur?*
- *Wie steht die Figur zum Bürgertum, zur Kunst, zur Musik, zur Liebe und zur Gesellschaft?*

Seite	HERMINE Wichtige Textstelle als thematischer Stichpunkt	Seite	PABLO Wichtige Textstelle als thematischer Stichpunkt	Seite	MARIA Wichtige Textstelle als thematischer Stichpunkt

Baustein 2

Der Grundkonflikt: Die Identitätskrise Harry Hallers

Hesses Roman erzählt die Geschichte eines in sich zerrissenen Einzelgängers, der seinen Platz in der Gesellschaft sucht, diese aber als ambivalent empfindet. Aus der Perspektive des einsamen, isolierten Künstlers betrachtet Harry Haller die Gesellschaft einerseits mit Abscheu. Sein Ekel vor der Oberflächlichkeit, der Mittelmäßigkeit und Schnelligkeit der Moderne, dem fehlenden „Geist", ist Teil einer ausgeprägten, kulturpessimistischen Zivilisationskritik (Populärmusik, Kino, Technik, Krieg), die für Haller anfangs nur in Verzicht, Askese und Lebensferne münden kann. Die „Krankheit der Moderne" zeichnet sich in diesem Sinne durch kapitalistisch motivierte Vergnügungssucht ohne tieferen Sinn, im politischen Bereich durch die banal-naive Verherrlichung des Krieges aus, der für Haller zwangsläufige Folge der geistigen Orientierungslosigkeit seiner Zeit ist. Andererseits bewundert Hesses Protagonist aber auch die Reinlichkeit und Ordnung des bürgerlichen Daseins, wofür die anfängliche Araukarien-Szene im Treppenhaus seiner neuen Vermieterin paradigmatisch steht: „[...], der Araukarienplatz hier, der ist so strahlend rein, so abgestaubt und gewichst und abgewaschen, so unantastbar sauber, dass er förmlich ausstrahlt. Ich muss da immer eine Nase voll einatmen ... ." (S. 22) Die Position des erbarmungslos-elitären Gesellschaftskritikers kann Haller nur gebrochen einnehmen, zu stark ist seine Sehnsucht nach bürgerlicher Geborgenheit, Sauberkeit und dem „einfachen Leben". Als Ausdruck der inneren Zerrissenheit und Entfremdung Harry Hallers ist es dieser Grundkonflikt zwischen Mensch und Wolfsnatur, zwischen Geist und Natur, zwischen Anpassung und dem Wunsch nach personaler Freiheit und Persönlichkeitsentwicklung, der dem Roman die innere Spannung gibt und innerhalb dieses zentralen Bausteins im Mittelpunkt stehen soll.
Nach einer textorientierten Erarbeitung dieser grundsätzlich dualistischen Struktur des Romans geht es im Folgenden um die Möglichkeiten der Integration und Heilung eines in sich zerrissenen und mit sich hadernden Individuums. Fasst das „Genie des Leidens" (S. 16) anfangs sein ambivalentes Verhältnis zum Bürgertum noch als unaufhebbar auf, werden durch das Auftreten Hermines, Pablos und Marias, der „Unsterblichen" sowie den Geschehnissen im Magischen Theater (siehe Baustein 4) Auswege aus dem „dichotomischen Gefängnis" angeboten, die im Rahmen des Unterrichts allerdings auf ihren Realitätsgehalt bzw. ihre Konkretisierbarkeit befragt werden müssen.

2.1 Das Grundmotiv: Rollenbiografie und Statue

Ausgangspunkt einer Beschäftigung mit Hesses „Steppenwolf" sollte aus Gründen der Orientierung die Erarbeitung des zentralen Motivs des Romans sein. Daher sollten zu Beginn Harrys Selbstbild sowie sein gebrochenes Verhältnis zur bürgerlichen Umwelt stehen. Dafür werden anfangs einige zentrale Textstellen – aus dem Vorwort des Herausgebers, dem ersten Teil der Aufzeichnungen Harry Hallers sowie aus dem folgenden Tractat – gemeinsam im Unterricht gelesen und diskutiert (zum formalen Aufbau des Romans siehe Baustein 3). Auf die dabei mehrfach wechselnde Erzählperspektive muss an dieser Stelle noch nicht eingegangen werden. Dabei liegt der Vorteil eines solchen Vorgehens darin, dass sich die Schülerinnen und Schüler nicht der eingeschränkten Perspektive des Herausgebers ausliefern müssen, sondern bereits jetzt ein möglichst vielfältiges Bild des Steppenwolfs erarbeiten können. Zugleich wird deutlich, wie sehr sich die verschiedenen Perspektiven bedingen bzw. ergänzen:

- *Lesen Sie die Textstellen S. 7/Z. 14 – S. 9/Z. 24 sowie S. 20/Z. 32 – S. 22/Z. 17 aus dem Vorwort des Herausgebers. Lesen anschließend aus den Aufzeichnungen Harry Hallers S. 35/Z. 20 – S. 36, Z. 4; S. 40/Z. 12 – S. 41/Z. 3 sowie S. 49/Z. 15 – Z. 24. Lesen Sie abschließend aus dem „Traktat" die Textstellen S. 54/Z. 1 – S. 56/Z. 26 sowie S. 58/Z. 26 – S. 60/Z. 2.*

- *Welchen Eindruck haben Sie von Harry Haller? Wie geht es ihm?*
- *Was verstehen Sie jetzt unter dem Begriff des „Steppenwolfs"?*
- *Wie stellt sich Harry Hallers persönliche Situation dar, wie steht er zur bürgerlichen Gesellschaft? Wie positioniert er sich gegenüber der Kultur seiner Zeit? Markieren Sie entsprechende Textstellen.*

Im sich anschließenden Unterrichtsgespräch sollte eine erste Verständigung über das gebrochene Verhältnis von durchschnittlichem Bürger und außergewöhnlichem Steppenwolf stattfinden. So erschließt sich auch die Logik, dass der Roman mit den Ausführungen eines fiktiven, gutbürgerlichen Herausgebers beginnt, der von seinem Gast gleichermaßen angezogen wie abgestoßen ist. Dass er eine gewisse Sympathie gegenüber Harry Haller nicht verhehlen kann, wirkt dabei wegweisend für die weitere Lektüre des unvoreingenommenen, sehr schnell aber mit dem Protagonisten sich identifizierenden Lesers, denn trotz seiner „Wildheit, Unruhe, [...] Heimweh und [...] Heimatlosigkeit" (S. 25) hält der Herausgeber das Leben Hallers nicht für die „pathologischen Fantasien eines einzelnen", sondern verallgemeinert dessen Existenzform und Leiden am Leben zu einer „Krankheit der Zeit" und „Neurose jener Generation". (S. 30) Ziel des Plenumsgesprächs sollte daher die Erarbeitung der dichotomisch-polaren Grundstruktur des Romans sein, die über folgendes Tafelbild erfasst werden könnte und die innere Zerrissenheit Harry Hallers verdeutlichen soll:

Die dualistische Grundstruktur des Steppenwolfs

Bürger/Mensch	(Steppen-) Wolf
• sehnt sich nach Geborgenheit und Symmetrie im Leben	• leidet an Vorgaben der Gesellschaft
• sucht Sicherheit des bürgerlichen Alltags, das „Feste", die „Heimat"	• leidet an Geistlosigkeit und Oberflächlichkeit der Gesellschaft u. Kultur
• ist mit dem Bedingten, Unmittelbaren zufrieden, vergnügt sich im Alltag	• kritisiert das „Philisterwissen"
• Gemeinschaft	• strebt nach dem Unbedingten
• bewundert „Reinheit", „Sorgfalt und Genauigkeit", „Pflichterfüllung und Treue im Kleinen" (S. 22) des Bürgerlichen	• ist einsam, heimatlos und verlassen
• vernunftorientiert	• hat elitäres Verständnis
	• verachtet banale Vergnügungssucht der modernen Menschen, kritisiert Konsumgesellschaft und moderne Technik
	• unruhig, wild (S. 25)

↓

„ICH-KRISE":
innere Zerrissenheit des Steppenwolfs („Seelenkrankheit", S. 30)
als Ursache der Lebensmüdigkeit Harry Hallers

Dass Harry Haller die Ursache für seine unruhige, lebensferne Existenzform in der für ihn anfangs unversöhnlichen Gegensätzlichkeit von Mensch und Wolf sieht, kann auch durch ein alternatives Tafelbild visualisiert werden:

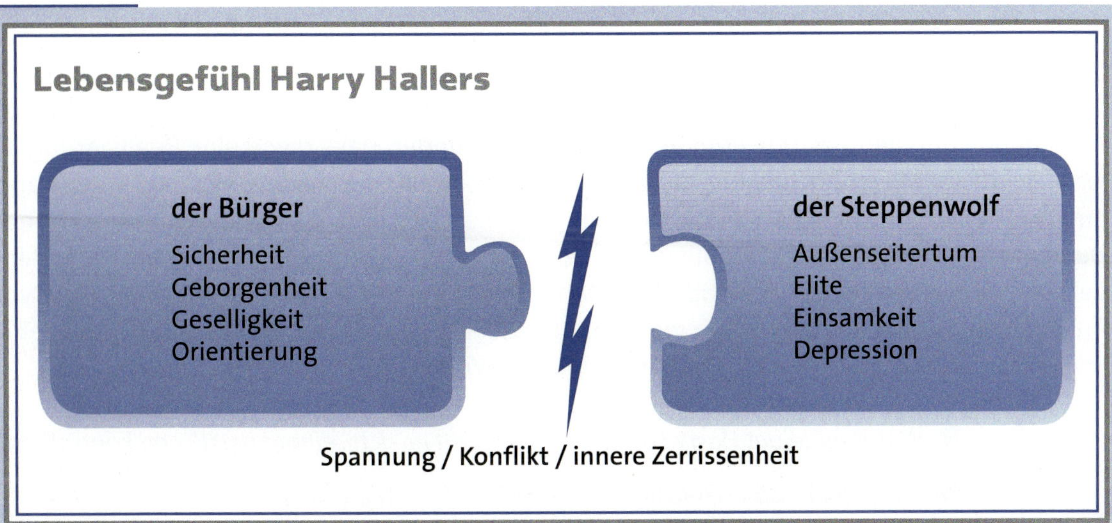

Im Anschluss sollte eine individuelle Vertiefung der bisher überwiegend im Unterrichtsgespräch gewonnenen Einsichten ermöglicht werden. Hierfür kann den Schülerinnen und Schülern das **Arbeitsblatt 4** (S. 50) zur Verfügung gestellt und eventuell als **Hausaufgabe** gestellt werden. Indem die Schüler eine **Rollenbiografie** zur Figur des Harry Haller verfassen sollen, werden sie zum einen zu einer zweiten, genaueren Lektüre gezwungen. Zum anderen erhalten sie in dieser frühen Phase der Textbegegnung Gelegenheit, die Perspektive des Protagonisten einzunehmen und auf diese Weise nachzuvollziehen. Außerdem ermöglicht die produktive Schreibaufgabe eine Verarbeitung subjektiver Leseerfahrungen. Eine kritische Auseinandersetzung mit den Ansichten Hallers, z. B. seiner elitär-arroganten Verachtung bürgerlicher Existenzformen des Herdenmenschen oder der Masse, sollte an dieser Stelle (noch) nicht vorgenommen werden. (Siehe Baustein 6, S. 115)

- *Verfassen Sie auf Grundlage Ihrer ersten Leseeindrücke sowie ggfs. unter Berücksichtigung der auf diesem Arbeitsblatt angegebenen Textstellen eine Rollenbiografie Harry Hallers. Darin soll sich die literarische Figur in der Ich-Form anderen vorstellen. Für diese Aufgabe müssen Sie sich also in Harry Haller hineinversetzen und seine Gedanken bzw. seinen Gemütszustand wiedergeben. Es geht hier noch nicht um eine Kritik an seiner Person, sondern um die Erarbeitung einer subjektiven Position. Nutzen Sie als Hilfestellung einige der aufgeführten Fragen des Arbeitsblattes und versuchen Sie, auf ausgewählte Aspekte genauer einzugehen. Wichtig: Details Ihrer Rollenbiografie sollten Sie auf der Grundlage des Textes begründen können. Beginnen Sie Ihren Text mit: „Meine Name ist Harry Haller. Ich bin … ."*

In der Folgestunde könnten ausgewählte Rollenbiografien vorgestellt und diskutiert werden. Dabei ist vor allem darauf zu achten, dass Behauptungen immer auf den Originaltext rückbezogen werden sollten. Steht ausreichend Zeit für die erneute gemeinsame Lektüre einer zentralen Textstelle zur Verfügung, bieten sich die erweiterte „Araukarie"-Episode des Vorworts sowie die Konzerterfahrung des Herausgebers (S. 21/Z. 2 – S. 26/Z. 17) an. Hier wird die Zerrissenheit Hallers, seine Sehnsucht nach einer Vereinigung oder Synthese der Gegensätze von bürgerlicher Daseinsform und dem Leben als Außenseiter, exemplarisch deutlich. Als zentrales Lernziel sollte den Schülerinnen und Schülern deutlich werden, dass Hallers Identitätskrise ihre Ursachen zwar auch in der Persönlichkeitsstruktur des Protagonisten hat, darüber hinaus seine Situation aber auch nur dann verständlich wird, wenn man die explizite Gesellschafts- und Kulturkritik Hesses berücksichtigt. Die Lebenskrise Hallers zeigt sich darin, dass der Einzelne von den Normen und Systemimperativen einer oberflächlichen, vergnügungs- und kriegssüchtigen Massengesellschaft dermaßen „eingesperrt“ und an individueller Ausprägung und Ausgestaltung seiner Einzigartigkeit gehindert wird, dass das bürgerliche Leben als unerträglich, banal, geistlos und unvollständig empfunden wird. Der Grund für das entfremdete Dasein Harry Hallers in seiner kleinbürgerlichen Umwelt, für seine Isolation und Verbitterung liegt gerade darin begründet, dass diese eine Realisierung aller individuellen Persönlichkeitsanteile nicht zulässt, schlimmer noch – nicht zulassen kann, um ihre Existenz nicht aufs Spiel zu setzen. Ein Ausleben aller Extreme des menschlichen Daseins – insbesondere eine Realisierung der „wölfischen“ Persönlichkeitsanteile – gefährdet das Bürgertum als Ganzes und muss daher – im Sinne Foucaults durch den Einsatz von Ausschlusssystemen – verhindert werden. Bei aller Sympathie, die der fiktive Herausgeber im Vorwort für Harry Haller hegt, bleibt doch sein „Widerwille“ (S. 16) jederzeit virulent.

- *Worunter leidet Harry Haller? Warum fühlt er sich „eingesperrt“ und kontrolliert?*
- *Was macht das „Gefängnis seiner Persönlichkeit“ aus?*
- *Welche Bedeutung kommt in diesem Zusammenhang Pablo und Hermine zu?*

Gefängnis der Persönlichkeit Harry Hallers

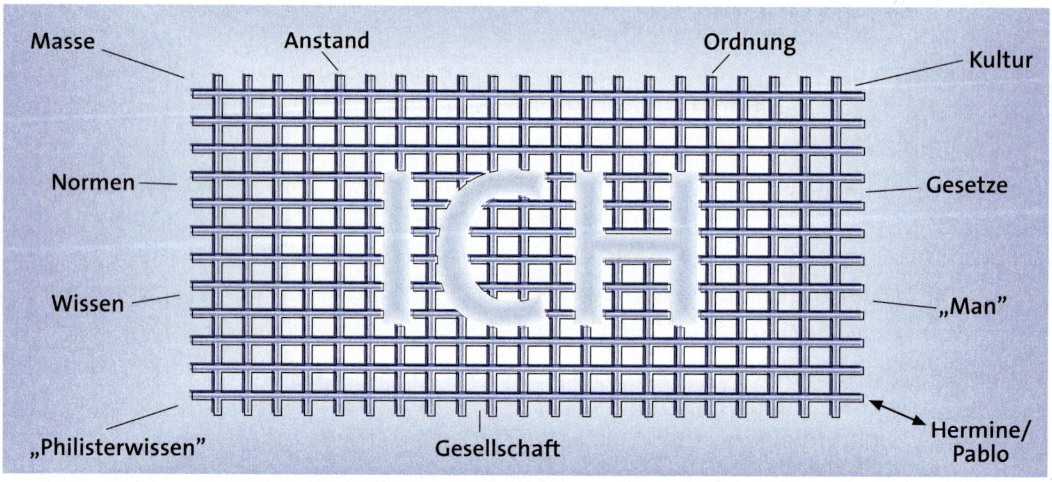

Als vertiefender Arbeitsauftrag oder als erweiternde **Hausaufgabe** kann eine Beschäftigung mit dem Gedicht Harry Hallers aufgegeben werden, welches den Auftakt des zweiten Teils der subjektiven Aufzeichnungen Hallers bildet. Dabei wird der Fokus auf das Animalisch-Triebhafte, auch Amoralisch-Kulturlose des Steppenwolfs gelegt, die bis dato erarbeitete, streng dualistische Sichtweise findet hier kaum Platz, vielmehr offenbaren sich „ein Nebeneinander und graduelle Übergänge von menschlichen und wölfischen Regungen, ohne dass sich jedoch eine Harmonie abzeichnet.“ (Vgl. Fritz L. Hofmann: Hermann Hesse: Der Steppenwolf. Literamedia. Berlin: Cornelsen 2003, S. 10)

- *Analysieren Sie das aus Sicht Hallers „sonderbare Gedicht“ auf Seite 75. Inwiefern gibt es Auskunft über die Seelenlage des Steppenwolfs?*

Exkurs: Eine Statue bauen

Alternativ oder ergänzend können zur zentralen Identitätsproblematik auch Statuen gebaut werden. Ein solches Vorgehen ist zwar zeitintensiver, bietet in diesem frühen Stadium der Beschäftigung mit Hesses Roman aber die Chance, die im Kopf der Schülerinnen und Schüler nach der Erstrezeption entstehenden Vorstellungen sichtbar und damit einer Diskussion und Überprüfung zugänglich zu machen. Anders als an Situationen gebundene Standbilder abstrahieren Statuen von konkreten Szenen: „Sie machen abstrakte Zusammenhänge, [...] generelle Haltungen der Figuren oder den Grundgestus von Szenen sichtbar und bringen sie bildlich auf den Punkt." (Vgl. I. Scheller: Szenische Interpretation. Theorie und Praxis eines handlungs- und erfahrungsbezogenen Literaturunterrichts in Sekundarstufe I und II. Seelze-Velber: Kallmeyer 2004, S. 73) Man baut sie wie Standbilder. Allerdings kommt den Körperhaltungen, der Gestik und Mimik sowie der Personenkonstellation im Raum symbolische Bedeutung zu: „Oben und Unten, Nähe und Distanz, Zuwendung und Abwendung, Grenzüberschreitung." (Ebd.) Anders als situationsgebundene Standbilder werden sie nicht aus einer bestimmten Perspektive, sondern von allen Seiten wahrgenommen und gedeutet. Die Methode des Statuenbauens eignet sich auch deshalb, weil die von Hesse gewählten Situationen im Rahmen eines insgesamt sehr handlungsarmen Romans im Dienste der Herausarbeitung des Typischen und Verallgemeinerbaren stehen. Die Situationen, denen Harry Haller ausgesetzt ist, sind entweder – oberflächlich gesehen – scheinbar banal (Gespräch mit Herausgeber über Zimmerpflanzen) oder nur als Metapher für einen verinnerlichten, psychischen Vorgang (Magisches Theater) verständlich. Exemplarisch wird also nicht die „Schrulle eines Einzelnen", sondern die „Krankheit der Zeit selbst", die „Neurose jener Generation" (S. 30) dargestellt. Insofern erscheint eine von dem konkreten Verhaftetsein der Situation abstrahierende Darstellungsform geeignet; eine bei Standbildern übliche Verdichtung bzw. Zuspitzung auf einen bestimmten Moment der literarischen Vorlage ist nicht erforderlich. Dieser Verzicht erhöht aber zugleich die kognitiv-analytischen Anforderungen an die Schüler, da sie zur Generalisierung gezwungen werden und bei der Erarbeitung literarischer Szenen immer nach dem allgemeinen, überindividuellen Gehalt fragen müssen.

Die Schülerinnen und Schüler werden in Kleingruppen aufgeteilt. Mithilfe des **Arbeitsblattes 5** (S. 51), das vorab im Plenum besprochen werden sollte, wenn den Schülern die Methode unbekannt ist, arbeiten die Schüler eigenständig an ausgewählten Textstellen und diskutieren Möglichkeiten der Veranschaulichung, indem sie sich auf eine für alle akzeptable Interpretation der Figur einigen. Da gruppenintern auch eigene, die Vorgaben des Arbeitsblattes 5 erweiternde Textstellen herangezogen werden können, ist zu erwarten, dass die Ergebnisse unterschiedliche Lösungen aufweisen. Dies kann u.U. auch dadurch sichergestellt werden, dass die Lehrkraft den Gruppen ein arbeitsteiliges Vorgehen auferlegt, indem die Textstellen auf dem Arbeitsblatt 5 einzelnen Gruppen zugeordnet werden. Ein solches Vorgehen hat zudem den Vorteil, dass Zeit eingespart werden kann. Um die Widersprüchlichkeit der Einschätzung Harry Hallers zu verdeutlichen, wird vorgeschlagen, die Figur als Doppel- oder Mehrfachrolle zu besetzen. Der Auftrag des Arbeitsblattes nimmt diese Idee auf, erleichtert er doch vor allem uneinigen Gruppen das Darstellungsverfahren und bietet die Möglichkeit, die Gespaltenheit der Figur deutlich werden zu lassen. Zum einen befindet sich Harry Haller in einem Zustand nahezu völliger Entfremdung von seiner sozialen, kleinbürgerlichen Umgebung, mit der er sich nicht zu arrangieren vermag, – die Einladung in das Haus des Professors endet in der Katastrophe, als Haller das Lieblingsbild der Dame des Hauses – eine kitschig-spießige Darstellung Goethes – scharf kritisiert. Auf der anderen Seite empfindet Harry eine nahezu infantile Sehnsucht nach der Idylle und Einfachheit des bürgerlichen Lebens, nach dem „schläfrigen Zufriedenheitsgott" (S. 34). Insofern werden die von den Schülerinnen und Schülern erarbeiteten Statuen einen Protagonisten zeigen, der innerlich zerrissen ist, zur einen Hälfte ein Mensch, zur anderen ein Wolf, der unter „Vereinsamung und Beziehungslosigkeit" (S. 89) leidet. Diese Zerrissenheit des „Zwangshäftlings des Bürgertums" (S. 70) ähnelt der Fausts, den Hesse direkt zitiert: „Zwei Seelen wohnen, ach, in meiner Brust!" (S. 79) Wird das abstrahierend-theoretische „Tractat" hinzugezogen, muss Harrys dualistische Selbstdeutung von der Dichotomie von Bürger und Steppenwolf erweitert werden: „Harry besteht nicht aus zwei Wesen, sondern aus hundert, aus tausenden. Sein Leben schwingt (wie jedes Leben) nicht bloß zwischen zwei Polen, etwa dem Trieb und dem Geist, [...] sondern es schwingt zwischen tausenden, zwischen unzählbaren Polpaaren." (S. 66)

Die Lehrkraft sollte in der Erarbeitungsphase die einzelnen Gruppen aufsuchen und gegebenenfalls Hilfestellung leisten. Dies gilt insbesondere dann, wenn die Schülerinnen und Schüler entgegen der Arbeitsanweisung doch ein situationsgebundenes Standbild bauen. Vorteilhaft ist der Einsatz einer Sofortbild- oder Digitalkamera. Dies ermöglicht an späterer Stelle im Unterricht den problemlosen Rückgriff auf die Ergebnisse des Statuenbauens.

In der sich anschließenden **Präsentationsphase** werden die Statuenbilder vorgestellt und ausgewertet. Ein offener Stuhlkreis bietet hierfür ideale Voraussetzungen, damit alle Schülerinnen und Schüler die Bilder in allen Details betrachten können. Die Gruppen stellen ihre Statuen nacheinander auf und verharren etwa eine Minute in ihren Positionen. Wichtig ist, dass zuerst die Beobachtergruppe, also der Rest des Kurses, die Gelegenheit erhält, ihre Wahrnehmungen und Überlegungen zu formulieren. Erst dann erläutert die Darstellergruppe ihr Endergebnis. Es ist empfehlenswert, die Diskussionsergebnisse schriftlich, z. B. auf Folie, zu fixieren, um nach Sichtung aller Statuenbilder eine Zusammenfassung zu leisten und Redundanzen vermeiden zu können.
Mögliche Impulse von Seiten der Lehrkraft nach Ansicht der Statuen:
An die Beobachtergruppe:

- *Beschreiben Sie die Statue der Gruppe.*
- *Was symbolisiert das Statuenbild in Ihren Augen?*
- *Welche Aussage(n) kann man über Harry Haller treffen?*
- *Wie wird Hesses Protagonist hier dargestellt?*
- *Fühlen Sie sich an eine bestimmte Szene des Romans erinnert?*

An die Herstellergruppe:

- *Erläutern Sie kurz Ihre Statue(n).*
- *Worüber haben Sie in der Vorbereitungsphase des Statuenbauens diskutiert, was war strittig?*
- *Welche weiteren Textstellen sind die Grundlage Ihrer Statue(n)? Was ist das Typische an den von Ihnen zusätzlich herangezogenen Textstellen?*

Erfahrungsgemäß empfinden Oberstufenschülerinnen und -schüler Hesses Protagonisten als widersprüchlich in seinem Denken und Handeln. Diese Widersprüchlichkeit ist Ursache für seine innere Zerrissenheit und kann mithilfe des folgenden Tafelbildes festgehalten werden.

Harry Hallers Widersprüchlichkeit

Einerseits	Anderseits
• Kriegsgegner	• kein Friedenskämpfer/Aktivist
• Kapitalismuskritiker	• treuer Bankkunde, der von Zinsen lebt
• Wunsch nach Freiheit/Exklusion	• Wunsch nach Anpassung/Integration

2.2 Figurenkonstellation

Die polare Grundstruktur des Romans spiegelt sich auch in der Figurenkonstellation. Zwar verlagert Hesse seine Geschichte überwiegend ins Innere seines Helden und wendet sich den psychischen Reifungsprozessen seines Protagonisten zu, dennoch spielen weitere Figuren im Roman für eben diesen Entwicklungsprozess Harry Hallers eine zentrale Rolle. Ihre Positionierung zur zentralen Figur, ihr Handeln im handlungsarmen äußeren Geschehen des Romans wendet innere Prozesse nach außen. Die wenigen Neben- oder Parallelfiguren sorgen dabei dafür, dass dem Leser die Kontraste und Polaritäten stärker bewusst werden. Die Antithetik seines Erzählens sorgt insofern dafür, dass Haller als Person in mehrere Akteure aufgespalten wird. In der Gegensätzlichkeit ihrer Anschauungen und Handlungsweisen, im Roman weniger durch konkrete Handlungen als durch Gesprächssequenzen realisiert, funktionalisiert der Autor seine Figuren und gruppiert sie um seinen zentralen Helden herum, eine Vorgehensweise, die dem geübten Leser auch aus dem deutschen Entwicklungs- und Bildungsroman bekannt ist. (Siehe Baustein 4) Gerade in der Auseinandersetzung mit den Meinungen und Handlungen der ihn umgebenden Figuren entwickelt sich in einem langwierigen inneren Reifungsprozess die Persönlichkeit des Protagonisten. Insofern haben negativ gezeichnete Figuren wie z. B. die Professorengattin ebenso ihre Funktion wie Sympathiefiguren, z. B. Hermine.

Die polar inszenierte Figurenkonstellation kann über eine grafische Darstellung erarbeitet werden, zugleich dient dieser Arbeitsschritt der Vorbereitung auf die sich anschließende Analyse der Figur der Hermine, der zentralen Spiegelfigur Harry Hallers, die zugleich als Katalysator für dessen Entwicklung dient. Für den Fall, dass in 2.1 Statuen gebaut wurden (siehe Exkurs S. 31), kann – um Redundanzen zu vermeiden – auf diesen Arbeitsschritt auch verzichtet werden. Die Schülerinnen und Schüler erhalten dafür das **Arbeitsblatt 6** (S. 52) ausgehändigt, der Arbeitsauftrag wird erläutert. (Alternativ kann das Arbeitsblatt auch auf Folie gezogen und über einen OHP dem Kurs vorgestellt werden. In diesem Fall erhalten die Gruppen größere Wandzeitungen ausgehändigt, auf denen sie die erforderliche Skizze der Figurenkonstellation anfertigen und nach Fertigstellung präsentieren können.) In Kleingruppen oder alternativ in Partnerarbeit arbeiten die Schülerinnen und Schüler nun eigenständig an ihrer Figurenkonstellation, indem sie die zentralen Textstellen identifizieren. Gibt man der Lerngruppe ausgewählte Textstellen vor, kann der Arbeitsprozess beschleunigt werden.

In der Auswertungsphase stellen ausgewählte Gruppen oder Partner ihre Figurenkonstellation vor. Wenn die Lehrkraft gegen Ende der Erarbeitungsphase im Kursraum herumgeht, können im Idealfall zwei verschiedene Skizzen vorgestellt und diskutiert werden. In jedem Fall ist darauf zu achten, dass für die Positionierung der jeweiligen Figur mindestens eine zentrale Textstelle gemeinsam gelesen und ausgewertet wird. Bei Hermine kann aufgrund ihrer exponierten Stellung im Roman auch auf weitere Textstellen zurückgegriffen werden. Dies ist nicht erforderlich, wenn Hermine in 2.3 intensiver behandelt werden soll.

Figurenkonstellation

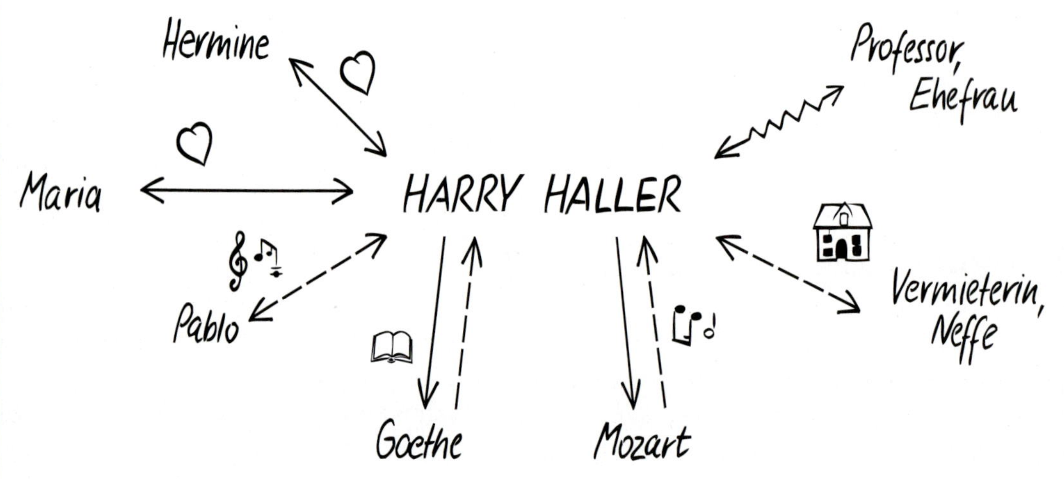

- *Inwiefern könnte man die Figurenkonstellation des Romans als regelmäßig oder klar strukturiert bezeichnen?*
- *Welchen Effekt erzielt Hesse mit der gewählten Figurenkonstellation beim Leser?*

Bei der Ausgestaltung der Figurenkonstellation ist der Individualität der Schülerinnen und Schüler Raum zu geben, allerdings sollte sich die grundlegende, dem Roman als Gerüst Halt gebende Struktur wiederfinden, welche neben Harry Haller mehrere Gruppierungen erkennen lässt: Auf der einen Seite finden sich die Bürgerlichen, gemeint sind Hallers Vermieterin und ihr Neffe sowie der Professor nebst Gemahlin. Außerhalb der bürgerlichen Ordnung finden sich die Figuren, von denen Haller „das Leben" lernt: Hermine, Pablo und Maria. Anders als der Professor und seine Frau, die für Hallers aggressiv-antibürgerliches und radikalpazifistisches Auftreten wenig Verständnis haben – Harry empfindet das Bildnis Goethes als süßlich-verlogen und kritisiert einen übertriebenen Nationalismus –, zeichnen sich die Vermieterin und ihr Neffe durch ein eher ambivalentes Verhältnis zum Außenseiter aus. Bei aller Kritik spüren sie doch Hallers Sehnsucht nach dem einfachen, geordnet-bürgerlichen Leben und sympathisieren, z. B. in der Aurakarie-Szene, mit Hesses Protagonisten. Trotzdem bleiben die Grenzen bewusst erhalten: „Der Mieter, obwohl er keineswegs ein ordentliches und vernünftiges Leben führte, hat uns nicht belästigt noch beschädigt, wir denken noch heute gerne an ihn. Im Innern aber, in der Seele, hat dieser Mann uns beide, die Tante und mich, doch sehr viel gestört und belästigt, [...]." (S. 12) Hermine kann man als Harry Hallers Schicksalsschwester begreifen, die ebenso wie er außerhalb der Gesellschaft steht und ihn lehrt, das Leben als solches zu akzeptieren. Ihr Wirken ist darauf gerichtet, Haller auf das den Roman abschließende Magische Theater als Reise ins eigene Innere vorzubereiten, indem sie für ihn als Spiegel fungiert. Maria und Pablo sind ihr als funktionale Nebenfiguren zugeordnet.

2.3 Hermine

Auf dem Höhepunkt seiner Identitätskrise und gedanklich nah am Suizid als denkbarer Aufhebung der Individuation (S. 90) sucht Harry Haller den „Schwarzen Adler" auf. Im Wirtshaus trifft er auf Hermine, eine junge, androgyn wirkende Frau, die ihn an seinen Jugendfreund Hermann erinnert. Diese Begegnung verändert Harrys Leben, wirkt Hermine doch ab diesem Zeitpunkt auf den introvertierten, lebensmüden Künstler ein und setzt einen inneren Entwicklungsprozess in Gang, der im Magischen Theater seinen Höhepunkt und Abschluss findet. Hermine erkennt Harrys seelische Krise und nimmt sich seiner an, indem sie zu seiner Lehrmeisterin wird und dem Intellektuellen deutlich macht, dass ein Leben mit Büchern, Latein und Griechisch und „all [dem] Zeug" (S. 115) einseitig und unvollständig ist: „Ja, wie kannst du sagen, du habest dir mit dem Leben Mühe gegeben, wenn du nicht einmal tanzen willst?" (S. 115) Hermines Funktion ist damit klar: Ihr kommt es zu, Harry die durch sein dualistisches Selbstverständnis verschüttet gegangenen Sphären des realen Lebens wieder ins Bewusstsein zu rufen. Es ist ihre Aufgabe, dem isolierten Denker und Künstler den Reiz der vermeintlichen Oberflächlichkeit des Lebens zu vermitteln, Tanz, Spiel und Lachen, Jazzmusik und Sinnlichkeit. Dabei ergänzt Hermines Lebensphilosophie die Harry Hallers, sie ist eher als Spiegelungsfigur zu verstehen denn als Gegenpart, was Hesses Held selbst schnell vergegenwärtigt: „Sie war das kleine Fensterchen, das winzige lichte Loch in meiner finstern Angsthöhle. Sie war die Erlösung, der Weg ins Freie." (S. 136) Angeleitet durch Hermine unternimmt Harry den Versuch, die „unerträgliche Spannung zwischen Nichtlebenkönnen und Nichtsterbenkönnen" (S. 136) aufzubrechen; es ist die junge, androgyn wirkende Frau, die das „Erleben, Entscheidung, Stoß und Sprung" an die Stelle von „Wissen und Verstehen" setzt. (S. 137) Weil Harry bereit ist, von Hermine zu lernen, weil er sich ihre Botschaft von der Integration der beiden Bewusstseinshälften zu eigen macht, kann sie am Ende sterben. Denn Harry hat nun erkannt, dass Hermine ein Teil seiner selbst ist, „den er auf der Suche nach Kultur versäumt hat zu entwickeln." (Vgl. Egon Schwarz: Zur Erklärung von Hesses Steppenwolf. In: Monatshefte für deutschen Unterricht. 53 (1961), S. 191 – 198; hier: S. 194)

Der wichtigen Figur der Hermine nähern sich die Schülerinnen und Schüler über ein **Brainstorming**, indem ihnen der Begriff des Spiegels zur freien Assoziation vorgegeben wird. Dafür wird der Begriff „SPIEGEL" in der Mitte der Tafel notiert und die möglichst spontanen Schülerbeiträge werden unkommentiert um den Begriff herum notiert. Auf die Ergebnisse des Brainstormings kann dann im Anschluss an die konkrete Textarbeit Bezug genommen, Parallelen und Unterschiede können herausgearbeitet werden.

- *Welche Gedanken haben Sie zum Begriff des „Spiegels"?*

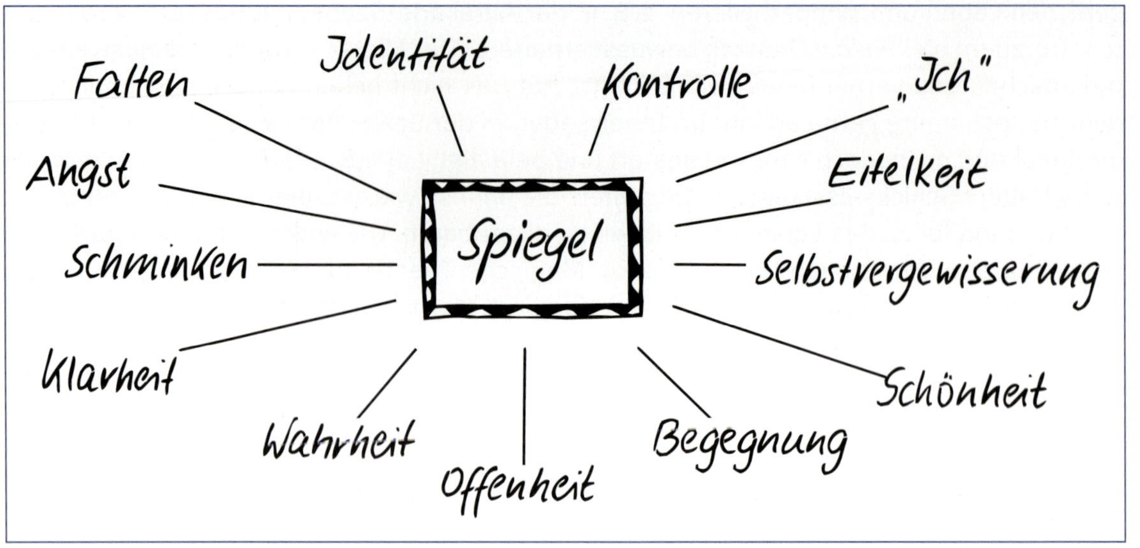

Im Anschluss wird mithilfe des **Arbeitsblattes 7** (S. 53) die Annäherung an die Figur der Hermine geleistet. Auf textanalytischem Wege soll erkannt werden, dass Hermine nicht nur als Spiegel für Harry Haller fungiert, indem sie die Oberfläche seiner Existenzweise wiedergibt. Ihr kommt es dagegen vielmehr darauf an, die verschütteten Persönlichkeitsmerkmale Hallers selbstentdeckend und -klärend an die Oberfläche zu bringen, ihn auf den „Weg ins Freie" (S. 115) zu führen.

- *Arbeiten Sie mithilfe der aufgeführten Textauszüge heraus, welche Funktion Hermine im Roman für Harry Haller zukommt.*
- *Notieren Sie nach der Lektüre der Textauszüge stichpunktartig in der Tabelle, inwiefern man die Vorstellungen und Lebenskonzepte von Harry und Hermine auch als Gegensätze verstehen kann.*
- *Klären Sie, inwieweit man Hermine als Spiegel der Persönlichkeitsbestandteile Harry Hallers verstehen kann. Wie ist die Spiegel-Symbolik aufrechtzuerhalten, wenn Hesses Held Hermine für sein „Gegenteil" hält, das alles habe, was ihm fehle?*

Deutlich werden sollte, dass Hermine keinesfalls als radikale Kritikerin Hallers fungiert. Im Gegenteil, sie versteht sein Leiden am Leben und bezeichnet sich selbst als Leidensgenossin. Insofern stellt sie nicht die Legitimität des Leidens am Leben in Frage, sondern ergänzt dessen einseitig-dichotomisches Konzept um weitere basale Dimensionen des Lebens: Spiele, Tanzen, Lächeln, Lebensgenuss, Sinnlichkeit und Sexualität, Jazzmusik. Die grundsätzliche Kritik des Steppenwolfs am bürgerlichen Leben, an Politik und Gesellschaft wird von Hesse durch die Figur Hermines in jedem Fall nicht zurückgenommen: „Glaubst du, ich könne deine Angst vor dem Foxtrott, deinen Widerwillen gegen die Bars und Tanzdielen, dein Sichsträuben gegen Jazzmusik und all den Kram nicht verstehen? Allzu gut versteh ich sie, und ebenso deinen Abscheu vor der Politik, deine Trauer über das Geschwätz und verantwortungslose Getue der Parteien, der Presse, deine Verzweiflung über den Krieg, über den gewesenen und über die kommenden, über die Art, wie man heute liest, baut, Musik macht, Feste feiert, Bildung betreibt! Recht hast du, Steppenwolf, tausendmal recht, und doch musst du untergehen. [...] Wer heute leben und seines Lebens froh sein will, der darf kein Mensch sein wie du und ich." (S. 194) Wer also analog zum Strickmuster des klassischen Entwicklungs- und Bildungsromans in Hermine eine Figur erhofft, die das elitär-arrogante Sendungsbewusstsein Harry Hallers in die Schranken weisen würde, der sieht sich schnell enttäuscht. Als Spiegel Harrys verstärkt sie eher den Narzissmus des Helden, als dass sie ihn

radikal in Frage stellt, sieht sie sich und ihren neuen Freund doch als „Heilige", als „die echten Menschen" an (S. 197). Für Hesse selbst hat die Figur der Hermine vor allem tiefenpsychologische Bedeutung, die „kein Mädchen aus Berlin oder Zürich" sei, sondern „ein Stück Magie, mit dessen Hilfe Harry sich im Moment der Verzweiflung noch einmal rettet." Sie verkörpert den weiblichen Teil seiner Seele, den Haller nie bewusst entwickelt hat, und wird für ihn „zur Mittlerfigur zwischen Bewusstsein und dem Unbewussten, zur Führergestalt, die ihm den Weg zum Leben selbst" weist. (Zitiert nach: Friedrich Voit: Hermann Hesse: Der Steppenwolf. Erläuterungen und Dokumente. Stuttgart: Cornelsen 2002, S. 41)
Die von der zweiten Aufgabe des Arbeitsblattes 7 eingeforderte Antwort zielt insofern nicht auf grundsätzliche Unterschiede, vielmehr geht es Hermine um die Ergänzung des nicht vollständig ausgebildeten Lebenskonzeptes Hallers und um die Notwendigkeit einer geistig-sinnlichen Synthese:

Harry	⟷	Hermine
• Denken und wissen		• Tanzen und spielen
• komplizierte Dinge		• Einfachheit des Lebens
• Tiefe des Lebens		• Oberflächlichkeit
• Indifferenz, Langeweile		• Freude, Spannung
• Zukunft		• Augenblick
• Ernsthaftigkeit, Mangel an Humor		• Lächeln, Leichtigkeit, Humor

- *Stellen Sie sich vor, Hermine führe ein Tagebuch am Ende eines jeden Tages, so auch nach ihrer ersten Begegnung mit dem seltsamen Schriftsteller Harry Haller im „Schwarzen Adler". Schreiben Sie diesen Tagebucheintrag, indem sie die Positionen der beiden Romanfiguren kontrastiv herausarbeiten.*

Eine Vertiefung des Aspektes, der insbesondere von der dritten Aufgabe des **Arbeitsblattes 7** (S. 53) angesprochen wird, kann auch über eine **Kommunikationsanalyse** (**Arbeitsblatt 8**, S. 54) erfolgen. Gespräche spielen im Roman ohnehin eine besondere Rolle. So verlangsamen sie zeitdehnend den handlungsarmen Inhalt und begleiten diesen mit Erläuterungen und wertenden Kommentaren. Nahezu kontinuierlich kommt es zu einem regelmäßigen Wechsel von Geschehnissen im Leben Harry Hallers, welcher die in einem sich anschließenden reflexiven Gespräch mit einer zentralen Figur mit dem notwendigen theoretischen Fundament versieht. Bewusst dienen die immer wieder eingefügten Gespräche damit dem Aufbrechen möglicher Spannungsmomente, die sich im Sinne des Autors wohl nachteilig auf dessen Reflexionsvermögen auswirken könnten. So bleibt der pädagogisch warnende Zeigefinger während der Lektüre allzeit spürbar, Hesse scheint dem Leser ein eigenständiges Urteil kaum zuzutrauen.
Das **Arbeitsblatt 8** (S. 54) führt in die Methodik der Kommunikationsanalyse ein und kann als Hilfe für die von den Schülerinnen und Schülern zu leistende Analyse des zentralen Gesprächs zwischen Harry und Hermine kurz vor Beginn des Magischen Theaters herangezogen werden. Dabei ist ein methodisches Vorgehen zeitsparend, bei dem die ersten beiden Punkte – Situations- und Handlungsanalyse – gemeinsam im Plenum besprochen werden, da viele der hier aufgeführten Anforderungen bereits Unterrichtsgegenstand waren und keine größeren Schwierigkeiten verursachen sollten:

- *Lesen Sie das zentrale Gespräch zwischen Harry und Hermine auf den Seiten 192/Z. 14 – S. 197/Z. 32. Markieren Sie die Gesprächsanteile Harrys und Hermines in unterschiedlichen Farben. Was fällt Ihnen auf?*

In diesem Schlüsselgespräch kurz vor Beginn des Magischen Theaters wird deutlich, dass Hermine eine weitaus gebildetere Person ist, als es Harry zu Beginn ihrer Beziehung noch annahm. Deutlich wird, dass sie das Gespräch rein quantitativ dominiert, Harry Haller fungiert eher als (zustimmender) Stichwortgeber. Ein echtes Gespräch im Sinne eines gleichberechtigten Dialoges, in dem der eine Gesprächspartner auf die Impulse des anderen antithetisch reagiert, liegt hier nicht vor. Die Ausführungen Hermines werden oft bloß nonverbal durch beifällige und selbstverliebte Äußerungen Hallers unterbrochen: „Ich nickte, nickte, nickte." (S. 192)

■ *Analysieren Sie die Kommunikationssituation dieser Sequenz im Kontext der gesamten Romanhandlung. Verfassen Sie abschließend eine Kommunikationsanalyse. Legen Sie den Schwerpunkt dabei auf die Gesprächsanalyse. Sie können sicher nicht zu jedem der hier aufgeführten Aspekte etwas ausführen, Sie müssen vielmehr eine funktionale Auswahl treffen.*

Bei der Anfertigung einer Kommunikationsanalyse ist mit den Schülerinnen und Schülern vorab zu besprechen, dass der Arbeitsprozess aus drei Phasen (Planung/Vorarbeit – Durchführung/Verschriftlichung – Textüberarbeitung) bestehen sollte: Phase 1 besteht in der Vorarbeit, Planung und Skizzierung der Textinhalte. Das Gespräch muss mehrmals unter Berücksichtigung der Kriterien gelesen und analysiert, zentrale Erkenntnisse müssen stichpunktartig festgehalten werden. Die längste Phase ist die der eigentlichen Textproduktion, die gut auch als Hausaufgabe bearbeitet werden kann. Die dritte Phase der Textüberarbeitung kann monologisch oder dialogisch angelegt werden. In einem auf Kommunikation ausgelegten Unterricht empfiehlt sich eine Textüberarbeitungsphase im Team oder in Kleingruppen. Nach Beendigung der Schreibphase sollten mehrere, idealerweise unterschiedlich angelegte Schülertexte vorgestellt und diskutiert werden. Als zentrales Ergebnis sollte sichergestellt werden, dass Hesses Held in diesem Gespräch weitaus weniger kritisiert wird, als es oberflächlich gesehen den Anschein hat. Die lebenstüchtige und kompromisslose Sympathiefigur der Hermine legitimiert vielmehr die Grundüberzeugung Harry Hallers und deutet dessen Lebensekel und „Verzweiflung" (S. 194) als verständlich: „Recht hast du, Steppenwolf, tausendmal recht, und doch musst du untergehen." (Ebd.) Sich selbst deutet sie ähnlich, zählt sich ebenfalls zur raren, den „heiligen", den „echten Menschen", was durch die Wahl der Personalpronomen deutlich wird: „Ach Harry, wir müssen durch so viel Dreck und Unsinn tappen, um nach Hause zu kommen! Und wir haben niemand, der uns führt, unser einziger Führer ist das Heimweh." (S. 197) Am Ende steht eine Ergebnissicherung:

Die Funktion Hermines für Harry Haller (S. 192 – 197)

- verkörpert Harrys noch nicht realisierte Lebenspotenziale
- kritisiert nicht seine Analyse, sondern seine lebensuntüchtige Reaktion darauf
- fordert mehr aktive Beteiligung am Leben ein, weist ihm den „Weg ins Leben"
- lehrt Freude an Oberfläche des Lebens: lachen, tanzen, Jazzmusik („leben lernen")
- denkt ähnlich, offenbart ihre Seelenverwandtschaft
- bestätigt Harry in seiner Gesellschafts- und Kulturkritik

↓

Leserlenkung:
Förderung der Identifikation mit dem Weltbild des Steppenwolfs auf dem „Weg ins Freie" (S. 136) durch weibliches „Alter Ego"

Die dritte Phase der Textrevisionen leidet häufig darunter, dass den Schülern gar nicht klar ist, was letztlich unter einem gelungenen Text, in diesem Fall einer Gesprächsanalyse, zu verstehen ist. Nur wenn den Schülerinnen und Schülern die Revisionsrichtung mental präsent ist, werden Texte, die nach Maßgabe von Prozessmodellen produziert werden, tatsächlich besser. Andernfalls zeigt sich häufig, dass die von den Schülern vorgenommenen Verbesserungen nur lokal und isoliert vorgenommen werden, die Gesamtstruktur des Textes (z. B. Gliederung des Textes nach Einleitung, Hauptteil und Schluss) aber nicht in den Blick genommen wird. Plant die Lehrkraft eine Textüberarbeitungsphase ein, kann daher die ESAU-Methode vorab im Plenum vorgestellt werden. Wenn die konkrete Revisionsarbeit am Schülertext ernstgenommen wird, ist es empfehlenswert, die Texte gleich am PC verfassen zu lassen, ein Überarbeiten fällt in diesem Fall deutlich leichter.

Einen Text zielgerichtet überarbeiten: Die ESAU-Methode[1]

Ergänzen: wo eine Lücke auffällt, ein Wort, Satz, Gedanke oder Abschnitt fehlt
Streichen: wo etwas unnötig erscheint oder wiederholt wird
Austauschen: wo ein Wort, Satz, Ausdruck nicht passend erscheint – umformulieren
Umstellen: wo die Reihenfolge der Satzglieder, Sätze, Gedanken unstimmig ist

- *Tauschen Sie in der Kleingruppe oder mit einem Partner Ihre Texte. Verbessern Sie diese, indem Sie die aufgeführten Aspekte des Arbeitsblattes als Kriterien nehmen. Wenden Sie an exemplarischen Stellen Ihrer Textüberarbeitung die ESAU-Methode an. Nehmen Sie mindestens ein Mal in der Einleitung, drei Mal im Hauptteil und ein Mal im Schlussteil eine gezielte und begründbare Verbesserung vor.*

Es ist der Lehrkraft überlassen und von der zur Verfügung stehenden Zeit abhängig, inwieweit die überarbeiteten Textversionen nochmals zum Unterrichtsgegenstand werden. Es empfiehlt sich aber, an mindestens einem Beispiel zu überprüfen, ob und wenn ja wodurch ein überarbeiteter Text im Vergleich zu seiner Ursprungsfassung an Qualität gewonnen hat, ein exemplarisches Vorgehen ist hier anzuraten.

Eine kreative, produktionsorientierte Verarbeitung der überwiegend auf kognitiv-analytischem Wege gewonnenen Erkenntnisse über die Bedeutung Hermines für den Entwicklungsprozess Harry Hallers kann auch über das **Arbeitsblatt 9** (S. 55) erfolgen. Dabei vertieft die zweite Aufgabe die auch bei Hesse vorzufindende Überzeugung, dass das surrealistische Erschließen seelischer Tiefen zwangsläufig individualistisch abläuft, nicht umsonst handelt es sich bei Hesses Protagonisten notwendigerweise um einen Einzelgänger und Außenseiter. Sicherheit und Orientierung, die Verlässlichkeit des Gewohnten und Erwartbaren werden durch den Surrealismus unterminiert, bewusstseinsgesteuerte Denkprozesse – ähnlich wie im Magischen Theater – durch irritierende Bildkompositionen unmöglich gemacht. Der dritte Arbeitsauftrag fordert eine Vertiefung des Symbol-Begriffs. Hier sollte bei der Besprechung darauf geachtet werden, dass ein Rückbezug zum Ausgangstext hergestellt wird. Arbeitsauftrag 4 fordert Kreativität ein. Erwartbar ist allerdings, dass die Schüler das Bild Magrittes auf den Bewusstseinszustand Harrys vor der Kontaktaufnahme mit Hermine beziehen. In dieser ersten Phase des Romans gelingt Harry die Konfrontation mit seinem Selbst noch nicht. Es gelingt ihm – um in der Bildlichkeit Magrittes zu bleiben – nicht, sich selbst ins Gesicht zu sehen, mit all seinen Stärken, Schwächen und sonstigen, jetzt noch unterdrückten Vielseitigkeiten und Trieben. Erst die Begegnung mit Hermine, Pablo und Maria befähigen den Step-

[1] Vgl. www.fachdidaktik-einecke.de/9c-Metho_Textproduktion/esau_textueberarbeitung.htm (Stand: 12.11.08)

penwolf dazu, sich selbst in seiner Ganzheit und – im Sinne des Tractats – über ein banal-dichotomes Selbstbild hinaus anzunehmen. Im Magischen Theater zerstört Harry sein Spiegelbild durch Lachen. Die zahllosen Harrys, die er in einem Wandspiegel wahrnimmt, laufen vor ihm davon. Erst am Ende des Romangeschehens ist Harry die (falschen, da unzureichenden) Bilder, die er von sich selbst hatte, losgeworden. Jetzt aber zeigt der Blick in den Spiegel Hesses Helden so, wie er tatsächlich ist. Zeichen und Bezeichnetes werden identisch.

2.4 Maria und Pablo

Ähnlich wie Hermine, der zentralen Frauenfigur des Romans, kann man aus Sicht des Protagonisten Maria und Pablo als „archetypische Repräsentanten für nicht realisierte Dispositionen von Hallers kollektivem Unbewussten" interpretieren. (Vgl. Kindlers Neues Literaturlexikon) Ihre Funktion besteht allein darin, den im „Tractat" theoretisch entfalteten Anspruch an die Ausbildung einer totalen, ganzheitlichen Identität mit Leben zu füllen. Nicht zufällig ist es die hochgeschätzte Hermine, die Haller mit Pablo und Maria bekannt macht, beide Figuren können ihr folglich nebengeordnet werden. Dabei spielt es keine Rolle, dass der Ich-Erzähler dem scheinbar dümmlichen, drogenaffinen Lebemann Pablo anfangs äußerst kritisch gegenübersteht und dieser als Gegenfigur fungiert. Im Laufe der Zeit sieht sich Harry genötigt, sich auf die Gedanken des antiintellektuellen Jazzmusikers einzulassen. Am Ende ist es dann der anfangs belächelte unmoralische, drogenkonsumierende Saxofonist Pablo, der Harry durch das Magische Theater leitet und von diesem als „Freund" (S. 186) bezeichnet wird.
Die Funktion Marias und Pablos, auf den im Rahmen der Behandlung des Magischen Theaters noch näher eingegangen wird (siehe Baustein 4), kann im Anschluss an die Beschäftigung mit der Kurtisane Hermine erfolgen. Vorgeschlagen wird ein arbeitsteiliges Vorgehen mithilfe der **Partnerpuzzle-Methode**, einer weniger bekannten Variation des Gruppenpuzzles, die das eigenständige Arbeiten der Schülerinnen und Schüler fördert.

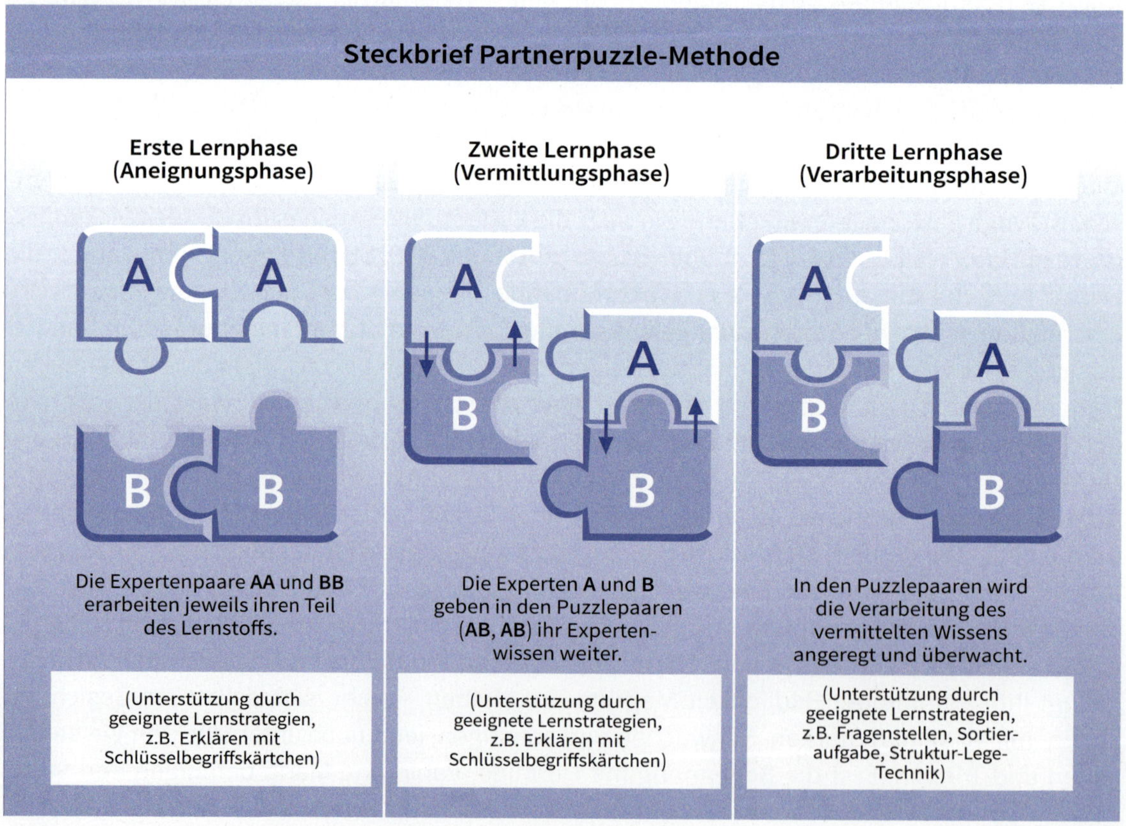

Nach: Anne Huber (Hrg.): Kooperatives Lernen – kein Problem © Friedrich Verlag GmbH, Seelze

Die Methode erscheint deshalb gut geeignet, weil sich der Lernstoff gut in zwei Teile unterteilen lässt. In einer kurzen Vorbereitungsphase wird der Lerngruppe mithilfe des **Arbeitsblattes 10** (S. 56) die Methode samt Arbeitsauftrag vorgestellt, die Lerngruppe in 4er-Gruppen aufgeteilt. (Mit den überzähligen Personen kann man auch Triaden zusammenstellen.) Eine kurze Verständnissicherung sorgt bei der Lehrkraft für die Sicherheit darüber, ob die Schülerinnen und Schüler auch wissen, was sie zu tun haben. Die Kooperation einfordernde Methode setzt mit der **ersten Lernphase** ein. Dafür teilen sich die einzelnen 4er-Gruppen in zwei Partnerteams auf. Als sogenannte Expertenpaare eignen sie sich die eine oder andere Hälfte des zu vermittelnden Lernstoffs an, beschäftigen sich also entweder mit den Pablo oder Maria betreffenden Arbeitsaufträgen, die das Arbeitsblatt 10 formuliert. Dafür müssen zuerst in den Partnerteams die angegebenen Textstellen gelesen, markiert bzw. unterstrichen sowie im Anschluss unter Berücksichtigung der Gliederungshilfe des Arbeitsblattes auf diesem festgehalten werden. Huber empfiehlt, den Schülerinnen und Schülern die Möglichkeit einzuräumen, eigene Fragen zu formulieren und darauf eine Antwort zu finden. Am Ende der ersten Lernphase sind bei allen Schülerinnen und Schülern fünfzig Prozent des Arbeitsblattes bearbeitet und beschrieben.
In der nun folgenden **zweiten Lernphase** werden Puzzle-Paare gebildet, die aus jeweils einem Experten für jeden Teil des Lernstoffs bestehen. Die Partnerteams der ersten Phase werden also getrennt. In den neuen Experten-Paaren erfolgt nun die wechselseitige Vermittlung des in der ersten Phase erworbenen Wissens mithilfe der Aufzeichnungen auf dem Arbeitsblatt. Es spielt keine Rolle, ob mit Mario oder mit Pablo begonnen wird. Dabei ist darauf zu achten, dass der Experte nicht nur die Ergebnisse referiert, sondern auch den Lösungsweg erläutert. In diesem Fall heißt das, dass zentrale Textstellen zu Pablo beziehungsweise Maria nochmals gemeinsam gelesen und diskutiert werden sollten. Der Experte berät dabei den Novizen, in welcher Form die neuen Informationen auf dem Arbeitsblatt festgehalten werden könnten. Das Arbeitsblatt 10 sollte am Ende dieser Phase ausgefüllt sein.
In der abschließenden dritten Lernphase soll die Verarbeitung des vermittelten Wissens angeregt und überwacht werden. Dies könnte dahingehend sichergestellt werden, dass man den Schülerinnen und Schülern die Aufgabe gibt, eine Strukturskizze zu zeichnen, die neben Harry Haller sowohl Pablo und Maria als auch Hermine berücksichtigt. Die Namen der Figuren könnten in dem Schaubild mit Pfeilen bzw. Symbolen versehen und beschriftet werden. Fragen von Seiten der Lehrkraft, die zu Beginn dieser Phase auf Folie (oder an der Tafel) notiert sein sollten, als auch eigene Fragen könnten bei der Sicherung der Ergebnisse bzw. dem notwendigen Transfer hilfreich sein:

- *Was fasziniert Harry Haller so sehr an Maria? Welche Bereiche seiner Persönlichkeit werden angesprochen bzw. angeregt? Was lernt er von Maria?*
- *Wie empfindet Haller anfangs den Saxofonisten Pablo?*
- *Was lernt Haller von Pablo? Wo zeigt sich im Musikgespräch die Überlegenheit Pablos?*
- *Inwiefern ändert sich Hallers Einschätzung in Bezug auf Pablo? Nennen Sie Gründe für diese Entwicklung.*

Im Gegensatz zu Hermine, die als eine Art Spiegelfigur zu Haller fungiert, sind es gerade die Unterschiede zwischen Hesses Helden und Pablo, die von Bedeutung sind. Es ist kein Zufall, dass Pablo – im Gegensatz zu Haller – auf sein Äußeres bedacht ist. Er ist – anders als Haller – sozial integriert und ein Liebling der Frauen. Statt der Intellektualität finden seine „Tieraugen“ Erwähnung. Auch Pablos tierischer Blick kann als Indiz dafür verstanden werden, dass er – ähnlich dem Tier – vom Prozess der Individuation weniger stark betroffen ist und somit der „Ungeteiltheit des Seins näher“ als der Mensch ist. (Vgl. Fritz L. Hofmann: Hermann Hesse. Steppenwolf. Literamedia. Cornelsen: Berlin 2003, S. 24) Dem überreflektierten Intellektuellen, dessen Geist dem Genuss des authentischen Lebens im Wege steht, wird der unbefangene, unreflektiert-geniale, stets vergnügte und sich vergnügende Pablo gegenübergestellt, der sich – ähnlich wie ein Tier – instinktiv richtig verhält und nicht von einem reflektierenden Bewusstsein irritiert wird. Spätestens als Pablo das Lachen der Unsterblichen lacht und sich als Verkörperung Mozarts zu erkennen gibt, wird Harry die Richtigkeit der Lebensform Pablos deutlich: „Pablo wartete auf mich. Mozart wartete auf mich.“ (S. 278)

- *Was haben Pablo und Maria hinsichtlich ihrer Wirkung auf Harry Haller gemein?*
- *In welchem Verhältnis stehen Pablo und Maria zu Hermine?*

Die vom Geld ihrer Männer lebende Prostituierte Maria wird von Hermine engagiert, um als Verkörperung absoluter Sinnlichkeit diesen von Haller streng vernachlässigten Bereich des Lebens zu reanimieren. Sein dichotomischer Blick auf das Leben, seine streng dualistische Trennung in „Menschliches“ und „Wölfisches“ wird durch die Erfahrung erotischer Liebe brüchig, ihr Schwärmen für die von ihm bislang verachteten „Songs“ verändern Hallers Position zur Kunst und zum Leben an sich: „Ich war bereit mitzuschwärmen, sei der Song, wie er wolle; Marias liebevolle Worte, ihr sehnsüchtig aufblühender Blick riss breite Breschen in meine Ästhetik.“ (S. 179) In der vorwiegend sexuellen Beziehung mit Maria begegnet der Schriftsteller den ganz banalen Dingen des Lebens und erkennt in ihnen einen neuen Wert, versieht sie mit Würde. Ähnlich wie Pablo, der Harry später durch das Magische Theater führt und für diesen zu einer Art Heiligem wird (siehe Baustein 4), erfährt Harry in der Begegnung mit der reinen Sinnlichkeit und Erotik Marias die Vielfältigkeit des Lebens und überwindet „vom Eros zauberhaft erschlossen“ (S. 181) den im „Tractat“ so vehement kritisierten Dualismus des typischen Steppenwolfdaseins. Aus der Retrospektive erkennt er die Einseitigkeit, Monotonie und Verlogenheit seiner bisherigen Existenz, in welcher die Polarität von Steppenwolf und Mensch nur destruktiv wirken konnte und bloß ein perspektivloses Leiden an der empirischen Welt zur Folge hatte, geprägt von „Verzicht und Verneinung“ (S. 181): „Jetzt, vom Eros zauberhaft erschlossen, sprang die Quelle der Bilder tief und reich, und für Augenblicke stand das Herz mir still vor Entzücken und vor Trauer darüber, wie reich der Bildersaal meines Lebens, wie voll hoher ewiger Sterne und Sternbilder die Seele des armen Steppenwolfes gesehen sei.“ (S. 181) Der lebensmüde Harry Haller fasst neuen Mut und öffnet sich für neue Erfahrungen, die vor allem im Magischen Theater auf ihn warten.

Funktion Hermines, Marias und Pablos für Harry

Ausgangspunkt:

Harry Haller als vereinsamter, geistesfixierter
Homo melancholicus
(„männliches Prinzip des Geistes/Intellektualismus")

↕

SPIEGELUNG:

„Alter Ego" HERMINE
(„weibliches Prinzip der Natur und Sinnlichkeit")

führt ↓ ein
MARIA
(Sinnlichkeit, Erotik, Sexualität)

führt ↓ ein
PABLO
(Drogen, Unterhaltungsmusik,
Bewusstseinserweiterung)

↓ ↓ ↓

F U N K T I O N

Einleitung des Integrationsprozesses der **Persönlichkeitserweiterung**
Wirkung: Katalysatoren bei Harrys Katharsis
Personifikationen innerweltlicher Sehnsüchte durch **antithetische Archetypen**

VORBEREITUNG VON HARRYS METAMORPHOSE
(im Magischen Theater)

- *Wäre eine Entwicklung Harrys ohne Hermine, Pablo und Maria überhaupt denkbar?*
- *Sind die Begleitfiguren Harrys eher seine Freunde oder seine Feinde bzw. Kritiker?*

Notizen

Eine Rollenbiografie zu Harry Haller erstellen

Verfassen Sie auf der Grundlage Ihrer ersten Leseeindrücke sowie ggfs. unter Berücksichtigung der auf diesem Arbeitsblatt angegebenen Textstellen eine **Rollenbiografie** Harry Hallers. Darin soll sich die literarische Figur in der Ich-Form anderen vorstellen. Für diese Aufgabe müssen Sie sich also in Harry Haller hineinversetzen und seine Gedanken bzw. seinen Gemütszustand wiedergeben. Es geht hier noch nicht um eine Kritik an seiner Person, sondern um die Erarbeitung einer subjektiven Position. Nutzen Sie als Hilfestellung einige der aufgeführten Fragen des Arbeitsblattes und versuchen Sie, auf ausgewählte Aspekte genauer einzugehen. Wichtig: Details Ihrer Rollenbiografie sollten Sie auf Textgrundlage begründen können. Beginnen Sie Ihren Text mit: „Meine Name ist Harry Haller. Ich bin/habe ....“

Wichtige Textstellen: Überfliegen Sie für diese Aufgabe das Vorwort des Herausgebers (S. 7 – 32) und den ersten Teil der Aufzeichnungen Harry Hallers (S. 33 – 53). An einigen Stellen des „Tractats“ (S. 54 – 86) finden Sie weitere, für die Rollenbiografie hilfreiche Informationen.

1. Wie heißen Sie, wie alt sind Sie? Wie würden Sie sich beschreiben? (Aussehen, S. 12)
2. Wo leben Sie? Zu welcher Zeit leben Sie? Haben Sie ein Zuhause? Gefällt Ihnen das Leben in der Kleinstadt?
3. Mit wem leben Sie zusammen? Gefällt Ihnen das Leben?
4. Was bedeuten Ihnen die Menschen, mit denen Sie zusammenleben? Was beschäftigt Sie momentan am meisten? Was ist Ihnen wichtig?
5. Wie stellt sich Ihre materielle Situation dar? Sind Sie eher arm oder reich?
6. Werden Sie von jemandem vermisst? Vermissen Sie jemanden?
7. Wie sieht Ihr Alltag aus? Welchen Beruf üben Sie aus?
8. Haben Sie ein Hobby? Was machen Sie in Ihrer Freizeit?
9. Sind Sie verliebt? Waren Sie schon mal verliebt? Was bedeutet Ihnen die Liebe?
10. Haben Sie Freunde?
11. Wie stehen Sie zur Kultur Ihrer Zeit?
12. Wie denken Sie über Politik?
13. Wovor haben Sie Angst?
14. Sind Sie glücklich? Worunter leiden Sie?

Eine Statue bauen

Die Person und der Charakter Harry Hallers

Arbeitsgrundlage:
S. 14/Z. 9 – S. 15/Z. 25; S. 34/Z. 6 – S. 35/Z. 2 sowie S. 35/Z. 20 – S. 36/Z. 4; S. 44/Z. 11 – S. 45/Z. 9 sowie S. 48/Z. 24 – S. 49/Z. 15 sowie Ihnen wichtig erscheinende Textstellen, die Sie selbst aussuchen können

1. *Setzen Sie sich in Kleingruppen von bis zu fünf Personen zusammen. Lesen Sie gemeinsam die angegebenen Textstellen und markieren Sie Ihnen wichtig erscheinende Aspekte, die etwas über das Denken Harry Hallers aussagen. Wenn Ihnen von Ihrer Lektüre noch weitere Ereignisse auf den Seiten 7 – 86 in Erinnerung sind, können Sie auch diese heranziehen. Tauschen Sie sich über Ihre Eindrücke aus.*
2. *Diskutieren Sie in Ihrer Gruppe, welche Gedanken bzw. Probleme typisch für Hesses Protagonisten sind. Versuchen Sie, sich über wesentliche Eigenschaften und Merkmale Harry Hallers zu einigen, und halten Sie diese stichpunktartig fest.*
3. *Bauen Sie eine Statue, welche die soeben besprochenen Charakteristika Harry Hallers abzubilden versucht. Stellen Sie diese anschließend im Plenum vor und begründen Sie Ihre Interpretation unter Berücksichtigung ausgewählter Textstellen. Tipp: Ist die Figur zu vielschichtig bzw. sind ihre Eigenschaften zu widersprüchlich, ist es ratsam, zwei oder auch mehr Darsteller auszuwählen, welche die divergierenden Persönlichkeitsmerkmale darstellen können.*

Zu 3: Was ist eine Statue?

Eine Statue ist eine Variation des Standbilds. In einem Standbild werden die Vorstellungen von bestimmten Momenten einer Szene bildlich dargestellt. Es wird aus lebendigen Menschen gebildet und zeigt eine zum Denkmal erstarrte Figur oder Figurengruppe. Dabei soll durch Körpersprache (Haltung), Mimik und Gestik etwas Wesentliches über den Charakter einer Figur oder ihr Verhältnis zu anderen ausgesagt werden. Im Gegensatz zum situationsbezogenen Standbild abstrahieren Statuen von konkreten Szenen. Sie machen abstrakte Zusammenhänge, generelle – aus verschiedenen Situationen abgeleitete – Haltungen der Figuren sichtbar und bringen sie auf den Punkt. Idealerweise gibt eine Statue somit keine konkrete Szene der Textgrundlage wider, sondern interpretiert diese und zeigt deren symbolische Bedeutung.

Wie bildet man eine Statue?

1. *Nach dem Austausch über Ihre Lektüreeindrücke und Ihre individuellen Eindrücke, die Sie sich von Harry Haller gemacht haben, überlegen Sie gemeinsam, wie dieser adäquat dargestellt werden könnte. Wie müssten die Position, Haltung, Mimik und Gestik sein?*
2. *Der Darsteller oder auch die Darsteller der Figur geht/gehen in Position. Rein passiv lässt er sich wie „lebendiges Material" formen. Die Statue wird schrittweise aufgebaut, indem die anderen permanente Verbesserungsvorschläge vornehmen, bis die Statue den besprochenen Ergebnissen entspricht. Prägen Sie sich alle wichtigen Details der Statue ein, sodass sie wiederholt gestellt und im Plenum erläutert werden kann.*

Figurenkonstellation

1. *Erarbeiten Sie einen skizzenartigen Überblick über die Konstellation der wichtigsten Figuren in Hermann Hesses Roman „Steppenwolf", indem Sie arbeitsteilig zentrale Textstellen zu den nachfolgend aufgeführten Figuren aus dem Roman heraussuchen. Klären Sie für sich, was die exzerpierte Information über die jeweilige Figur aussagt und in welcher Weise sie zur zentralen Gestalt des Romans – Harry Haller – steht.*

2. *Fertigen Sie nun eine Skizze an, in der das Verhältnis der Figuren zueinander visuell veranschaulicht wird. Nutzen Sie Zeichen und Symbole. Vermeiden Sie nach Möglichkeit Verschriftlichungen, die über einzelne Schlagwörter hinausgehen. Beachten Sie, dass Figuren, die in positiver Weise zueinander stehen, nah beieinander gruppiert sein sollten, während Sie Feindschaften oder problemhaltige Beziehungen dadurch symbolisieren können, dass die Figuren weiter voneinander entfernt gruppiert werden. Kennzeichnen Sie die Qualität der Beziehungen mithilfe der Symbole aus der Legende. Sie können auch weitere, funktional notwendige Symbole hinzuerfinden. So könnten Sie die einzelnen Pfeile mit Symbolen wie z. B. einem Herz versehen, um die Zuordnung noch genauer zu gestalten.*

3. *Präsentieren Sie Ihr Ergebnis und begründen Sie die Figurenkonstellation unter Berücksichtigung der von Ihnen ausgewählten Textstellen.*

Figuren: Hermine, Professor und seine Frau, Vermieterin und ihr Neffe (Herausgeber), Maria, Pablo, (Mozart und Goethe)

HARRY HALLER

Legende:

- durchgezogene Linie: positives Verhältnis, Freundschaft, Liebe
- gestrichelte Linie: wechselhaftes Verhältnis, ohne Konstanz
- gezackte Linie: feindschaftliches Verhältnis, Ablehnung, Unverständnis, Kritik
- einfacher Pfeil: einseitige Beziehung
- Doppelpfeil: gegenseitige Beziehung

Die Funktion Hermines erläutern

„Ja, wie kannst du sagen, du habest dir mit dem Leben Mühe gegeben, wenn du nicht einmal tanzen willst? [...] Merkwürdige Ansichten, die du vom Leben hast! Du hast also immer schwierige und komplizierte Sachen getrieben, und die einfachen hast du nicht gelernt?" (S. 115)

„Plötzlich ein Mensch, [...], der die trübe Glasglocke meiner Abgestorbenheit zerschlug und mir die Hand hereinstreckte, eine gute, schöne, warme Hand! Plötzlich wieder Dinge, die mich etwas angingen, an die ich mit Freude, mit Sorge und Spannung denken konnte!" (S. 132)

„Darum haben wir einander angezogen, darum sind wir Geschwister. Ich werde dich lehren, zu tanzen und zu spielen und zu lächeln, und doch nicht zufrieden zu sein. Und werde von dir lernen, zu denken und zu wissen, [...]." (S. 162)

„Oh, darin war Hermine wie das Leben selbst: stets nur im Augenblick, nie im voraus zu berechnen. [...] Diese Frau, die mich so vollkommen durchschaut hatte, die mehr über das Leben zu wissen schien als alle Weisen, betrieb das Kindsein, das kleine Lebensspiel des Augenblickes mit einer Kunst, die mich ohne weiteres zu ihrem Schüler machte." (S. 145)

„Wie hast du das gemacht, daß du plötzlich wie ein Knabe aussahest und daß ich deinen Namen erraten konnte? Oh, das hast alles du selber gemacht. Begreifst du das nicht, du gelehrter Herr: daß ich dir darum gefalle und für dich wichtig bin, weil ich wie eine Art Spiegel für dich bin, weil in mir innen etwas ist, was dir Antwort gibt und dich versteht? Eigentlich sollten alle Menschen füreinander solche Spiegel sein [...]."[...] „Du weißt alles, Hermine", rief ich erstaunt. „ Es ist genau so, wie du sagst. Und doch bist du so ganz und gar anders als ich! Du bist ja mein Gegenteil; du hast alles, was mir fehlt." (S. 140)

- *Arbeiten Sie mithilfe der aufgeführten Textauszüge heraus, welche Funktion Hermine im Roman für Harry Haller zukommt.*

____

____

____

- *Notieren Sie nach der Lektüre der Textauszüge stichpunktartig, inwiefern man die Vorstellungen und Lebenskonzepte von Harry und Hermine auch als Gegensätze verstehen kann, in der Tabelle.*

Harry	←→	Hermine

- *Klären Sie, inwieweit man Hermine als Spiegel der Persönlichkeitsbestandteile Harry Hallers verstehen kann. Wie ist die Spiegel-Symbolik aufrechtzuerhalten, wenn Hesses Held Hermine für sein „Gegenteil" hält, das alles habe, was ihm fehle? (Vgl. S. 140)*

____

____

Ein Gespräch analysieren: Harry und Hermine

Hesses Roman „Steppenwolf" besteht neben der eigentlichen Handlung zu einem guten Teil aus Gesprächen. Ihnen kommt eine besondere Bedeutung zu. Um diese genauer zu deuten, kann man eine **Kommunikationsanalyse**[1] durchführen. Analysieren Sie die Kommunikation zwischen Harry und Hermine auf den Seiten 192/Z. 13 bis 197/Z. 32.

1. Situationsanalyse

Welche Faktoren der Situation bestimmen v. a. die Art und das Zusammenspiel des Handelns und Redens?

- *Äußere Umstände:* Ort, Raum, Zeit, Klima, Gegenstände, Umstände, Atmosphäre
- *Personen:* Personenkonstellation, Rollenverteilung, persönliche Situation, Gefühle
- *gesellschaftliche Bedingungen:* politische, gesellschaftliche, epochale Bedingungen, Normen, ökonomische Lage
- *Veränderung der Situation:* Leben zu Tod, Macht zu Ohnmacht, Kälte zu Hitze etc.

2. Handlungsanalyse

Welche Handlungen wirken v. a. auf die Situation und das Gespräch ein oder gehen aus ihnen hervor?

- *Handlungs-/Entscheidungsträger:* bewusstes, gesteuertes, spontanes Handeln
- *Handlungsspielraum, -alternativen, -ablauf:* vorausgehende Handlungen (z. B. ein Kopfschütteln, ein Klaps auf die Schulter etc.)
- Arten des Handelns:
  1. *konkret:* aufstehen, Kaffee eingießen, Formular reichen
  2. *nonverbal:* lächeln, sich räuspern, mit den Fingern trommeln, ...
  3. *symbolisch (Ritual):* Blumen überreichen
  4. *erinnert:* Erfahrungen mit dem Gegenüber
  5. *vorgestellt:* unterdrückte Wunschvorstellung, erwartete Handlung in Zukunft, ...

3. Rede-/und Gesprächsanalyse

Welche Bedeutung haben Gesprächs- und Redeanteile für die Situation und die konkreten Handlungen der Figuren?

- *Sprachhandlungen, verbale Handlungen:* bitten, danken, nötigen, fordern, lügen, beschuldigen, raten, bestreiten, unterstellen, rechtfertigen, widersprechen, schmeicheln
- *Sprachstile der Figurenreden:* zeittypische Formen, geschlechtsspezifisch, enge personale Perspektive
- *Gesprächstypus:* Verhör, Interview, Enthüllungsgespräch, Konversation, Ritual, zerstreutes Gespräch, Einschüchterungsgespräch, ...
- *Redesequenzen:* typische Abfolge der Beiträge, z. B. Streitgespräch mit Vorwurf – Rechtfertigung/Gegenvorwurf – Ausweichen – Verstärken des Vorwurfs – Aggression – Beschwichtigung; oder Interview: Frage – Antwort – Gegenfrage
- *Gesprächsinitiativen:* Impulse, Redeanteile, Dominanz
- *Gesprächsstörungen:* mangelnde Eindeutigkeit, Missverständnis, Ironie, Anspielungen, Zurückhalten von Informationen, Formen der Zensur, des Lügens, der Täuschung, des Übergehens
- *Rederichtung:* dialogisch, monologisch, innerer Monolog, öffentliche Rede
- *Redemittel:* rhetorische Mittel, bildliche Mittel, Redewendungen

---

1 Vgl. www.fachdidaktik-einecke.de/4_literaturdidaktik/kommunikationsanalyse_meth.... (Stand: 27.05.2007)

Schreiben zu Bildern: Das Spiegel-Motiv im „Steppenwolf"

René Magritte: La reproduction interdite

1. *Beschreiben Sie das Bild Magrittes. Was sorgt für den Überraschungseffekt beim Betrachter?*

2. *Informieren Sie sich im Internet oder in einem Kunstlexikon über den Maler René Magritte. Welche Rolle spielte die Entdeckung der Psyche bzw. des Unbewussten für die Maler der Epoche des Surrealismus? Inwiefern finden sich die Aspekte auch in diesem Bild?*

3. *„Spiegel leiten ihre über die reine Funktion hinausgehende Bedeutung von dem alten Glauben ab, dass das Abbild und sein Vorbild in einer magischen Korrespondenz verbunden sind. Spiegel können in diesem Sinn die Seele oder Lebenskraft des gespiegelten Menschen festhalten."[1] Inwiefern kann man das Leitmotiv des „Spiegels" im Roman „Steppenwolf" analog zur Definition des Lexikons deuten, und was soll es ausdrücken?*

4. *Stellen Sie sich vor, Harry Haller wäre der Mann auf dem Bild Magrittes. Welche Gedanken gehen ihm durch den Kopf? Was könnte der Grund dafür sein, dass er sich nicht selbst ins Gesicht sehen kann? Was müsste passieren, damit der Spiegel wieder funktioniert? Verfassen Sie zu diesen Leitfragen einen inneren Monolog aus der Sicht Hallers.*

[1] Vgl. H. Biedermann (Hg.): Knaurs Lexikon der Symbole. München 1989, S. 141

Pablo und Maria (Partnerpuzzle-Methode)

Exzerpieren Sie arbeitsteilig zu *einer* der beiden Romanfiguren die hier aufgeführten Textstellen. Beginnen Sie mit dem zielgerichteten Lesen, nachdem Sie sich über die entsprechenden Beobachtungsaspekte informiert haben, und heben Sie von Ihnen identifizierte Textstellen mit Markierungen hervor. Nutzen Sie Ihr Exzerpt zu einem textnahen (Zitate als Erläuterung!) Kurzvortrag. Wenn Sie in die Zuhörerrolle wechseln, notieren Sie zentrale Inhalte zu der anderen, Ihnen jetzt vorgestellten Figur stichpunktartig in der Tabelle.

Pablo: S. 156 f., 159 f., 169, 170–172, 185/20–187/1 (nicht berücksichtigen: „Mag. Theater"!)

Beobachtungs-aspekte (Pablo)	Inhalt (in Stichpunkten)	Seite
Musik		
Aussehen		
Drogen		
Sexualität		
Philosophie/ Lebens-einstellung		
Charakter		
Tätigkeiten		
Wirkung auf Harry		

Maria: S. 158 f., 176–180, 183/2–10, 183/24–184/22, 188/9–189/15, 201/6–203/17

Beobachtungs-aspekte (Maria)	Inhalt (in Stichpunkten)	Seite
erster Eindruck		
Einstellung zur Musik		
Liebe u. Sexualität		
Beruf/materielle Situation		
soziales Umfeld		
Bildung		
Wirkung auf Harry		

Baustein 3

Formaler Aufbau, Sprache und Erzählweisen

Hesses „Steppenwolf" kann durchaus als formal außergewöhnlicher Roman bezeichnet werden, wird er doch aus drei unterschiedlichen Perspektiven erzählt. Der Romananfang beginnt mit dem **Vorwort des Herausgebers**, einem Neffen der Vermieterin Hallers. Hier wird dem Leser aus der subjektiv-bürgerlichen Perspektive des von Haller gleichermaßen abgeschreckten wie angezogenen „Sympathisanten" die äußere Situation nahegebracht. Zugleich verleiht das Vorwort dem dann Erzählten einen höheren Grad an Authentizität. Dem rein quantitativ kurzen Vorwort schließt sich die eigentliche Handlung in Form der ersten **Ausführungen Hallers (Teil I)** an, der in tagebuchähnlicher Form die Deutungen des Herausgebers einerseits bestätigt und andererseits erweitert. Aus der eingeschränkten Außenseiterperspektive des unglücklichen Künstlers werden die Neurose seiner Zeit, Hallers Leiden an seelischer Heimatlosigkeit, sein Ekel vor der „von Aktiengesellschaften ausgesogenen Erde" (S. 34), seine Vereinsamung und die Krankheit der Moderne dargestellt. Auf diese die Identifikation des Lesers mit dem Protagonisten fördernde Weise informiert der Roman über die zwiespältige Persönlichkeitsstruktur Hallers. Nur scheinbar zufällig findet Hesses Romanheld auf dem Weg aus der Kneipe ein kleines „**Tractat**". Dessen Lektüre unterbricht die eigentliche Romanhandlung ein weiteres Mal. Nach Herausgeber und Haller kommt nun eine dritte, scheinbar objektive Stimme zu Wort. Im „Tractat" – geeignet „nur für Verrückte" – finden sich überwiegend theoretische Reflexionen zur Lebenssituation Hallers, die allerdings in verallgemeinernder Form dargestellt sind. Dennoch fällt es dem Leser nicht schwer, einen unmittelbaren Bezug zur Problematik Hallers herzustellen. Die betont sachliche, dem Anschein nach wissenschaftliche Sprache des Tractats soll ein weiteres Mal die Glaubwürdigkeit und Relevanz der Steppenwolf-Problematik betonen. Zugleich werden der bisherige Lösungsansatz des verzweifelten Künstlers und seine Ausrichtung auf die unteilbare Einheit der Seele und der Identität vehement kritisiert.
Auf der Grundlage dieser theoretischen Kritik folgt nun der zweite Teil von **Hallers Ausführungen (Teil II)**. In diesem geht es in erster Linie darum, auf welche Weise Haller sein bisheriges Leben rekapituliert und wie er die im „Tractat" formulierten Ratschläge und Erkenntnisse befolgt und umsetzt. Neue Impulse zur Überwindung des polaren Gegensatzes von Wolf und Mensch geben ihm dabei vor allem Hermine, Pablo und Maria, mit deren vorbereitender Hilfe es Harry – unterbrochen von Rückschlägen – gelingt, neue, bewusstseinserweiternde Lebensmöglichkeiten zu erproben. Das Ende des Romans ist zugleich sein Höhepunkt: In der Vision des Magischen Theaters geht Haller radikal den Weg in die eigene Seelenwelt, begegnet er sich selbst und den bislang verdrängten, unbewussten Persönlichkeitsbestandteilen. Erst wenn Haller den Weg durch das drogenumnebelte Chaos dieser bisher verdrängten Traumwelt mit ihren Trieben, ihrer Gewalt und Sexualität gegangen ist, sind die Bedingungen für die Überwindung seiner Ich-Krise und den neuen, selbstbefreienden „Aufbau der Persönlichkeit" (S. 244) erfüllt.

Im Rahmen der Behandlung im Unterricht sollen die Schülerinnen und Schüler die formal strenge Komposition des Romans und den Zusammenhang von Thematik und Erzählstruktur funktional erarbeiten und zugleich auf seine Wirkung hin befragen. Neben der Formanalyse sollte den Schülerinnen und Schülern ein Einblick in die Gemachtheit der häufig suggestiv wirkenden Sprache des Romans ermöglicht werden. So erklärt sich ein Großteil des immensen Erfolgs des Romans gerade durch sprachlich-stilistische Besonderheiten sowie den kaum übersehbaren Hang Hesses, im Ungefähren zu verweilen und so für möglichst viele Leser Anknüpfungspunkte und Identifikationsangebote zu generieren. Ein kritischer Blick auf die offensichtliche Diskrepanz zwischen der Modernität des Themas (Identitätskrise des Individuums) und der traditionellen Erzählmittel (weitgehend linear-chronologisch erzählte Handlung) beschließt den Baustein.

3.1 Aufbau und Struktur des Romans

Zu Beginn der Beschäftigung mit dem formalen Aufbau des Romans sollten die Schülerinnen und Schüler erarbeiten, inwiefern die Entwicklung von Hallers Identitätskrise im Zusammenhang mit der Chronologie der Handlungsabschnitte steht. Eine diesbezügliche Reflexion kann über einen deduktiven Impuls eingeleitet werden:

- *In einem Brief an einen Freund äußerte sich Hermann Hesse wie folgt: „Der Roman ist mit mehr Bewusstsein und mehr Kunst gebaut, als seine Kritiker ahnen.“ Wie verstehen Sie diesen Hinweis?*

Vertiefend oder alternativ kann auch auf folgende, vieldiskutierte Äußerung Hesses eingegangen werden:

- *„Der Steppenwolf ist um das Intermezzo des Tractats herum so streng und straff gebaut wie eine Sonate und greift sein Thema reichlich an.“ Welche formalen Merkmale sind Ihnen bei der Lektüre hinsichtlich des Aufbaus des Romans aufgefallen?*

Es ist an dieser Stelle nicht erforderlich, im Detail auf das Formschema der Sonate, wichtigste Form der klassischen Instrumentalmusik, einzugehen. Das Zitat dient vielmehr als loser Impuls, um die Schülerinnen und Schüler zu einer ersten Reflexion über die Romanstruktur anzuregen. Liegt aus dem Musikunterricht allerdings Fachwissen vor, sollte selbstverständlich darauf zurückgegriffen werden. In diesen Fall ist es sinnvoll, die klassische Sonate als dreisätziges Instrumentalstück zu qualifizieren. Sie besteht – grob vereinfacht – aus einer **Exposition**, in welcher das thematische und motivische Material vorgestellt wird. In der sich anschließenden **Durchführung** wird häufig ein konstrastierendes Thema entfaltet und vor dem Hintergrund des in der Exposition entfalteten Themas moduliert. In der abschließenden **Reprise** erfolgt oft die Verarbeitung beider Themen als Wiederholung der Exposition, allerdings mit veränderter Überleitung. Nutzbar machen kann man sich das Wissen um diese Struktur im Transfer auf den Romanaufbau, der im mündlichen Unterrichtsgespräch zu leisten wäre. Auch dieser besteht aus drei Teilen, die durch unterschiedliche Erzählperspektiven charakterisiert sind, aber sich dennoch eng aufeinander beziehen: Zu Beginn steht das Vorwort des Herausgebers, es folgt die aus Harrys Ich-Perspektive erzählte eigentliche Handlung, die vom Tractat unterbrochen und verzögert wird. Im Anschluss an das Tractat wird die Handlung wiederaufgenommen, nun „spannt sich der Bogen [...] in einfachem, linearem Verlauf bis zum Höhepunkt, dem Maskenball, bevor sich die Handlung in den Gängen und Logen des Magischen Theaters verliert.“ (Vgl. Peter Huber: Der Steppenwolf. Psychische Kur im deutschen Maskenball. In: Interpretationen. Hermann Hesse – Romane. Stuttgart: Reclam 1994, S. 76–112; hier: S. 83) Insgesamt dient der von Hesse gewählte **mehrperspektivische Aufbau** sicher dazu, die neurotisch-krankhaften Ausführungen Hallers zu relativieren. Hätte Hes-

se den Roman ausschließlich aus der Ich-Perspektive des am Leben leidenden Helden verfasst, wäre der Leser viel eher dazu geneigt, das Gelesene als Leiden eines Einzelnen, eines neurotisch veranlagten gesellschaftlichen Außenseiters aufzufassen. Durch die wechselseitige Ergänzung der Perspektiven und die zeitweise, scheinbar objektiv-akademische Distanznahme des Tractats wird jedoch eine **Objektivierung** und **Verallgemeinerung** der Thematik erzielt, die ganz im Sinne des Autors ist, lässt dieser doch den Neffen von Hallers Vermieterin explizit von einer „Krankheit der Zeit" und „Neurose jener Generation" (S. 30) reden.
Wenn der drei- beziehungsweise vierteilige Aufbau des Romans im Unterrichtsgespräch erarbeitet wurde, kann dieser als erste, grobe Orientierung an der Tafel skizziert werden, im Idealfall geschieht dies durch einen Schüler bzw. eine Schülerin.

Formaler Aufbau des Romans

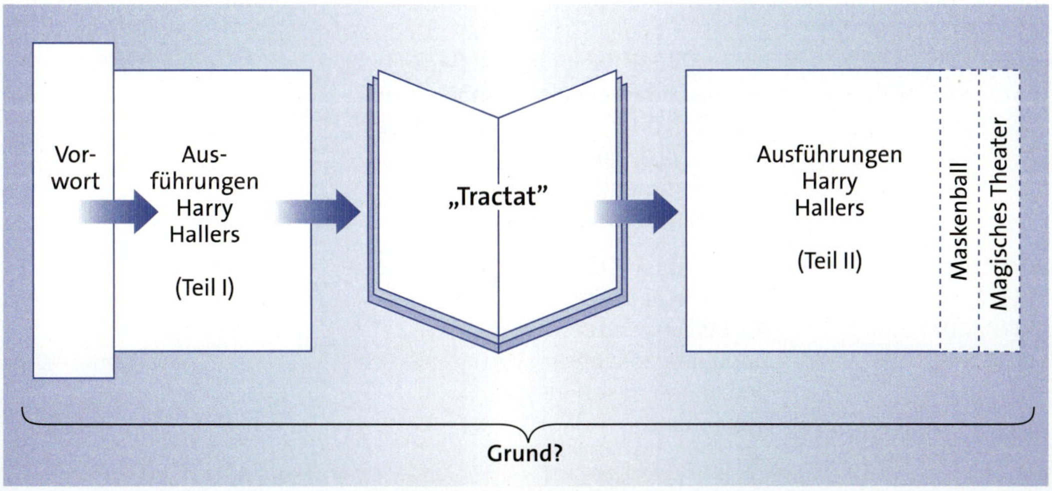

Nun gilt es, eine weiterführende Fragestellung zu entwickeln, die zwecks Orientierung und Aufbau einer Arbeitsperspektive für alle transparent gemacht und z. B. in Form eines Frageimpulses unter dem Schaubild visualisiert werden sollte:

- *Welche Frage würden Sie Hesse zum Aufbau des Romans stellen?*
- *Welchen Grund, welche Funktion könnte die von Ihnen erkannte Romanstruktur haben?*
- *Wer ist in den einzelnen Teilen des Romans jeweils der Erzähler?*

Die nun folgende **Erarbeitungsphase** kann mithilfe des **Arbeitsblattes 11** (S. 69) initiiert werden. Das Arbeitsblatt setzt allerdings das Wissen um elementare Formen der Erzähltechnik (Erzählperspektive, Erzählverhalten, Erzählform) voraus, das in der Regel bei Schülerinnen und Schülern der Oberstufe auch vorhanden ist. Erscheint der Lehrkraft eine kurze inhaltliche Auffrischung notwendig, kann dies mithilfe des **Zusatzmaterials 1** (S. 124) vorab geschehen. Für die sich anschließende, durchaus zeitaufwändige Aufgabe bietet sich ein Arbeiten in Partner- oder Gruppenarbeit an. Auf ein arbeitsteiliges Vorgehen sollte jedoch an dieser Stelle verzichtet werden, da das vorgeschlagene Analysieren exemplarischer Textstellen aus Vorwort, Aufzeichnungen und Tractat einen Gesamtüberblick über die von Hesse verwendeten erzähltechnischen Verfahrensweisen ermöglichen soll. Erst in der Differenz zum Anderen werden Funktion und Wirkung einzelner Erzählweisen deutlich.

Mit Beginn der **Präsentationsphase** können die Ergebnisse der Erarbeitungsphase von einzelnen Schülerinnen und Schülern vorgetragen werden. Dabei ist darauf zu achten, dass jedes Analyseergebnis vor Eintrag in die Tabelle mit einem konkreten Textbeispiel versehen und im Idealfall gemeinsam gelesen wird. Aus methodischer Sicht bietet es sich an, die Tabelle des **Arbeitsblattes 11** (S. 69) auf Folie zu ziehen und von einem Schüler/einer Schülerin sukzessive ausfüllen zu lassen.

Textauszug	Erzählform	Erzählperspektive	Erzählverhalten
Vorwort S. 7 – S. 8/Z. 15 S. 16/Z. 12 – S. 17/Z. 9 S. 31/Z. 1 – S. 32/Z. 17	Er-Erzähler (distanziert-beobachtend)	Innensicht (aber: weitere Perspektive zu der des Protagonisten)	personal
Aufzeichnungen I S. 36/Z. 5 – S. 37/Z. 20 S. 40/Z. 12 – S. 41/Z. 3	Ich-Erzähler (stark subjektiv gefärbte Auslassungen zur Situation)	Innensicht	personal
Tractat S. 54/Z. 1 – S. 55/Z. 32 S. 58/Z. 26 – S. 60/Z. 2 S. 75/Z. 11 – S. 77/Z. 17	Er-Erzählung (weitaus umfassenderer Blick als Haller oder Herausgeber, analytisch-kommentierend, verallgemeinernd)	Außensicht und Innensicht (entfaltet eine Theorie)	z. T. auktorial
Aufzeichnungen II S. 145/Z. 28 – S. 147/Z. 16	Ich-Erzähler (stark subjektiv gefärbte Auslassungen zur Handlung; lösungs- und handlungsorientierter als I)	Innensicht	personal

Schwierigkeiten bei der Darstellung sind am ehesten bei der gewählten Erzählform des Vorwortes zu erwarten. Da der Erzähler sich an einigen Stellen (z. B. S. 7/Z. 5 oder S. 31/Z. 12) selbst beiläufig als Ich ins Spiel bringt, dürften einige Schülerinnen und Schüler davon ausgehen, dass das Vorwort in Ich-Form verfasst ist. Dies ist nicht der Fall, denn entscheidend für die Er-Form ist die Tatsache, dass der Erzähler von anderen erzählt. Das gilt auch dann, wenn er sich selbst beiläufig als Ich ins Spiel bringt. So dürfte es beim Neffen der Vermieterin klar zu transportieren sein, dass er nicht aus seinem eigenen Leben berichtet, sondern von „Handlungen und Erlebnissen anderer Personen." (Vgl. Jürgen H. Petersen/Martina Wagner-Egelhaaf: Einführung in die neuere deutsche Literaturwissenschaft. Ein Arbeitsbuch. 7., vollständig überarbeitete Auflage. Berlin 2006, S. 46)
Die Fragen 2 und 3 können von schnell arbeitenden Schülerinnen und Schülern in der Erarbeitungsphase als Differenzierungsangebot bearbeitet werden, vor allem aber dienen sie nach der Präsentation der Ergebnisse als weiterführende Impulse im Rahmen einer gemeinsamen **Vertiefung**, bei der ein Rückbezug zu den anfänglichen formalen Vermutungen und Hypothesen der Schülerinnen und Schüler im Einstieg herzustellen ist:

- *Reflektieren Sie, wie die Geschichte Hallers auf Sie als Leser wohl wirken würde, wenn sie ganz aus dessen subjektiver Ich-Perspektive erzählt würde?*
- *Welche Gründe könnte es dafür geben, dass die Handlung aus verschiedenen Perspektiven wiedergegeben wird? Was bezweckt Hesse mit diesem erzähltechnischen Kunstgriff?*

Im Unterrichtsgespräch sollte herausgearbeitet werden, dass die unterschiedlichen Erzählkomplexe des Romans vor allem das Ziel haben, die Problematik der Steppenwolfexistenz aus verschiedenen Perspektiven darzustellen. Einer zu starken Leseridentifikation, die sich sicherlich nach der Lektüre der beiden erlebnisnahen, tagebuchartigen Erzählkomplexe einstellen könnte, wird durch den Einschub des objektivierenden „Tractats“ und dem Vorwort des Herausgebers – schon bei Goethes „Werther“ ein Mittel der Authentizitätssteigerung – Einhalt geboten. Jeder Erzählkomplex gestaltet aus einer bestimmten Perspektive einen Teil der Seelenbiografie Hallers aus, erst im Wechselspiel ergänzen sie sich organisch zu einem Ganzen. Das „Tractat“ vom Steppenwolf, in der Er-Form erzählt, korrigiert manche Übertreibung der rein subjektiv-dualistischen Seelenlehre Hallers, Innen- und Außensicht wirken als gegenseitiges Korrektiv. Ein Tafelbild sichert die ersten Ergebnisse:

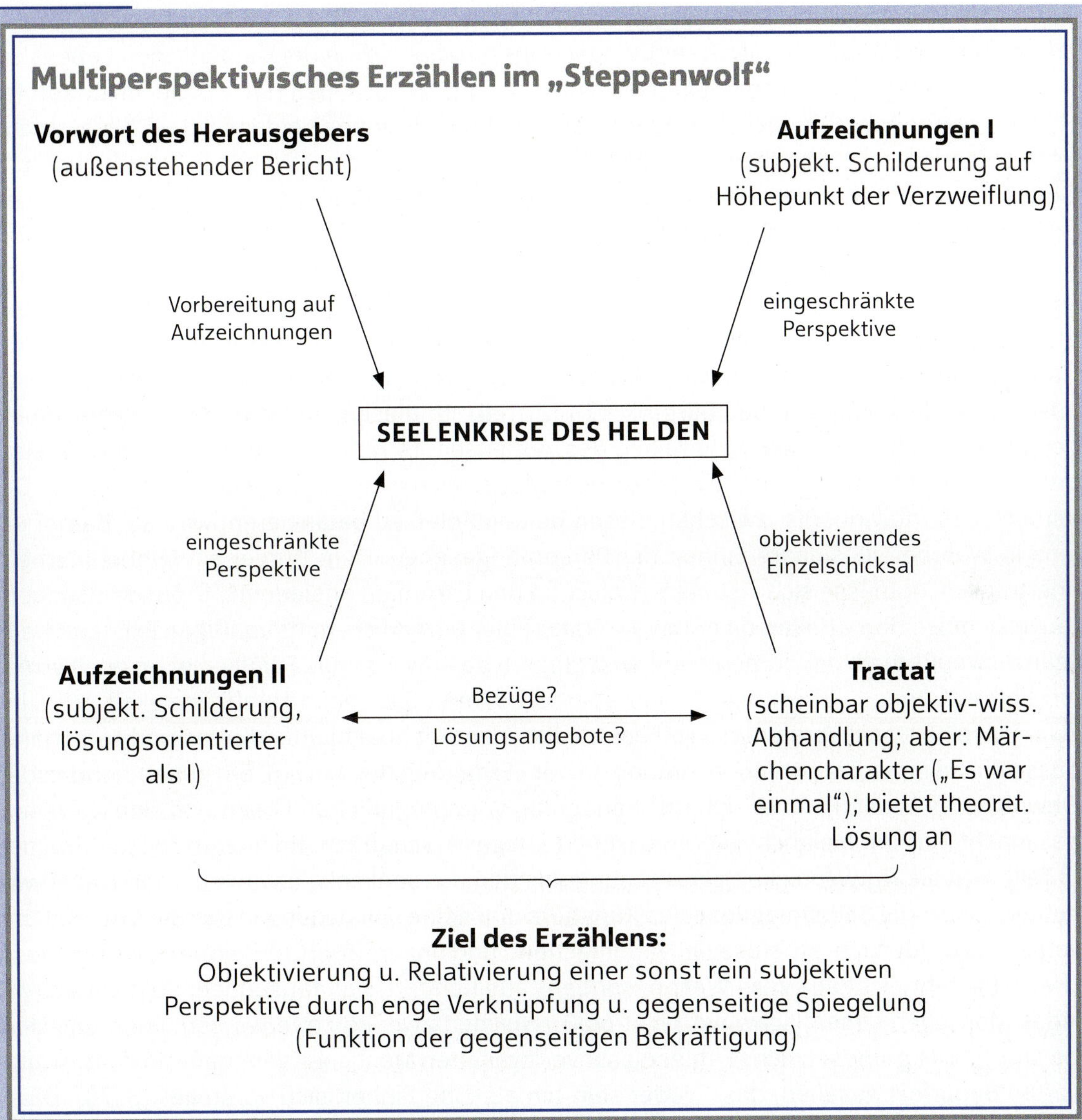

Für den Fall, dass in der Klausur ein Textauszug aus dem Roman analysiert werden soll (siehe Klausurvorschlag 2 (**Zusatzmaterial 12**, S. 141), kann an dieser Stelle die Analyse der Erzähltechnik um die Analyse eines längeren Romanauszuges erweitert werden, z. B. in einer schriftlichen Hausaufgabe. Hierfür kann den Schülerinnen und Schülern das **Zusatzmaterial 13** (S. 147) zu Verfügung gestellt werden.

3.2 Tractat: Inhalt und Aufbau

Im Anschluss kann der Inhalt des für die weitere Handlung wesentlichen Tractats erarbeitet werden. Dieses unterscheidet sich von den beiden anderen Erzählperspektiven des Vorworts und den in zwei Teile geschiedenen Ausführungen Hallers durch seinen scheinbar objektiv-akademischen Charakter. Zentrale Funktion des Tractats – erzählt aus der Perspektive der Unsterblichen (Mozart, Goethe, Pablo) – besteht darin, Harrys Leiden aus dem Status des rein Subjektiven herauszuholen und zu verallgemeinern. Dies geschieht über das auktorial anmutende Erzählverhalten, das sprachliche Pathos des Tractats sowie das schon auf den ersten Blick besondere Druckbild des theoretischen Essays. Gegen den Widerstand seines Verlegers setzte Hesse bei der Erstauflage des Romans durch, dass das Tractat durch einen anderen Schrifttyp und durch kolorierte Deckblätter vom Rest des Romans abgehoben wurde. Auf diese Weise entstand der von Hesse bewusst angestrebte Eindruck eines jahrmarkttypischen Groschenheftes, welches formale Eigenständigkeit suggerieren sollte. Im ersten Teil des Tractats erfolgt eine systematische Analyse der Ausgangssituation sowie der persönlichen Lebenskrise Hallers. Der grundsätzliche Gegensatz von Wolf und Mensch, den Harry Haller im ersten Teil (**1. Teil**) seiner Ausführungen favorisiert und der Ursache seines Leidens ist, wird hier analytisch aufgerissen: „Diese Menschen haben alle zwei Seelen, zwei Wesen in sich, in ihnen ist Göttliches und Teuflisches, ist mütterliches und väterliches Blut, ist Glücksfähigkeit und Leidensfähigkeit ebenso feindlich und verworren neben- und ineinander vorhanden, wie Wolf und Mensch es in Harry waren." (S. 58) Identität im Sinne Hallers, daran lässt das Tractat zu Beginn seiner Ausführungen keinen Zweifel, entsteht nach dieser Vorstellung als Folge des abendländischen Dualismus. Diese Zwiespältigkeit des Menschen in einen wölfischen (Trieb, Chaos, Natur, Wildheit) und einen menschlichen Teil (Kultur, Ordnung, Geist) zeigt sich auch in der sich anschließenden Diagnose des Bürgerlichen (**2. Teil**). In diesem Teil wird das Bürgerliche als der künstlerisch unproduktive, im Falle des Außenseiters Haller sicher vergebliche Versuch interpretiert, ein Gleichgewicht zwischen dem Menschlichen und Wölfischen herzustellen. Der Versuch des Individuums, zwischen diesen beiden Polen zu balancieren, wird als Kampf um eine in Wahrheit illusionäre Einheit der Person angesehen. Dem Bürger sei „Unbedingtheit" unerträglich, er müsse sich vielmehr „zwischen den Extremen ansiedeln" (S. 68). Konsequenterweise muss Harry Haller, da er um die Opfer einer bürgerlich-mittelmäßigen Existenz weiß, „gänzlich außerhalb der bürgerlichen Welt stehen, da er weder das Familienleben noch sozialen Ehrgeiz" kennt. (S. 66) Sein immer spürbares Verlangen nach Unabhängigkeit setzt ihn zwar in Freiheit, sein Verständnis von personaler Identität aber bleibt erhalten und sorgt dafür, dass er in seiner sozialen Vereinsamung an der „Erhaltung des Ich" (S. 68) zunehmend leidet. Obwohl er es hasst, kann er sich nicht endgültig vom bürgerlichen Leben und Denken lösen, das macht ihn zum Melancholiker und isoliert ihn gesellschaftlich. Im letzten Teil des Tractats (**3.Teil**) wird die Notwendigkeit einer Lösung aus dem Persönlichkeitswahn betont. Dabei wird deutlich, dass die Selbstdiagnose des Künstlers und seine Zweiteilung in triebhaften Wolf und vergeistigten Mensch, als einseitig, vereinfachend und unzureichend verworfen werden muss: „Harry besteht nicht aus zwei Wesen, sondern aus hundert, aus tausenden. Sein Leben (wie jedes Menschen Leben) schwingt nicht bloß zwischen zwei Polen, etwa dem Trieb und dem Geist, [...]." Der grundsätzliche Fehler dieser verzweifelten Menschen wird dabei in dem zwanghaften Bedürfnis gesehen, dass „jeder sein Ich als eine Einheit sich vorstelle" (S. 76). Diese bloß „eingebildete Einheit des Ichs" wird als „Wahn" (ebd.) gedeutet, der der Selbstwerdung des Menschen in Wahrheit im Wege stehe. Entgegen der Leib-Seelen-Dichotomie – wie sie sich in der „faustischen Zweiheit" (S. 83) widerspiegelt („Zwei Seelen wohnen, ach, in meiner Brust!") und die eine falsche und für Haller verhängnisvolle „Fiktion vom Ich" (S. 78) aufrechterhält, wird deutlich gemacht, dass Hallers verzweifelte Sehnsucht nach einer ihm Halt gebenden Ordnung keinen Ausweg aus der Krise bietet. Vielmehr gehe es im Gegenteil um die Aufhebung der Individuation, die nur dann erreicht werden könne, wenn man erkennt, dass „außer dem Wolf, hinter dem Wolf, noch viel andres in ihm lebt, dass nicht alles Wolf ist, was beißt, dass da auch noch Fuchs, Drache, Tiger, Affe und Paradiesvogel wohnen." (S. 85) Als Weg zu dieser Einsicht empfiehlt das Tractat den Humor. Versehen mit der gelassenen Grundeinstellung des Humors können die Gegensätze aufgehoben werden und neben- oder miteinander koexistieren. Das Spannungsfeld verschiedenster Polpaare wird nicht mehr als Konflikt, sondern als befreiende Normalität empfunden. Der Kampf um die Aufrechterhaltung von Grenzen – man denke nur an Hallers Bemühen, Pablo die Überlegenheit Mozarts gegenüber dem Jazz nachvollziehbar zu machen – weicht einer Gelassenheit, die um die Relativität und „Schizophrenie" (S. 247) einer jeden Position weiß. Damit weist das Tractat voraus auf das zentrale Ziel des Magischen Theaters, bei dem Harry seine Persönlichkeit an der Garderobe abgibt: das „Lachen lernen" (S. 278).

Die skizzierte inhaltliche Gliederung des Tractats kann von den Schülerinnen und Schülern mithilfe des **Arbeitsblatts 12** (S. 70) erarbeitet werden. Das Arbeitsblatt bietet den zeitökonomischen Vorteil, dass es bereits zentrale Kernstellen exemplarisch vorgibt. (Steht ein größerer Zeitrahmen zur Verfügung, können die Schüler selbstverständlich auch ohne Vorgaben eigenverantwortlicher vorgehen und den Aufbau des Tractats erarbeiten. In diesem Fall bietet es sich an, das gesamte Tractat in einer vorbereitenden Hausaufgabe nochmals lesen zu lassen.)

- *Lesen Sie das Tractat (S. 54–86). Versuchen Sie sich den Aufbau des Tractats vor Augen zu führen, indem Sie Kernstellen mit einem Textmarker markieren. Stellen Sie mögliche Themenwechsel mithilfe eines Flussdiagramms stichpunktartig dar. In wie viele Abschnitte können Sie das Tractat gliedern?*

Im Auswertungsgespräch ist darauf zu achten, dass sich der systematische Aufbau des Tractats durch einen belehrenden, didaktischen Charakter auszeichnet, die vorgeschlagene Lösung demnach am Ende der theoretischen Ausführungen stehen muss.

Zum Aufbau des Tractats

1. Teil: Ausgangssituation: Wolf-Mensch-Dualismus

↓

2. Teil: Zur Problematik der Reaktion des Bürgers (Ziel: Individuation/Persönlichkeit)

↓

3. Teil: Kritik am Dualismus
Lösungsansatz: Humor („Lachen lernen")
Ziel: Entpersonalisierung des Individuums
(„Ich-Dissoziation")

↓

theoretisch-lehrhafter, didaktischer Charakter

3.3 Von der Theorie zur Praxis: Zum Verhältnis von Tractat und Magischem Theater

Die Funktion des theorielastigen Tractats und die Bedeutung seines didaktischen Charakters werden v. a. mit Blick auf das Ende des Romans deutlich. Kritisiert das Tractat die dualistisch organisierte Position des Okzidents, der es um die Integration der Pole Wolf-Mensch geht, und zielt es auf eine neue Art der Menschwerdung, so findet sich dessen reale Konkretisierung in der Entpersönlichung des Einzelnen, die im Magischen Theater nicht nur gelehrt, sondern praktiziert wird. Das Streben nach Persönlichkeit, das Hallers Existenzproblem ausmachte, findet sein Ende im Wunsch nach Entindividualisierung und einer gelungenen Sozialisation des bis dato gesellschaftlich isolierten Künstlers. Das Tractat als theoretische, das subjektive Leiden Hallers verobjektivierende Lehre und das Magische Theater als konkrete Realisation – erfahrbar im anschaulichen Bild – beziehen sich demnach funktional aufeinander. Beide Wege sind dabei als Möglichkeiten der Selbstanalyse gangbar. Ohne inhaltliche Fragen und Problemstellungen aus dem Schlussteil des Romans vorwegzunehmen, die im vierten Baustein behandelt werden sollen, kann den Schülerinnen und Schülern dieser strukturelle Zusammenhang über einen Textvergleich deutlich werden. Auf diese Weise erhalten sie einen Einblick in den von Hesse selbst geäußerten formalen Anspruch an seinen Roman, für den der Roman „mit mehr Bewusstsein und mehr Kunst gebaut ist, als seine Kritiker ahnen." Gleiches gilt für die Aussage, der Roman sei „um das Intermezzo des Tractats herum so streng und straff gebaut wie eine Sonate [...]." (Zitiert nach: Peter Huber: Der Steppenwolf. Psychische Kur im deutschen Maskenball, a. a. O., S. 82)

Die Unterschiede, v. a. aber die beide Textteile verbindenden Parallelen können durch einen textanalytischen Vergleich einer zentralen Szene aus dem Magischen Theater („Anleitung zum Aufbau der Persönlichkeit. Erfolg garantiert.") mit den entsprechenden Ausführungen im Tractat über den „Wahn der Persönlichkeitseinheit" angebahnt werden. Als methodischer Zugang wird das sog. **Lerntempoduett** vorgeschlagen, das sich im Literaturunterricht vor allem bei der Textarbeit anbietet, bei der sich das Thema in zwei gleichgroße Teile untergliedern lässt. Eine solche Aufteilung der Lerninhalte ist an dieser Stelle möglich. Die Kooperation einfordernde WELL-Methode („Wechselseitiges Lernen und Lehren") berücksichtigt insbesondere die individuellen Lerntempi der Lernenden, die ohne Druck in ihrem eigenen Lerntempo arbeiten können. Durch die erforderliche Einzelarbeit in der Aneignungsphase wird jeder Schüler für seinen Teilbereich und damit auch „für das Gelingen des gesamten Lernprozesses gleich verantwortlich." Die Methode wird von vielen Schülerinnen und Schülern als offene Form des selbstbestimmten Lernens empfunden, weil sie das Erleben eigener Kompetenzen und Fähigkeiten gegenüber dem üblicheren Unterrichtsgespräch erhöht, wenn die zur Verfügung gestellte Lernzeit optimal genutzt wird. (Vgl. Diethelm Wahl: Lernumgebungen erfolgreich gestalten. Vom trägen Wissen zum kompetenten Handeln. 2. Auflage mit Methodensammlung. Bad Heilbrunn 2006, S. 293)

In der ersten sogenannten Aneignungsphase erarbeiten die Schülerinnen und Schüler in Einzelarbeit den ihnen zugeteilten Lerninhalt und versetzen sich auf diese Weise in einen Expertenstatus. In diesem Fall erarbeitet die Hälfte der Lerngruppe die Aufgaben auf dem **Arbeitsblatt 13 a** (S. 71), die andere Hälfte widmet sich dem entsprechendem **Arbeitsblatt 13 b** (S. 72). (Ist die Lerngruppe nicht in zwei gleichgroße Hälften teilbar, kann einfach ein Lerntempoterzett gebildet werden. Der Ablauf der Unterrichtsstunde lässt sich zeitsparender gestalten, wenn die Arbeit der ersten Phase in eine vorbereitende Hausaufgabe integriert wird.) Jeder Schüler kann in seiner eigenen Lerngeschwindigkeit arbeiten. Wer seine Aufgabe beendet hat, wartet an einem vereinbarten Treffpunkt, z. B. an einer Tür oder einem bestimmten Fenster, bis ein Mitschüler mit dem jeweils anderen, korrespondierenden Arbeitsblatt ebenfalls fertig ist. In der sich nun anschließenden Vermittlungsphase vermitteln sich die zwei gleich schnell Lernenden mit den Texten 13 a und 13 b jeweils die von ihnen bearbeiteten Aufgaben. Dies geschieht im Idealfall in einem separaten Raum. Da sich jeder Schüler in der folgenden Einzelarbeitsphase mit dem ihm fremden Text beschäftigen wird, genügt in dieser Austausch- oder Vermittlungsphase eine orientierende, nicht zu tief gehende Präsentation, die die Aufgabe hat, auf die konkrete, detaillierte Textarbeit im Anschluss vorzubereiten und das eigene, in Einzelarbeit erworbene Wissen zu verbalisieren und dadurch zu festigen. Die Präsentation sollte daher in der Regel nicht länger als etwa zwei bis drei Minuten in Anspruch nehmen. Die Lehr-Lern-Forschung hat die praktische Wirksamkeit dieses „Advance-Organizer"-Prinzips als vorbereitende Strukturierungshilfe, bei der sich die Schülerinnen und Schüler mit fremden gedanklichen Konstrukten auseinandersetzen müssen, nachgewiesen. Gerade im Konflikt zwischen der fremden Vor-Struktur und dem eigenen, individuell verschiedenen Verstehen entsteht nachhaltiges Lernen. In der dritten (Aneignungs-)Phase wiederholt sich die Einzelarbeit aus der ersten Phase, nur dass nun das bisher fremde Arbeitsblatt 13a oder 13b bearbeitet werden muss. Die Bearbeitung der zweiten Aufgabe nimmt in der Regel etwas weniger Zeit in Anspruch, da die Zielorientierung der Aufgabe durch die erste gemeinsame Austauschphase bereits sichergestellt wurde. Sind alle Inhalte angeeignet, wird erneut signalisiert, dass die Arbeit getan ist. Entsprechend den Arbeitstempi bilden sich nun in der letzten Vertiefungsphase Gruppierungen, die mit einer größeren, den Transfer einfordernden Anzahl von Aufgaben das Gelernte verfestigen, vernetzen und vertiefen. Dies geschieht in der Vertiefungsphase mithilfe des Kooperation und Integration einfordernden Arbeitsauftrages 5, der auf beiden Arbeitsblättern identisch formuliert ist:

- *Erarbeiten Sie ein Schaubild, z. B. ein Pfeildiagramm, welches die inhaltlichen und formalen Verbindungslinien von Tractat und Magischem Theater deutlich werden lässt. Wie beziehen sich beide Textauszüge aufeinander?*

Im Plenum kann der Lernprozess weitergeführt werden, beispielsweise indem von der Lehrkraft im Vorfeld ausgewählte (unterschiedliche) Pfeildiagramme bzw. Schaubilder erläutert und diskutiert werden. Ein gemeinsames Tafelbild sichert die Ergebnisse:

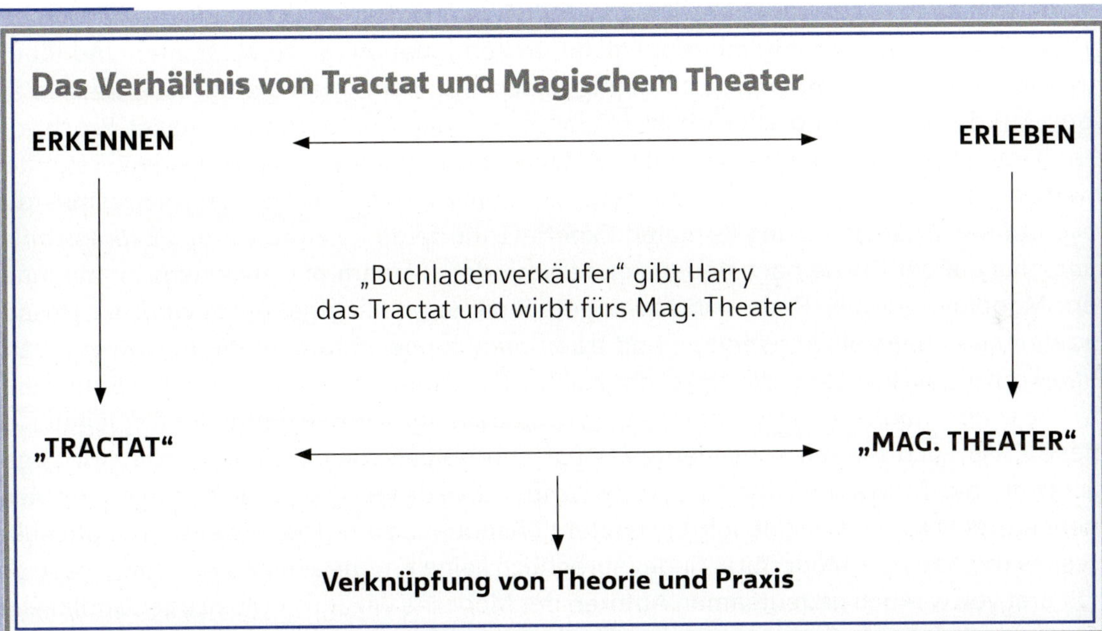

Die enge Verknüpfung von Erkennen und Erleben, von distanzierter Reflexion und anschauender Praxis in Hesses „Steppenwolf" wird bei genauem Lesen auch in der Figur des Buchladenverkäufers deutlich, von dem Harry das Tractat bekommt, das inhaltlich ja für das Magische Theater wirbt, „auch die Untertitel ‚Nicht für jedermann' und ‚Nur für Verrückte', die dem Tractat und der Ankündigung des Magischen Theaters beigegeben sind, weisen auf eine Beziehung zwischen beiden hin. Offenbar bedarf es für die richtige Lektüre des Tractats ebenso einer Bereitschaft, das eigene Selbst in Frage zu stellen, wie für den Besuch des Magischen Theaters. Schließlich wird im Traktat selber der Besuch „in einem unserer magischen Theater" als Möglichkeit der Selbstbefreiung Harrys angedeutet und Pablo, der Harry in dieses Theater der Selbstbegegnung einführt, erinnert an den Tractat vom Steppenwolf als Vorbereitung auf die Erlebnisse, die Harry bevorstehen." (Vgl. Helga Esselborn-Krumbiegel: Hermann Hesse: Der Steppenwolf. 3., überarbeitete Auflage, München 1999, S. 70)

3.4 Besonderheiten der Sprache

Die große Popularität, die Hesses Romane lange Zeit genossen, lässt sich zu einem guten Teil mit der Sprachgewalt des Autors erklären. Der Suggestivkraft seiner äußerst bildhaften Formulierungen kann man sich insbesondere als junger Mensch nur schwer entziehen. Dabei schreibt Hesse in einer Zeit, in der die Ideale und Ansprüche der Klassik, ihre Vorstellungen vom Wahren, Schönen und Guten in eine Krise geraten. Der Beginn der literarischen Moderne korrespondiert dabei mit den geistigen Umstürzen auf psychologischer (Freud), philosophischer (Nietzsche) und technischer (Industrialisierung) Ebene. Mit der Bewusstseins- und Existenzkrise des modernen Menschen geht eine ausgeprägte Sprachkrise einher: Die Möglichkeit, die Realität sprachlich abzubilden, scheint nicht mehr gegeben. Das Scheitern des Künstlers – von Hofmannsthal paradigmatisch im „Chandos-Brief“ modelliert – zeigt sich im Zweifel an seinem Medium und der Angst, seine künstlerischen Fähigkeiten zu verlieren. Auf die Feststellung der literarischen Moderne, dass gängige Metaphern und über Jahrhunderte hinweg übliche sprachliche Bilder ihre Wirkungskraft verloren haben, musste auch Hesse reagieren. Dabei versucht er, die verlorene Bedeutung bildhafter Sprache vor allem durch eine ganz eigene Art der „poetischen Stilisierung“ wiederzugewinnen. (Vgl. Helga Esselborn-Krumbiegel: Hesse: Der Steppenwolf, a.a.O., S. 43) Zu nennen sind hier in erster Linie eine ausgeprägte Antithetik, die der bei Hesse inhaltlich häufigen weltanschaulichen Dichotomie geschuldet ist sowie „Bildhäufungen“ (Ebd., S. 44) bzw. Dopplungen, die eine gemachte Aussage durch Wiederholungen (Anaphorik) bekräftigen sollen, was aufgrund der häufig fehlenden begrifflichen Präzision nicht immer der Fall ist. In Kombination mit Neologismen und rhetorischen Fragen, deren Antwort sich häufig anschließt, kann man die Sprache Hesses als vom Pathos geprägt und stilisiert bezeichnen. Bei aller Besonderheit dieser Prosa, die durchaus als Antwort auf die Krise des Erzählens um die Jahrhundertwende verstanden werden kann, ist Hesses Schreiben trotz seiner modernen Thematik formal keinesfalls revolutionär. Angesichts des formalen Experimentierfelds im Zeitalter des Expressionismus, das auf der Suche nach neuen Formen mit dem Stream of Conciousness, mit innerem Monolog, erlebter Rede und Montagetechnik sprachlich gestaltet wird, ist Hesses Erzählen durchaus als konservativ und traditionell zu beschreiben: Wenn Döblins Franz Biberkopf in „Berlin Alexanderplatz“ angesichts der Vielfalt der divergierenden Sinneseindrücke in der chaotischen Großstadt Berlin in eine Identitätskrise gerät, dann spiegelt sich diese Krise auch formal, konsistentes linear-chronologisches Erzählen erscheint angesichts der das Individuum überfordernden Imperative des modernen (Stadt-)Lebens nicht mehr aufrechtzuerhalten und führt in letzter Konsequenz zum „Tod des Autors“ (Foucault). Hesses thematische Modernität findet sprachlich keine entsprechende Antwort. Diese erhält erst von wirklich bedeutsamen Autoren der Moderne wie Rilke, Musil oder Döblin eine künstlerisch-formale Entsprechung.
Zu Beginn der Unterrichtsstunde werden in einem **Blitzlicht** die Meinungen der Schülerinnen und Schüler zur Sprache des Romans spontan eingeholt:

- *Wie haben Sie die Sprache Hesses im Roman empfunden?*

Nun spricht ein Schüler nach dem anderen, jeder sagt ein Wort oder einen Satz. Die Beiträge werden dabei nicht diskutiert und bleiben als persönliche Meinungsäußerung im Raum stehen. Die meist aktivierende Methode, die eine höhere innere Beteiligung stimulieren kann, hat nur dann Erfolg, wenn die Regeln des Blitzlichts eingehalten werden. Längere ausufernde Schülerbeiträge sollten daher von der Lehrkraft unterbunden werden. Eventuell kann nach Beendigung ein orientierendes Gespräch über die folgende Aufgabe erfolgen. Dabei soll mithilfe des **Arbeitsblatts 14 a** (S. 73) ein genauerer Blick auf zentrale sprachliche Mittel im „Steppenwolf“ geworfen werden.

- *Erarbeiten Sie die sprachlichen Mittel der ausgewählten Textauszüge und benennen Sie deren Wirkung auf den Leser.*

(Das Arbeitsblatt nimmt den Schülerinnen und Schülern durch die Vorauswahl exemplarischer Textstellen die Möglichkeit, eigenständig exemplarische sprachlich-rhetorische Figuren zu identifizieren. Damit vereinfacht es das Vorgehen, raubt aber gleichzeitig die Chance zum Erlernen wichtiger methodischer Kompetenzen. In leistungsstarken Lerngruppen könnte daher auf den Einsatz des **Arbeitsblatts 14** zugunsten selbstständiger Schülerrecherchen in Kleingruppen verzichtet werden.) Die Schülerinnen und Schüler können sich in der nun folgenden Erarbeitungsphase mit Wortwahl und Syntax im Roman in Partnerarbeit auseinandersetzen. Für die abschließende Präsentationsphase empfiehlt es sich, das Arbeitsblatt als Folie parat zu halten und von ausgewählten Schülerinnen und Schülern sukzessive im Plenum ausfüllen zu lassen. Eventuelle Unterschiede können diskutiert werden. Im Auswertungsgespräch sollte der Fokus vor allem auf die Wirkungsweise der identifizierten sprachlichen Merkmale gelegt werden. Erst am Ende der von den Schülerergebnissen getragenen Auswertungsphase sollte die Rolle der Lehrkraft über die eines bloßen Moderators hinausgehen. Nun geht es um die Förderung der Urteilskraft und der Meinungsbildung:

- *Ein Literaturwissenschaftler sagt: „Die Dopplungen und ständigen Wiederholungen sind bei Hesse selten funktional, sondern bloße Pose. Es kommt kaum vor, dass mit einer Wiederholung ein Mehrwert gegenüber der ersten Aussage entsteht." Diskutieren Sie diese Aussage.*

Der populäre Vorwurf der uneffektiven Redundanz, die durch die Häufung der Bilder aus ähnlichen Wortfeldern entstünde, kann am besten am konkreten Beispiel dieses wohl dominantesten Stilmittels im „Steppenwolf" diskutiert und überprüft werden. Dafür kann folgende Textstelle, die sich auch auf dem **Arbeitsblatt 14** findet, herangezogen werden, an der deutlich wird, dass die an Hesse gerichtete Kritik an dieser Stelle zutrifft, da die Begriffspaare („finstre und trübe Abende", „gierig und berauscht", „Einsamkeit und Melancholie", „bei Regen und Sturm", „feindliche, entblätterte Natur", „voll tiefen Genießens und voll von Versen") keine Verdeutlichung bewirken, sondern bestenfalls die Eindrücke in besonderer Weise betonen. Klarer wird die beschriebene Szenerie jedenfalls nicht:

> „Meine vergessenen Jünglingsjahre fielen mir ein – wie habe ich damals solche finstre und trübe Abende im Spätherbst und Winter geliebt, wie gierig und berauscht sog ich damals die Stimmungen der Einsamkeit und Melancholie, wenn ich halbe Nächte, in den Mantel gehüllt, bei Regen und Sturm durch die feindliche, entblätterte Natur lief, einsam auch damals schon, aber voll tiefen Genießens und voll von Versen, die ich nachher bei Kerzenlicht in meiner Kammer, auf dem Bettrand sitzend, aufschrieb." (S. 38/Z. 15 ff.)

Mithilfe des **Arbeitsblatts 15** (S. 75) können sich die Schülerinnen und Schüler mit zwei weiteren bekannten Vorwürfen, die von literaturkritischer Seite gegenüber Hesses Sprache geäußert wurden, beschäftigen. Dabei geht es um die auf den ersten Blick paradox anmutende Einsicht, dass die von Hesse häufig verwendeten Dopplungen und Wiederholungen gerade nicht mehr Anschaulichkeit und vor allem Genauigkeit bewirken, sondern vielmehr ein klares und genaues Wort zum konkret-defizitären Zustand der gegenwärtigen Gesellschaft vermissen lassen. Nicht ganz so deutlich formuliert es Esselborn-Krumbiegel in ihrem Standardwerk zum wohl bedeutendsten Roman Hesses: „Ob die Umschreibungen eines Phänomens durch mehrere Wörter mit ähnlichen, einander teilweise überlagernden Wortfeldern einer zunehmend exakteren Erfassung der Wirklichkeit oder eines gedanklichen Zusammenhangs dient oder als bloße wirkungssteigernde Redundanz anzusehen ist, muss die Untersuchung des jeweiligen Textes erweisen." (Vgl. Esselborn-Krumbiegel: Hermann Hesse: Der Steppenwolf, a.a.O., S. 48)

Ebenfalls zu bearbeiten ist die Frage, ob Inhalt und (sprachliche) Form des Romans miteinander korrespondieren. Angesichts der Modernität der Thematik des Steppenwolfs, die sich als ausgeprägte Identitätskrise in einer sich zunehmend komplexer darstellenden modernen Zivilisation beschreiben lässt, muten Sprache und die einsträngig zielgerichtete Handlungsführung eher traditionell an. Von Vorwort und Tractat abgesehen, auf deren besondere Stellung bereits hingewiesen wurde, zeichnen sich die Darstellungen Harry Hallers (Aufzeichnungen I und II) ja eher durch einen traditionellen Novellencharakter aus. Das „Dingsymbol" sowie die „unerhörte Begebenheit" fänden ihre Entsprechung dann im Magischen Theater, auf dessen Gestaltung als Höhepunkt die gesamte Geschichte hin konstruiert erscheint. (Vgl. Peter Huber: Der Steppenwolf. Psychische Kur im deutschen Maskenball, a.a.O., S. 90) Hesse gelingt es somit nicht, das im Roman gestaltete Paradigma des modernen Menschen in der Ich-Krise anders als im klassischen (deutschen) Entwicklungsroman zu gestalten; obwohl die Einheit des Helden spätestens im Maskenball zerfällt, wenn nicht gar zerfallen soll, findet Hesse keine neue Erzählform, deren Voraussetzung die Dekonstruktion der traditionellen Form des (Entwicklungs-)Romans wäre.

- *Passen die Sprache und Erzählweise des Romans sowie seine formale Gestaltung zur Modernität des Themas?*
- *Vergleichen Sie die sprachliche Gestaltung des „Steppenwolfs" mit denen eines anderen, Ihnen bekannten Romans der Moderne, z.B. Musils „Verwirrungen des Zöglings Törleß". Wo liegen Unterschiede?*

Zur Diskrepanz von Thema und Sprache/Form

Modernität des Themas	←→	**Traditionelle Erzählmittel/-formen**
(Identitätskrise des vereinsamten Individuums)		(linear-chronolog. Handlungsschritte; Plot; Sprache)

Damit trifft den „Steppenwolf" auch die Kritik Musils, der feststellt, dass der Roman des 20. Jahrhunderts „nicht mehr mit naivem Gewissen Einzelschicksale so wichtig nehmen" könne. (Zitiert nach: Jürgen Jacobs/Markus Krause: Der deutsche Bildungsroman. Gattungsgeschichte vom 18. bis zum 20. Jahrhundert. München 1989, S. 200) Auf die Krise des Bildungsromans gibt Hesses erfolgreicher Roman keine formale Antwort, im Gegenteil: Die Gattung gerät dort, wo sie den „Irritationen des Zeitalters ausweicht, in das Fahrwasser einer matten, weltflüchtigen Epigonalität. Wo sie sich den Problemen der Moderne stellt und den komplexen Weltzustand zu bewältigen versucht, erweisen sich weitreichende Modifikationen der traditionellen Romanstruktur als unumgänglich." (Ebd.) Eben diese Modifikationen, wie man sie z.B. bei Musil oder gar bei Thomas Mann findet, der mit seinem ‚Felix Krull' den klassischen Bildungsroman parodiert, findet man bei Hesse nicht. Das macht seine Unzeitgemäßheit und formal-literarische Mediokrität aus.

Aufbau und Struktur des Romans

Hesses Roman „Steppenwolf" besteht aus dem Vorwort eines Herausgebers (S. 7 – 32), Harry Hallers Aufzeichnungen I (S. 33 – 53), einem eingeschobenen „Tractat" (S. 54 – 86) sowie dem zweiten Teil der Aufzeichnungen Hallers (S. 87 – 278).

1. *Untersuchen Sie mithilfe der Tabelle anhand ausgewählter Textauszüge die Erzähltechnik des Romans. Notieren Sie Ihre Erkenntnisse in Stichpunkten.*

Zur Erinnerung: Informationen zur Erzähltechnik

A Erzählformen: Er-/Sie-Erzählung oder Ich-Erzählung
B Erzählverhalten: auktorial, personal oder neutral
C Erzählperspektiven: Innensicht oder Außensicht

Textauszug	Erzählform	Erzählperspektive	Erzählverhalten
Vorwort S. 7 – S. 8/Z. 15 S. 16/Z. 12 – S. 17/Z. 9 S. 31/Z. 1 – S. 32/Z. 17			
Aufzeichnungen I S. 36/Z. 5 – S. 37/Z. 20 S. 40/Z. 12 – S. 41/Z. 3			
Tractat S. 54/Z. 1 – S. 55/Z. 32 S. 58/Z. 26 – S. 60/Z. 2 S. 75/Z. 11 – S. 77/Z. 17			
Aufzeichnungen II S. 145/Z. 28 – S. 147/Z. 16			

2. *Reflektieren Sie, wie die Geschichte Hallers auf Sie als Leser wohl wirken würde, wenn sie ganz aus dessen subjektiver Ich-Perspektive erzählt würde?*

3. *Welche Gründe könnte es dafür geben, dass die Handlung aus verschiedenen Perspektiven wiedergegeben wird? Was bezweckt Hesse mit diesem erzähltechnischen Kunstgriff?*

Zum Inhalt des „Tractats“

1. *Lesen Sie die Auszüge aus dem „Tractat“. Versehen Sie jeden Teil mit einer den jeweiligen Inhalt wiedergebenden Teilüberschrift und deuten Sie diese in der rechten Spalte der Tabelle.*

Textstelle aus dem „Tractat“	Inhalt und Deutung
1. Teil: „Der Steppenwolf hatte also zwei Naturen, eine menschliche und eine wölfische, dies war sein Schicksal [...]. Es sollen schon viele Menschen gesehen worden sein, welche viel vom Hund oder vom Fuchs, vom Fisch oder von der Schlange in sich hatten, ohne daß sie darum besondre Schwierigkeiten gehabt hätten. Bei diesen Menschen lebte eben der Mensch und der Fuchs, der Mensch und der Fisch nebeneinander her, und keiner tat dem andern weh, [...]. Bei Harry hingegen war es anders, in ihm liefen Mensch und Wolf nicht nebeneinander her, und noch viel weniger halfen sie einander, sondern sie lagen in ständiger Todfeindschaft gegeneinander [...].“ (S. 55) „Bei unsrem Steppenwolf nun war es so, daß er in seinem Gefühl bald als Wolf, bald als Mensch lebte, wie es bei allen Mischwesen der Fall ist, daß aber, wenn er Wolf war, der Mensch in ihm stets zuschauend, urteilend und richtend auf der Lauer lag – und in den Zeiten, wo er Mensch war, tat der Wolf ebenso.“ (S. 56)	Inhalt: Deutung:
2. Teil: „Auf diese Weise anerkannte und bejahte [Harry] mit der einen Hälfte seines Wesens und Tuns das, was er mit der andern bekämpfte und verneinte. In einem kultivierten Bürgerhause aufgewachsen, in fester Form und Sitte, war er mit einem Teil seiner Seele stets an den Ordnungen dieser Welt hängengeblieben, auch nachdem er sich längst über das im Bürgerlichen mögliche Maß hinaus individualisiert und sich vom Inhalt bürgerlichen Ideals und Glaubens längst befreit hatte. Das „Bürgerliche“ nun, als ein stets vorhandener Zustand des Menschlichen, ist nichts andres als der Versuch eines Ausgleichs, als das Streben nach einer ausgeglichenen Mitte zwischen den zahlreichen Extremen und Gegensatzpaaren menschlichen Verhaltens. [...] [Des Bürgers] Ideal ist nicht Hingabe, sondern Erhaltung des Ichs, sein Streben gilt weder der Heiligkeit noch deren Gegenteil, Unbedingtheit ist ihm unerträglich, er will zwar Gott dienen, aber auch dem Rausche, will zwar tugendhaft sein, es aber auch ein bißchen gut und bequem auf Erden haben. Kurz, er versucht es, in der Mitte zwischen den Extremen sich anzusiedeln, in einer gemäßigten und bekömmlichen Zone ohne heftige Stürme und Gewitter, und dies gelingt ihm [...] auf Kosten jener Lebens- und Gefühlsintensität, die ein aufs Unbedingte [...] gerichtetes Leben verleiht. Intensiv leben kann man nur auf Kosten des Ichs. Der Bürger nun schätzt nichts höher als das Ich [...]. Auf Kosten der Intensität also erreicht er Erhaltung und Sicherheit, statt Gottbesessenheit erntet er Gewissensruhe, statt Lust Behagen, statt Freiheit Bequemlichkeit.“ (S. 68)	Inhalt: Deutung
3. Teil: „Die Zweiteilung in Wolf und Mensch [...] ist eine sehr grobe Vereinfachung, eine Vergewaltigung des Wirklichen zugunsten einer plausiblen, aber irrigen Erklärung der Widersprüche, welche dieser Mensch in sich vorfindet [...]. Harry besteht nicht aus zwei Wesen, sondern aus hundert, aus tausenden. Sein Leben schwingt [...] zwischen tausenden, zwischen unzählbaren Polpaaren. [...] es ist ein eingeborenes und völlig zwanghaft wirkendes Bedürfnis aller Menschen, dass jeder sein Ich als Einheit sich vorstelle. Mag dieser Wahn noch so oft, noch so schwer erschüttert werden, er heilt stets wieder zusammen. [...] In Wirklichkeit aber ist kein Ich, auch nicht das Naivste, eine Einheit, sondern eine höchst vielfältige Welt, ein kleiner Sternhimmel, ein Chaos von Formen [...].“ (S. 75 f.) „Den friedlosen Steppenwölfen, die beständig und furchtbar Leidenden, [...] ihnen bietet sich der versöhnliche Ausweg in den Humor.“ (S. 71)	Inhalt: Deutung:

Auszüge aus: Hermann Hesse: Der Steppenwolf. Frankfurt am Main: Suhrkamp

2. *Inwiefern kann man von einem systematischen Aufbau des „Tractats“ sprechen? Welche Funktion haben die drei Teile des „Tractats“? Wie lassen sie sich aufeinander beziehen?*

Zum Verhältnis von Tractat und Magischem Theater (I)

Methode: Lerntempoduett

1. *Bearbeiten Sie arbeitsteilig zuerst einen der beiden Arbeitsvorschläge A oder B.*
2. *Halten Sie Ihre Ergebnisse in Form einer mit Stichworten versehenen Skizze fest.*
3. *Geben Sie durch ein Zeichen zu erkennen, wenn Sie mit der Aufgabe fertig sind. Bilden Sie mit einem/er Mitschüler/in, der/die die andere Aufgabe bearbeitet hat, ein 2er-Team. Stellen Sie sich gegenseitig Ihre Ergebnisse vor. Beginnen Sie mit Aufgabe A. Geben Sie dabei nur einen groben Überblick über die von Ihnen bearbeitete Aufgabe und fassen Sie Ihre Ergebnisse knapp zusammen.*
4. *Bearbeiten Sie nun in erneuter Einzelarbeit die von Ihnen noch nicht behandelte Aufgabe. Dabei ist es nur von Vorteil, wenn Sie durch das Kurzreferat Ihres/er Mitschülers/in bereits wissen, um was es im Groben geht. Signalisieren Sie, wenn Sie die Aufgabe bearbeitet haben.*
5. *Bilden Sie ein neues 2er-Team und erarbeiten Sie ein Schaubild, z. B. ein Pfeildiagramm, welches die inhaltlichen und formalen Verbindungslinien von Tractat und Magischem Theater deutlich werden lässt. Wie beziehen sich beide Textauszüge aufeinander?*

A „Anleitung zum Aufbau der Persönlichkeit. Erfolg garantiert.“ (S. 244/Z. 15 – S. 248/Z. 14)

Lesen Sie die oben angegebene Szene im Magischen Theater.

a) Geben Sie den Inhalt des Textauszugs mit Hilfe einer Stichwortsammlung wieder.

___

___

b) Klären Sie die Bedeutung der Schach-Metapher, indem Sie die Ausführungen des Lehrers mithilfe einer Skizze des Schachbretts und einiger Figuren visualisieren.

c) Auf welche Weise vermittelt der Pablo ähnliche „Lehrer“ seine Lehre? Beachten Sie hierfür v. a. die Seite 246/Z. 27 – S. 247/Z. 7. Welche Vorteile hat diese Art der Inhaltsvermittlung?

___

___

d) „Schizophrenie ist der Anfang aller Kunst, aller Phantasie.“ (S. 247/Z. 28) Warum erhält der Wahnsinn hier eine neue, positive Auslegung? Welche Chancen bietet er? Wie werden mögliche Gefahren des Wahnsinns, der Schizophrenie, eingeschätzt?

___

___

Zum Verhältnis von Tractat und Magischem Theater (II)

Methode: Lerntempoduett

1. *Bearbeiten Sie arbeitsteilig zuerst einen der beiden Arbeitsvorschläge A oder B.*
2. *Halten Sie Ihre Ergebnisse in Form einer mit Stichworten versehenen Skizze fest.*
3. *Geben Sie durch ein Zeichen zu erkennen, wenn Sie mit der Aufgabe fertig sind. Bilden Sie mit einem/er Mitschüler/in, der/die die andere Aufgabe bearbeitet hat, ein 2er-Team. Stellen Sie sich gegenseitig Ihre Ergebnisse vor. Beginnen Sie mit Aufgabe A. Geben Sie dabei nur einen groben Überblick über die von Ihnen bearbeitete Aufgabe und fassen Sie Ihre Ergebnisse knapp zusammen.*
4. *Bearbeiten Sie nun in erneuter Einzelarbeit die von Ihnen noch nicht behandelte Aufgabe. Dabei ist es nur von Vorteil, wenn Sie durch das Kurzreferat Ihres/er Mitschülers/in bereits wissen, um was es im Groben geht. Signalisieren Sie, wenn Sie die Aufgabe bearbeitet haben.*
5. *Bilden Sie ein neues 2er-Team und erarbeiten Sie ein Schaubild, z. B. ein Pfeildiagramm, welches die inhaltlichen und formalen Verbindungslinien von Tractat und Magischem Theater deutlich werden lässt. Wie beziehen sich beide Textauszüge aufeinander?*

B Über den „Wahn der Persönlichkeitseinheit“ (S. 75/Z. 11 – S. 86/Z. 24)

Lesen Sie den oben angegebenen Auszug aus dem Tractat.

a) Geben Sie den Inhalt des Auszugs mithilfe einer Stichwortsammlung wieder.

b) Welche Ansicht vertritt der Verfasser zur Zweiteilung des Individuums in Wolf und Mensch, Trieb und Geist? (S. 75/11 ff.) Woran liegt es, dass diese Zweiteilung populär ist? Stellen Sie die Antwort des Verfassers in Form einer veranschaulichenden Skizze dar.

c) Auf welche Weise wird die Lehre vermittelt? Ist sie eher anschaulich und leicht nachvollziehbar formuliert, z. B. weil sie viele konkrete Bilder nutzt? Oder ist der Anspruch der Lehrer insgesamt eher theoretisch-analytischer Natur? Suchen Sie ein Beispiel heraus.

d) Welche Bedeutung hat die Lektüre des Tractats für Harry Haller an dieser Stelle seiner persönlichen Entwicklung? Erinnern Sie sich dabei an seinen inneren Zustand bei Ankunft in der Kleinstadt. Welche Funktion kann das Tractat für Harrys weiteres Leben haben?

Sprachanalyse

beispielhafter Satz/Textauszug aus Hermann Hesses Roman „Steppenwolf“	rhetorische Figur/sprachliches Gestaltungsmittel	Funktion/Wirkung/Aussage
„So standen die beiden Harrys, beides außerordentlich unsympathische Figuren, dem artigen Professor gegenüber, verhöhnten einander, beobachten einander, spuckten voreinander aus und stellten sich, wie immer in solchen Lagen, wieder einmal die Frage: ob das nun einfach menschliche Dummheit und Schwäche sei, allgemeines Menschenlos, oder ob dieser sentimentale Egoismus, diese Charakterlosigkeit, diese Unsauberkeit und Zwiespältigkeit der Gefühle eine persönliche, steppenwölfische Spezialität sei.“ (S. 98)		
„Ach, wohin ich blicken, wohin ich die Gedanken schicken mochte, nirgends war Lockung zu spüren, es stank alles nach fauler Verbrauchtheit, nach fauler Halbundhalbzufriedenheit, es war alles alt, welk, grau, schlapp, erschöpft.“ (S. 97)		
„Nun, dies war vorüber, dieser Becher war ausgetrunken und wurde mir nicht mehr gefüllt.“ (S. 38)		
„War es schade darum? Es war nicht schade darum. Es war um nichts schade, was vorüber war. Schade war es um das Jetzt und Heute, um all diese ungezählten Stunden und Tage, die ich verlor, […].“ (S. 38)		
„Meine vergessenen Jünglingsjahre fielen mir ein – wie habe ich damals solche finstre und trübe Abende im Spätherbst und Winter geliebt, wie gierig und berauscht sog ich damals die Stimmungen der Einsamkeit und Melancholie, wenn ich halbe Nächte, in den Mantel gehüllt, bei Regen und Sturm durch die feindliche, entblätterte Natur lief, einsam auch damals schon, aber voll tiefen Genießens und voll von Versen, die ich nachher bei Kerzenlicht in meiner Kammer, auf dem Bettrand sitzend, aufschrieb!“ (S. 38)		
„Und so stiegen viele Bilder meines Lebens in dieser schönen, zärtlichen Nacht vor mir auf, in der sich so lange leer und arm und bilderlos gelebt hatte. Jetzt, vom Eros zauberhaft erschlossen, sprang die Quelle der Bilder tief und reich, und für Augenblicke stand das Herz mir still vor Entzücken und vor Trauer darüber, wie reich der Bildersaal meines Lebens, wie voll hoher ewiger Sterne und Sternbilder die Seele des armen Steppenwolfes gewesen sei.“ (S. 181)		
„Es schaute Kindheit und Mutter zart und verklärt wie ein fernes, unendlich blau entrücktes Stück Gebirge herüber, es klang ehern und klar der Chor meiner Freundschaften, mit dem sagenhaften Hermann beginnend, dem Seelenbruder Herminens.“ (S. 181)		

Auszüge aus: Hermann Hesse: Der Steppenwolf. Frankfurt am Main: Suhrkamp

Sprachanalyse (Lösungen/Folienvorlage)

beispielhafter Satz/Textauszug aus Hermann Hesses Roman „Steppenwolf"	rhetorische Figur/sprachliches Gestaltungsmittel	Funktion/Wirkung/Aussage
„So standen die beiden Harrys, beides außerordentlich unsympathische Figuren, dem artigen Professor gegenüber, verhöhnten einander, beobachten einander, spuckten voreinander aus und stellten sich, wie immer in solchen Lagen, wieder einmal die Frage: ob das nun einfach menschliche Dummheit und Schwäche sei, allgemeines Menschenlos, oder ob dieser sentimentale Egoismus, diese Charakterlosigkeit, diese Unsauberkeit und Zwiespältigkeit der Gefühle eine persönliche, steppenwölfische Spezialität sei." (S. 89)	Parallelismus Dopplungen/ Bildhäufungen	Das Beobachtete soll möglichst klar u. genau beschrieben werden: Verdeutlichung der Dichotomie und Verstärkung der Eindringlichkeit des Gesagten
„Ach, wohin ich blicken, wohin ich die Gedanken schicken mochte, nirgends war Lockung zu spüren, es stank alles nach fauler Verbrauchtheit, nach fauler Halbundhalbzufriedenheit, es war alles alt, welk, grau, schlapp, erschöpft." (S. 97)	Neologismus	Betonung der Trägheit und des Stillstandes in einer mediokren Wirklichkeit
„Nun, dies war vorüber, dieser Becher war ausgetrunken und wurde mir nicht mehr gefüllt." (S. 38)	Metapher	Versinnbildlichung des wehmütigen Abschieds vom alten Leben
„War es schade darum? Es war nicht schade darum. Es war um nichts schade, was vorüber war. Schade war es um das Jetzt und Heute, um all diese ungezählten Stunden und Tage, die ich verlor, […]." (S. 38)	rhetorische Frage	Stilmittel wirft angebliche Frage auf, die vom erzählenden Ich selbst beantwortet wird; verstärkt Eindruck von der Richtigkeit der Entscheidung des Abschieds vom alten Leben
„Meine vergessenen Jünglingsjahre fielen mir ein – wie habe ich damals solche finstre und trübe Abende im Spätherbst und Winter geliebt, wie gierig und berauscht sog ich damals die Stimmungen der Einsamkeit und Melancholie, wenn ich halbe Nächte, in den Mantel gehüllt, bei Regen und Sturm durch die feindliche, entblätterte Natur lief, einsam auch damals schon, aber voll tiefen Genießens und voll von Versen, die ich nachher bei Kerzenlicht in meiner Kammer, auf dem Bettrand sitzend, aufschrieb!" (S. 38)	Dopplungen/ Aneinanderreihung von Adjektiven u. Nomen Zeugma	Fast schon tautologische Reihungen dienen der intendierten Stilisierung und verstärken das Pathos und die Künstlichkeit Überraschendes Wortspiel
„Und so stiegen viele Bilder meines Lebens in dieser schönen, zärtlichen Nacht vor mir auf, in der sich so lange leer und arm und bilderlos gelebt hatte. Jetzt, vom Eros zauberhaft erschlossen, sprang die Quelle der Bilder tief und reich, und für Augenblicke stand das Herz mir still vor Entzücken und vor Trauer darüber, wie reich der Bildersaal meines Lebens, wie voll hoher ewiger Sterne und Sternbilder die Seele des armen Steppenwolfes gewesen sei." (S. 181)	Antithetik Metapher	Betonung der dichotomischen Welterfahrung durch Entgegensetzungen Versinnbildlichung der Vielfalt der menschlichen Existenzformen
„Es schaute Kindheit und Mutter zart und verklärt wie eine fernes, unendlich blau entrücktes Stück Gebirge herüber, es klang ehern und klar der Chor meiner Freundschaften, mit dem sagenhaften Hermann beginnend, dem Seelenbruder Herminens." (S. 181)	Vergleich Inversion	Verbindung von menschlicher Grunderfahrung mit der Natur; Betonung des besonderen Werts von Freundschaft

Auszüge aus: Hermann Hesse: Der Steppenwolf. Frankfurt am Main: Suhrkamp

Kritik an der Sprache – Positionen der Literaturwissenschaft

Hesses Romane sind sehr widersprüchlich aufgenommen worden: Auf der einen Seite stehen Millionen von Lesern, die seine Romane mit Enthusiasmus und Begeisterung verschlungen haben und sich in ihnen wiederfinden. Insbesondere sein vehementes Plädoyer für den einzelnen Menschen angesichts einer vielfach empfundenen Vereinsamung, Monotonie und Anonymisierung des Lebens in der modernen Gesellschaft wurde begeistert rezipiert, Hesse gab Millionen von Menschen eine Stimme. Die Kritik der modernen, auf Oberflächeneffekte abzielenden Konsumgesellschaft, der es an Tiefe fehle, fand dankbare Abnehmer. Auf der anderen Seite blieb Hesse die Anerkennung auf Seiten der Literaturwissenschaft oft verwehrt. Lange Zeit galt er – trotz seines Literaturnobelpreises – als zu Recht vergessener Autor. Der folgende Textauszug aus einem literaturwissenschaftlichen Sachtext beschäftigt sich in kritischer Weise mit der Sprache in den Romanen Hermann Hesses.

Das, was mich an diesen großen Wörtern störte und ihnen gegenüber misstrauisch machte, war, dass sie mir zu ungenau und zu viel umfassten und zusammenfassten und sich so meiner Kontrolle entzogen; dass ich nicht sicher war und sein konnte, ob sie für andere das Gleiche oder doch irgendwie Ähnliches bedeuteten wie für mich und dass sie – weil sie zu vage, zu unbestimmt, zu ungewiss, zu unsicher, zu dunkel und zu verschwommen waren – zu leicht missbraucht werden konnten und dass sie deshalb auch missbraucht wurden und werden. [...] Wie die Sprache durch die großen Wörter etwas zu Glattes bekommen hat, das mir fast zu meisterhaft erschienen ist – wobei es mir nicht so sehr um den Stil als vielmehr eben um die Genauigkeit des Geschriebenen geht –, hat für mich auch die Erklärung der Welt und des Menschen sowie des Lebens des Menschen in der Welt etwas zu Glattes, etwas von einer zu glatten und zu sauberen Lösung bekommen, die der Vorläufigkeit unserer Erkenntnis etwas zu wenig Rechnung trägt. [...] All das, was mich an Hesses Werken stört oder ärgert, ließe sich also schließlich in einem einzigen, allerdings nicht vernachlässigbaren kleinen Einwand zusammenfassen, und das wäre der Einwand gegen die großen Wörter."

Aus: E. Y. Meyer: Die großen und die kleinen Wörter. Kritische Bemerkungen des Schriftstellers E. Y. Meyer über Hermann Hesse und seine Sprache. In: Egon Schwarz (Hg.): Hermann Hesses „Steppenwolf". Königstein im Taunus: Athenäum 1980, S. 101 – 103 (Auszüge)

1. *Machen Sie sich den inhaltlichen Kern des kurzen Textauszuges mithilfe der nachfolgenden Aussagen klar. Kreuzen Sie zutreffende Items an.*

Aussage zum Sachtext von E. Y. Meyer (1980)	trifft zu	trifft nicht zu
Hesse müsste mehr schreiben, dann wären seine Aussagen auch genauer.		
Obwohl Hesse viel schreibt, drückt er sich um klare Aussagen herum.		
Hesses Themen sind so wichtig und bedeutsam, dass nur „große Wörter", also auch ein wortreicher Stil, der Sache angemessen sind.		
Hesses schreibt von einer Warte des allwissenden Dichterfürsten, der meint, die Wahrheit gefunden zu haben. Das ist arrogant und gefährlich.		

2. *Schreiben Sie einen Antwortbrief an den Literaturkritiker E. Y. Meyer. Versuchen Sie ihm anhand eines konkreten Textbeispiels aus dem Roman „Steppenwolf" deutlich zu machen, dass die Dopplungen und Wiederholungen durchaus ihren Sinn haben, also funktional sind.*

Baustein 4

Lösung oder Scheitern? – Das Magische Theater

Maskenball und Magisches Theater stehen nicht zufällig am Ende des Romans. Mit Blick auf die Selbstaussagen Hallers in seinen Aufzeichnungen kann man wohl sagen, dass die Sozialisation und Erziehung des anfangs isolierten Eigenbrötlers durch Hermine, Maria und Pablo in einer direkten Linie zum Magischen Theater als Höhe- und Schlusspunkt des Romangeschehens führen; Huber sieht hierin eine Nähe zur Novelle. (Vgl. Peter Huber: Der Steppenwolf. Psychische Kur im deutschen Maskenball, a.a.O., S. 90) Sämtliche Bemühungen der Nebenfiguren Hallers richten sich auf diesen Zielpunkt und können als Vorbereitung des Protagonisten verstanden werden: der Dekonstruktion der Persönlichkeit und ihrer Erweiterung um bisher unterdrückte, verdrängte Persönlichkeitsinhalte. Im Höhepunkt geht um die Frage der Integration von sich im bürgerlichen Bewusstsein widersprechenden Existenzformen und Denkweisen, auf die der einsträngig und auf dieses Ziel ausgerichtete, novellenartige Handlungsverlauf abzielt, sieht man einmal von den Reflexion einfordernden Retardierungen durch Vorwort bzw. Tractat ab. Dabei kann der Maskenball als letzte Station auf Hallers „Weg nach Innen" verstanden werden, was auch durch die am Ende des Romans dominante Spiegel-Symbolik unterstrichen wird. (S. 224 f.) Die beschriebene Handlung spiegelt innerpsychische Entwicklungsprozesse wider, sie ist ohne realen Bezug: „[...] es gibt hier nur Bilder, keine Wirklichkeit." (S. 228) Auch hier gilt die in den Begegnungen mit den katalysatorisch wirkenden Begleitfiguren Hermine, Pablo und Maria bereits mehrfach modellierte Aufforderung, sich für neue Persönlichkeitsbereiche zu öffnen, um so eine neue Existenzform zu erreichen, in der die Integration von bisher sich ausschließenden Seinsformen ermöglicht wird und die bei Haller stark manifestierte Individuation rückgängig gemacht werden kann. Im Tanz des Maskenballs wird die Aufforderung laut, das „Principium individuationis" zurückzuweisen zugunsten der „Unio mystica der Freude" (S. 216), die Entgrenzung der Persönlichkeit. Die Auflösung des Ichs wird angebahnt und in den einzelnen Episoden des Magischen Theaters vorgeführt: „Ich war nicht mehr ich, meine Persönlichkeit war aufgelöst im Festrausch wie Salz im Wasser." (S. 217) Echte Menschwerdung im Sinne der Theorie des Tractats wird nur möglich im Sinne der Anschauung, wie sie im Magischen Theater als „Aufforderung zum Verrücktsein" und „Hingabe an die flutende, gesetzlose Welt der Seele, der Phantasie" (S. 94) möglich wird. Im Eingeständnis, dass die bisherige, steppenwölfisch-dualistische Existenzweise nur möglich war, indem zahlreiche weitere Persönlichkeitsbestandteile unterdrückt werden mussten, sieht Hesse die Voraussetzung für die Erlangung einer neuen Bewusstseinsform, die keine Polaritäten mehr kennt und sich aus den Zwängen sozialer Imperative nichts mehr macht. Ziel allen Handelns ist es, der bisherigen „Persönlichkeit ledig zu werden" (S. 226) und so das „Gefängnis" des Ich (ebd.) zu verlassen. Dabei wird der Einzelne jedoch auf sich zurückgeworfen, auf Hilfe von anderen kann Harry beim „Lernen zu lachen und Lernen zu leben" (S. 143) nun nicht mehr zählen. So informiert Pablo, den Unsterblichen ähnlich, Harry über die Voraussetzung der angestrebten Metamorphose, deren Weg klar benannt wird und an Novalis' romantisches Diktum („Nach Innen führt der geheimnisvolle Weg") erinnert: „Nur in Ihrem eigenen Innern lebt jene andere Wirklichkeit, nach der Sie sich sehnen. Ich kann Ihnen nichts geben, was nicht in Ihnen selbst schon existiert, ich kann Ihnen keinen andern Bildersaal öffnen als den Ihrer Seele. Ich kann Ihnen nichts geben, nur die Gelegenheit, den Anstoß, den Schlüssel. Ich helfe Ihnen, Ihre eigene Welt sichtbar zu machen, das ist alles." (S. 224) Anders als im traditionellen Entwicklungs- und Bildungsroman ist das Ziel also gerade nicht die Ausbildung einer einzigartigen Persönlichkeit, sondern die Entpersonalisierung des Einzelnen, die Ich-Dissoziation. Persönlichkeit hat Harry eher zu viel, diese gilt es ebenso wie den abendländischen Dualismus, der dem homo melancholicus Harry Haller bisher zu eigen war, an der Garderobe des Magischen Theaters abzugeben. (S. 226) Für das Magische Theater im „Steppenwolf" gilt demnach das Gleiche wie für Goethes Singspiel „Lila", über das dieser selbst bemerkt: „Das Sujet ist eigentlich eine psychische Kur, wo man den Wahnsinn eintreten lässt, um den Wahnsinn zu heilen." (Zitiert nach Peter Huber: Der Steppenwolf. Psychische Kur im deutschen Maskenball, a. a. O., S. 101)

4.1 Maskenball und Magisches Theater: Höhepunkt und Abschluss des Romans

Hesse zeichnet seinen Protagonisten als modernen Neurotiker. Eine symbolische Deutung seiner Figur wird vor dem Hintergrund, dass Hesse ein ausgezeichneter Kenner der zeitgenössischen Psychoanalyse war und sich insbesondere mit C. G. Jung beschäftigte, klarer, wenn man die moderne Form der Neurose als einen „Zustand des Uneinigseins mit sich selbst" begreift, „verursacht durch den Gegensatz von Triebbedürfnissen und den Anforderungen der Kultur, von infantiler Unwilligkeit und dem Anpassungswillen, von kollektiven und individuellen Pflichten." (Vgl. A. Jaffe: C. G. Jung, Bild und Wort. Olten 1983, S. 233) Dieses ist auch die Ursache für das Leiden Hallers. Maskenball und Magisches Theater entsprechen dabei dem kollektiven Unbewussten nach Jung, welches der moderne, von sich selbst entfremdete Mensch wiederzugewinnen im Sinne eines Sichbewusstwerdens trachtet. So ist schon vor Beginn des eigentlichen Theaters alles „Märchen", Harry fühlt sich „eine Dimension reicher", alles ist „Spiel und Symbol". (S. 215) Im Tanz erlebt Harry das „Erlebnis des Festes", den „Rausch der Festgemeinschaft", das „Geheimnis vom Untergang der Person in der Menge", von der „Unio mystica der Freude". (S. 216)
Die Schülerinnen und Schüler können zum Einstieg mit dem einen Gegensatz konstruierenden Bildmaterial aus dem **Zusatzmaterial 2** (S. 125) konfrontiert werden. Dabei können die Merkmale der einzelnen Darstellungen, v. a. aber die Unterschiede kurz im mündlichen Gespräch als erste grobe Orientierung erarbeitet werden, eine tiefergehende Analyse ist an dieser Stelle weder erforderlich noch sinnvoll, der Bildimpuls dient vielmehr als eine Art „Aufhänger" und schafft Transparenz bzw. eine Arbeitsperspektive:

- *Beschreiben Sie Rodins Denker. Womit beschäftigt er sich?*
- *Beziehen Sie Rodins Denker auf den Intellektuellen und Künstler Harry Haller. Inwiefern kann die dargestellte Situation als Problem oder Belastung empfunden werden?*
- *Beschreiben Sie Hesses Zeichnung. Was wird dargestellt? Warum erfreuen sich Maskenbälle so großer Beliebtheit, worin liegt ihr Reiz?*
- *Vergleichen Sie beide Abbildungen miteinander und beziehen Sie diese auf Harry Haller. Was erhofft er sich von Maskenball und Magischem Theater?*

Gemeinsam kann der „Hochzeitstanz" zwischen Hermine und Harry Haller im Plenum gelesen werden. Dieser schildert, wie auf Seiten Hallers die Bereitschaft für die im Magischen Theater anstehende Vereinigung von Verstand („Es gab keine Gedanken mehr", S. 218) und Sinnlichkeit („süßer Traum und Rausch aus Gemeinschaft, Musik, Rhythmus, Wein und Geschlechtslust", S. 217) steigt. Dabei können insbesondere Parallelen zwischen dem beschriebenen Geschehen und den beiden Bildern des Einstiegs hergestellt werden.

- *Lesen Sie den „Hochzeitstanz“ zwischen Hermine und Harry (S. 214/Z. 26 bis S. 218/Z. 28). Was erfährt Harry beim Tanz? Inwiefern unterscheidet sich diese Erfahrung von denen seines bisherigen, alten Lebens als intellektueller Künstler?*

- *Wie erklärt sich Harrys Begeisterung und die Tatsache, dass er – erstmals seit langer Zeit – „glücklich“ (S. 218/Z. 6) ist?*

Die Antworten der Schüler können in einem ersten orientierenden Schaubild grob vereinfacht gebündelt werden und generieren problematisierend eine neue Fragestellung, an der gezielt weitergearbeitet werden kann:

Rodins „Denker“ und Hesses „Maskenball“: Ein Vergleich

Rodins „Der Denker“	**Hesses „Maskenball“**
Einsamkeit, Isolation, Denken	Geselligkeit, Integration Handeln: Feiern/Tanz
↓	↓
„Principium individuationis“ „vita contemplativa“: das bisherige Leben Harry Hallers	**„Unio mystica“** „vita activa“: das neue Leben Harry Hallers

↓

Was soll Harry Haller jetzt tun?
Welches sind seine Aufgaben?

Hesse geht es um den Ausgleich von Individuation, die in ihrer extremsten Ausprägung anders als im klassischen Entwicklungsroman nicht zur Heilung, sondern zur Neurose führt, und Sozialisation, die diese ermöglichen soll. Die Auflösung der engen Grenzen des bisherigen Ichs mit dem Ziel, die eigene Seele mit Gott zu vereinigen, bedarf dabei zwingend der Gemeinschaft und der Zuwendung zu den profanen Dingen des Lebens, z. B. zur Unmittelbarkeit des Tanzes oder zum (Drogen-)Rausch. Dem entspricht auf der Zeichnung Hesses das an eine wuchernde Pflanzenwelt erinnernde Chaos, die fehlende Struktur. So ist Harrys Aufgabe im Magischen Theater klar: Im Einlassen auf die von einem Wandspiegel wiedergegebenen zahlreichen neuen „Harrys“ durchlebt er in den einzelnen Szenen das bisher verdrängte Potenzial der Totalität seiner Persönlichkeit. Im Zurückweisen der bisher gültigen Normen und Werte werden die trägen und einengenden Ich-Grenzen, die bis dato als Gefängnis des Individuums empfunden wurden und Suizidgedanken hervorriefen, gesprengt. Dabei ist es nur auf den ersten Blick ein Paradox, dass die im Magischen Theater eingeforderte Selbstbegegnung nicht die Beschäftigung mit sich selbst meint, wie es eher durch Rodins Denker versinnbildlicht wird, sondern in der Entäußerung seiner selbst gelingt. Gerade für junge Erwachsene in einer entscheidenden Phase ihrer Persönlichkeitsentwicklung, der Adoleszenz, dürfte dieser Gedanke eine Herausforderung darstellen, da es für sie ja gerade um Abgrenzung von anderen geht, um zu einem Ich zu werden, während Haller versucht, gerade diese Abgrenzung rückgängig zu machen bzw. zu unterlaufen. Bei Schwierigkeiten kann die Lerngruppe mit einer Erläuterung Hesses bekanntgemacht werden:

„Das Bedürfnis der Jugend ist: sich selbst ernst nehmen zu können. Das Bedürfnis des Alters ist: sich selber opfern können, weil über ihm etwas steht, was es ernst nimmt. [...] Denn Aufgabe, Sehnsucht und Pflicht der Jugend ist das Werden, Aufgabe des reifen Menschen ist das Sichweggeben, oder, wie die deutschen Mystiker es nannten, das „Entwerden". Man muß erst ein voller Mensch, eine wirkliche Persönlichkeit geworden sein und die Leiden dieser Individuation erlitten haben, ehe man das Opfer dieser Persönlichkeit bringen kann." (Vgl. Volker Michels (Hrsg.): Materialien zu Hermann Hesses „Der Steppenwolf". Frankfurt am Main: Suhrkamp 1972, S. 149 f.)

- *Wie könnten wir Hesses Ablehnung des nur denkenden, auf sich konzentrierten Einzelgängers begründen? Worin liegt das Ziel der Entindividuation, der „Entwerdung"?*

Dieses philosophische Konstrukt gilt es in der Folge mit den Schülerinnen und Schülern an den konkret veranschaulichenden Episoden des Magischen Theaters zu erarbeiten. An dieser Stelle bietet sich angesichts der Länge einzelner Teilsequenzen ein arbeitsteiliges Arbeiten in Kleingruppen an, im Idealfall wird die Lektüre als Hausaufgabe vorbereitet, sodass mehr Zeit für die eigentliche analytische Arbeit und Zusammenführung der Teilergebnisse bleibt. Die Schülerinnen und Schüler erhalten hierfür das **Arbeitsblatt 16** (S. 90). (Verzichtet man auf die Kopiervorlage, werden den einzelnen Gruppen die entsprechenden Textstellen inklusive der Arbeitsaufgaben mitgeteilt.) Die Episode „Wunder der Steppenwolfdressur" wird hier aus zeitökonomischen und didaktischen Gründen ausgespart, da sie zum Einen nur sehr kurz ist und im Vergleich zu den anderen drei Sequenzen nur einen vergleichsweise geringen Mehrwert besitzt.

- *Lesen Sie in Ihrer Gruppe die Ihnen zugeteilte Episode des Magischen Theaters. Markieren Sie Ihnen zentral erscheinende Textstellen. Versehen Sie unverständliche Stellen mit einem Fragezeichen am Rand und klären Sie diese nach der Lektüre zu Beginn der Erarbeitungsphase.*
- *Was soll Harry lernen? Notieren sie einen bis zwei Sätze, die als Kern der Episode gelten könnten.*
- *In welchem Verhältnis steht das Gelernte zu seiner bisherigen, steppenwölfischen Existenzform? Notieren Sie stichpunktartig.*
- *Bereiten Sie sich auf eine Präsentation Ihrer Gruppenarbeitsergebnisse vor. Geben Sie dabei einen kurzen inhaltlichen Abriss. Notieren Sie am Ende Ihrer Präsentation den inhaltlichen Kern Ihrer Sequenz (siehe Aufgabe 2) und ihre Bedeutung im entsprechenden Kasten des folgenden Schaubildes.*

Für die Präsentationsphase bietet es sich an, das **Arbeitsblatt 16** (S. 90) auf Folie zu ziehen und von den jeweiligen Lerngruppen füllen zu lassen. Die Schülerinnen und Schüler übernehmen die beiden Lösungen zu den von ihnen nicht bearbeiteten Sequenzen auf ihr eigenes Arbeitsblatt. Nach der sukzessiven Besprechung der einzelnen Episoden geht es nun gemeinsam darum, die Einzelergebnisse zusammenzuführen und eine Synthese zu erarbeiten, die nach einem textorientierten literarischen Unterrichtsgespräch, das je nach Leistungsstärke der Lerngruppe der Lenkung durch die Lehrkraft bedarf, im unteren Teil des Arbeitsblattes festgehalten werden sollte. Abschließend sollte den Schülerinnen und Schülern die Möglichkeit zur eigenständigen Urteilsbildung eingeräumt werden. Diese dürfte sich auf die brutale, menschenfeindliche Botschaft der Episode „Auf zum fröhlichen Jagen" richten.

- *Was haben die drei erarbeiteten Episoden aus dem Magischen Theater gemeinsam?*
- *Welche Bedeutung kommt dem Magischen Theater als Ganzem zu? Diskutieren Sie im Plenum und notieren Sie eine zusammenfassende Schlussfolgerung im unteren Teil des Schaubildes.*
- *Nehmen Sie abschließend Stellung zu ausgewählten Aussagen des Magischen Theaters und üben Sie begründet Kritik. Wie realistisch und konkret sind die hier offerierten Vorschläge, wie lassen sie sich realisieren?*

Das „Magische Theater“

„Auf zum fröhlichen Jagen“ (S. 230 – 243)
- Zivilisations- u. Kulturkritik
- Nihilismus: Umwertung aller gültigen Werte und Normen
- fatalistische Lösung: Gewaltorgie/zügellose Mordfantasien angesichts der „dumpfen, verstopften Welt in Scherben“ (S. 238), Vernichtungsrausch

„Anleitung zum Aufbau der Persönlichkeit“ (S. 244 – 248)
- Schach- und Spiegelmetapher: Wer sich all seiner Persönlichkeitsinhalte bewusst wird, dem stehen befreiende „Spielzüge“ zur Verfügung
- Umdeutung der Schizophrenie: Statt Einheit des Ichs eine „Menge von Seelen“ (S. 245); unterschiedliche Existenzformen für individ. Leben

„Alle Mädchen sind dein“ (S. 252 – 260)
- Hintergrund: vergangene, unglückliche Liebeserfahrungen
- seelisch armes, sozial isoliertes Leben kann durch neue Chance gegenüber den Liebespartnern revitalisiert werden
- Voraussetzung: Mut und Bejahung der Liebe u. Sexualität

Schlussfolgerung/Fazit:
- Aufdeckung verborgener und geleugneter Möglichkeiten des eigenen Ichs
- Harmonisierung bzw. Synthese der Gegensätze als „Unio mystica“
- Bewusstwerdung bisher unterdrückter Persönlichkeitsbestandteile
- Zerfall der bisherigen, stabilen Ich-Identität durch „Weg nach Innen“
- Voraussetzung: Verzicht auf bisherige (streng dualistische) Persönlichkeit
- Ziel: „unendliche Mannigfaltigkeit des Lebensspiels“ (S. 246) und Ich-Dissoziation

4.2 Der Steppenwolf: Ein Bildungs- und Entwicklungsroman?

In der Frage, ob der Entwicklungsprozess Hallers von Erfolg gekrönt ist, ja ob sich Hesses Held im Laufe des erzählten inneren Monologs überhaupt als Persönlichkeit wesentlich weiterentwickelt, herrscht in der Forschung Dissens. Während die einen Hallers Geschichte als die eines Gescheiterten deuten, beispielsweise auf die Ermordung Hermines im Magischen

Theater verweisen und diese Tat als Indiz für die Unbelehrbarkeit Hallers und den Fehlschlag in seiner Therapie nehmen, lassen die Selbstaussagen des Autors keinen Zweifel daran, wie er seinen „Steppenwolf" verstanden wissen will: „Ich kann und mag natürlich den Lesern nicht vorschreiben, wie sie meine Erzählung zu verstehen haben. Möge jeder aus ihr machen, was ihm entspricht und dienlich ist! Aber es wäre mir doch lieb, wenn viele von ihnen merken würden, dass die Geschichte des Steppenwolfes zwar eine Krankheit und Krisis darstellt, aber nicht eine, die zum Tode führt, nicht einen Untergang, sondern das Gegenteil: eine Heilung." (Zitiert nach: Volker Michels (Hrsg.): Materialien zu Hesses „Der Steppenwolf", a. a. O., S. 159 f.) Demgegenüber steht das desillusionierende Gespräch Hallers mit Mozart, einem Unsterblichen, der diesen am Ende des Romans zum „Lachen lernen" (S. 278) verurteilt und für seine Borniertheit kritisiert: „Als ob es nicht schon genug Unheil wäre, was Sie angerichtet haben! [...] Nehmen Sie endlich Vernunft an! Sie sollen leben, und Sie sollen das Lachen lernen. Sie sollen die verfluchte Radiomusik des Lebens anhören lernen, sollen den Geist hinter ihr verehren, sollen über den Klimbim in ihr lachen lernen. Fertig, mehr wird nicht von Ihnen verlangt." (S. 278) Auch noch an dieser, den Roman beschließenden Stelle scheint Haller nicht einsichtig: „Und wenn ich mich weigere?" (Ebd.) Diese und weitere Belege führen in der literaturwissenschaftlichen Debatte zu enttäuschten Kommentaren, für die beispielhaft Karaschwili steht: „Der Roman klingt aus, aber endet nicht. Vielmehr bleibt er völlig unabgeschlossen und offen. Man klappt das Buch mit dem Gefühl zu, dass sich da eigentlich nichts zugetragen hat, das der Held zum Schluss der Erzählung an derselben Stelle bleibt, wo man ihm am Anfang begegnet ist, dass ihm noch bevorsteht, alles von vorn anzufangen. Und solch eine Offenheit und Unabgeschlossenheit des Endes ist nahezu für die gesamte Epik Hesses kennzeichnend." (Vgl. Reso Karaschwili: Hermann Hesses Romanwelt. Köln 1986, S. 105) Auch für Esselborn-Krumbiegel erweist sich Hallers „Weg nach Innen" als Irrweg, da er nicht ins konkrete Leben münde, sondern in die eigene Ausweglosigkeit: „Nur die Hoffnung auf Veränderung, auf Befreiung aus den Fesseln des Steppenwolfdaseins, nicht aber die Veränderung selbst, gibt dem Roman seine zukunftsoffene Schlusswendung. Zur Lösung seines Ich-Konflikts könnte Harry Haller nur durchstoßen, wenn er aus sich selber heraustreten und seinen Standort in seiner Zeit und Gesellschaft neu bestimmen könnte." (Vgl. Helga Esselborn-Krumbiegel: Hermann Hesse: Der Steppenwolf, a. a. O., S. 90) Hesses Held erliege der Gefahr der bloßen Selbstbespiegelung und kokettiere bloß mit seiner behaupteten Zerrissenheit, statt sie zu überwinden, da er die im Laufe der Zeit gewonnenen Einsichten nicht in das konkrete Leben im Rahmen der Gesellschaft umsetzen könne. Andererseits erinnern die Versuche Hallers, seine Persönlichkeit zu harmonisieren und im Sinne einer ganzheitlichen Totalität auszubilden, an bekannte Prototypen des deutschen Bildungs- und Entwicklungsromans, beispielsweise an ‚Wilhelm Meisters Lehrjahre', wobei bei Meister ja gerade die soziale Integration als aktiver Bürger ein wesentlicher Bestandteil seiner Entwicklung ist, während Haller den Übeln des modernen, bürgerlichen Lebens durch soziale Desintegration und Entfremdung zu entfliehen meint, was Huber dazu bringt, den Roman als „inversen Entwicklungsroman" zu bezeichnen. (Vgl. Peter Huber: Der Steppenwolf. Psychische Kur im deutschen Maskenball, a. a. O., S. 81) Letztendlich kann man das Ende des Romans wohl als offenes begreifen. Es bleibt unklar, ob Hallers innere Erlebnisse und Visionen im Magischen Theater bei der Überwindung seiner seelischen Krise helfen.

Diese bei der Betrachtung des Romans Hesses wohl entscheidende Frage, ob Harry Haller am Ende des Romans einer Lösung zugeführt wird, ob er sich verändert hat und geläutert ist, sollte auch den Schülerinnen und Schülern möglichst offen und mit der Möglichkeit zur eigenen Meinungsbildung gestellt werden. Um eine Überrumpelung der Schülerinnen und Schüler durch die Präsentation einer vorgefertigten Meinung zu dieser Frage zu verhindern, werden ihnen zu Beginn der Sequenz drei verschiedene Interpretationshypothesen vorgestellt. Dies geschieht in Form von drei unterschiedlich verlaufenen Entwicklungskurven, die Hallers (Fehl)-Entwicklung abbilden sollen. (**Arbeitsblatt 17**, S. 91)

Hallers Entwicklung

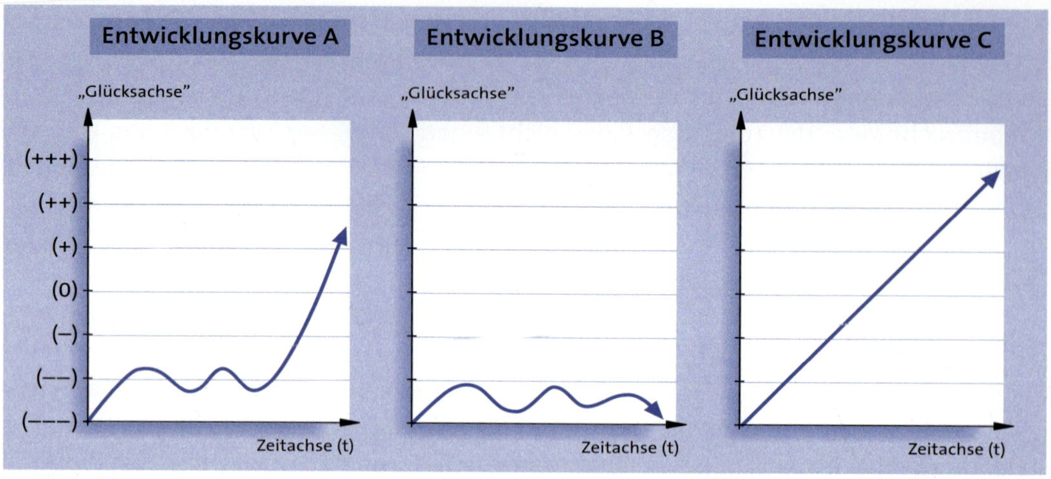

In einer möglichst spontanen Erstbegegnung können die unmittelbaren Eindrücke abgefragt werden:

- *Welche der drei Kurven gibt Ihrer Meinung nach die Entwicklung Harry Hallers am ehesten wieder? Begründen Sie.*
- *Hat Hallers Streben am Ende Erfolg oder ist er gescheitert?*

In der Folge gilt es, die spontanen Hypothesen durch einen genaueren Blick in den Roman zu überprüfen. Dies kann mithilfe der auf dem **Arbeitsblatt 17** (S. 91) angegebenen Textstellen geschehen. Die Schülerinnen und Schüler werten diese und weitere ihnen bekannte und funktionale Textstellen mit Blick auf die Fragestellung zielgerichtet aus und sammeln diese stichpunktartig in einer Tabelle. Diese kann ihnen später bei der Anfertigung einer textgebundenen Erörterung hilfreich sein.

- *Welche der hier aufgeführten Kurven entspricht dem im Roman geschilderten Entwicklungsprozess Ihrer Meinung nach am ehesten? Kreuzen Sie die zutreffende Kurve an.*
- *Verstehen Sie Ihre spontane Antwort auf Frage 1 als Hypothese, die es nun mithilfe von begründenden Textstellen zu verifizieren gilt. Werten Sie hierfür die unten ausgeführten Textstellen in Partnerarbeit aus. Notieren Sie aber auch abweichende, Ihrer Hypothese widersprechende Textstellen in der unteren Tabelle. Natürlich können Sie auch weitere, hier nicht aufgeführte Textstellen aus dem Roman heranziehen.*
- *Gewichten Sie die exzerpierten Argumente, die für oder gegen ein Scheitern Hallers sprechen, und überprüfen Sie abschließend Ihre eingangs getroffene Hypothese. Stellen Sie Ihr Untersuchungsergebnis mithilfe ausgewählter Textstellen im Plenum vor.*

Die Ergebnisse können visuell gut präsentiert werden, wenn die auf dem **Arbeitsblatt 17** angegebenen Entwicklungskurven in vergrößerter Form an der Tafel skizziert werden. Ausgewählte Schülerinnen und Schüler können sich nun zu der von ihnen präferierten Entwicklungskurve stellen und ihre Wahl verteidigen, indem sie ihnen hilfreiche Textstellen bzw. Ereignisse aus dem

Roman auf der t-Achse (x-Achse des Koordinatensystems) stichpunktartig notieren. Im Idealfall finden sich weitere Schülerinnen und Schüler mit abweichenden Deutungen, die im Anschluss ebenfalls visualisiert werden sollten. Ist dies wider Erwarten nicht der Fall, kann dieser wichtige Impuls von der Lehrkraft kommen, indem diesen einen alternativen Kurvenverlauf skizziert und mit Textstellen belegt. Gemeinsam sollte nun in einem literarischen Unterrichtsgespräch auf konkreter Textgrundlage die Frage erörtert werden, ob Haller scheitert oder aber die im Magischen Theater aufgezeigten Visionen einen für ihn positiven Entwicklungsprozess in Gang setzen. Dabei können in dieser Phase auch abweichende Entwicklungskurven als Ergebnis der Textanalysen von den Schülerinnen und Schülern an der Tafel zu Diskussion gestellt werden.

Exkurs: (Anti-)Bildungsroman? – Die textgebundene Erörterung

Die Thematik kann mithilfe der Anfertigung einer textgebundenen Erörterung vertieft werden. Anders als bei der den Schülerinnen und Schülern in der Regel bekannten Pro- und Kontra-Erörterung geht es bei dieser anspruchsvollen und vor allem in der Oberstufe häufig geforderten Schreibaufgabe nicht nur um das Abwägen verschiedener Argumente, sondern auch um eine argumentative Reaktion auf einen oder mehrere vorgegebene Texte zu einem häufig kontroversen Thema. Unter einer textgebundenen Erörterung kann man demnach eine Kombination aus der Textanalyse eines argumentierenden (Sach-)Textes und einer eigenständig entwickelten Argumentation verstehen.
Je nach Kenntnisstand der Schülerinnen und Schüler sollte zu Beginn die Textsorte eingeführt beziehungsweise wiederholt werden. Dies kann mithilfe des **Zusatzmaterials 3** (S. 126) geschehen, das zentral besprochen werden sollte. Im Anschluss erhalten alle Schülerinnen und Schüler der Lerngruppe das **Arbeitsblatt 18** (S. 92). Dieses enthält in verkürzter Form eine Definition der Gattung „Bildungsroman“ sowie einige zentrale und gegensätzliche Positionen hinsichtlich der Fragestellung, ob Hesses berühmtester Roman die gelungene Entwicklung eines potenziellen Selbstmörders in einer schweren Ich-Krise zu einem selbstbewussten und glücklichen Menschen mit stabiler Ich-Identität beschreibt oder ob diese Behauptung bloßer Schein ist und Hallers Reise ins eigene Ich letztlich doch erfolg- und aussichtslos bleibt.

- *Lesen Sie die Definition der Gattung des Bildungsromans sowie die Auszüge aus einigen literaturwissenschaftlichen Positionen zur Fragestellung, ob es sich bei Hesses Roman um einen Bildungsroman oder um einen Anti-Bildungsroman handelt, ob also Hesses Held eine letztlich positive innere Entwicklung durchläuft oder aber ob er am Ende scheitert. Markieren Sie entsprechende Positionen in unterschiedlichen Farben und übertragen Sie Ihr Exzerpt stichpunktartig in eine entsprechende Tabelle, ähnlich der auf Arbeitsblatt 17.*

- *Verfassen Sie nun (mithilfe des Zusatzmaterials 3) eine textgebundene Erörterung zu dieser Fragestellung.*

Die anspruchsvolle und zeitintensive Schreibaufgabe kann gut als nachbereitende Hausaufgabe aufgegeben werden, da sie die Schülerinnen und Schüler zu einer intensiven Reflexion über die Frage kommen lässt, ob das von Hesse angebotene (und in der Rezeption häufig kritisch beurteilte) Magische Theater als Selbstfindungsmöglichkeit doch eher nur eine Scheinlösung darstellt, weil es im Ungefähren verbleibt und insbesondere die soziale Desintegration des Individuums nicht aufzuheben vermag. Damit kann gegen Ende der Behandlung des Romans zugleich der Weg zu einer detaillierten Kritik vorbereitet werden. (Siehe Baustein 6) In einer möglichen Auswertung der textgebundenen Erörterungen werden anhand ausgewählter Schülertexte einige Pro- und Kontra-Argumente gesammelt.

Der Steppenwolf als Bildungs- und Entwicklungsroman?

Pro-Argumente

- Ziel: harmonische Übereinstimmung von Ich, Gott und Welt (Metzler)
- „Geschichte einer Heilung" (Hesse)
- Tradition des dt. Bildungs- und Entwicklungsromans: Darstellung einer zentralen Figur, einsträngige Handlungsführung, Ausrichtung aller Nebenfiguren auf diese Mittelpunktsfigur (Esselborn-Krumbiegel)
- Suche des Individuums nach Integration und Synthese (Dies.)
- Parallelen zum berühmtesten deutschen Bildungsroman, Goethes ‚Wilhelm Meister'

Kontra-Argumente

- kein klar ausgeprägtes, konkretes Ziel (Metzler)
- offenes, völlig unabgeschlossenes Ende: Held steht am Ende da, wo er schon zu Beginn stand (Karaschwili)
- theoretische Einsichten Hallers münden nicht in „verändernde Lebenspraxis" (Esselborn-Krumbiegel)
- inverser Entwicklungsroman: Desintegration des Individuums statt Einordnung in bürgerliche Gesellschaft

Für den bedeutenden Romantheoretiker Georg Lukács werden die Einflüsse des deutschen Bildungsromans dann sichtbar, wenn er „das Leben des problematischen Individuums" angesichts der für die Moderne charakteristischen „transzendentalen Obdachlosigkeit" beschreibt und eine „Gesinnung zur Totalität" aufweist. (Vgl. G. Lukács: Die Theorie des Romans. Berlin/Neuwied 1963, S. 76, 35, 53) In Goethes „Wilhelm Meister" realisiere sich diese Gesinnung, indem „die Versöhnung des problematischen, vom erlebten Ideal geführten Individuums mit der konkreten gesellschaftlichen Wirklichkeit" gelinge. (Ebd., S. 135) Er macht aber zugleich deutlich, dass diese bei Goethe noch mögliche Versöhnung oder Synthese im Zeitalter der literarischen Moderne kaum noch darstellbar ist. Wenn dennoch individuelle Bildungsgeschichten erzählt würden, fehle ihnen daher der Charakter des Exemplarischen.

Diese Romane, Hesses ‚Steppenwolf' darf hier getrost hinzugerechnet werden, zeigen für Lukács „den fatalen, belanglosen Charakter des bloß Privaten; es bleibt ein Aspekt, der umso unangenehmer die Totalität vermissen lässt, weil er in jedem Moment mit dem Anspruch, eine solche zu gestalten, auftritt. Der weitaus größte Teil der modernen Erziehungsromane ist dieser Gefahr rettungslos verfallen." (Ebd., S. 141) Insofern ist der Kritik Recht zu geben, die in den Romanen Hesses ein Beispiel für das von Lukács konstatierte Fehlen der „Totalität" und für das „Steckenbleiben in bloß partikularen Lösungen" sieht. (Vgl. Jacobs/Krause: Der deutsche Bildungsroman, a. a. O., S. 201) Dennoch führt Hesses „Tendenz zu verinnerlichten Selbstfindungsgeschichten" die Problemstellung des klassischen Bildungsromans fort. (Ebd., S. 203)

4.3 Der psychoanalytische Ansatz – Freud und C. G. Jung

Hesses Werk ist nachweislich von den Einsichten der Psychoanalyse beeinflusst. Der Schlag, den die Theorie Sigmund Freuds dem menschlichen Selbstwertgefühl durch seine Entdeckung zufügt, dass der Mensch keineswegs Herr seiner selbst sei, sondern vielmehr von seinem Unbewussten gelenkt werde, macht auch auf diesen Autor nachhaltigen Eindruck. Mindestens seit der Renaissance zielte alle kulturelle und gesellschaftliche Entwicklung darauf, „den Menschen als Individuum zu stärken, zu bereichern und zu sichern. Der Glaube an den Fortschritt von Kultur und Zivilisation beruhte wesentlich auf der Überzeugung, die Entfaltung der Individualität, die wachsende Selbstbestimmung und -beherrschung komme allen Menschen zugute." (Vgl. Horst Steinmetz: Moderne Literatur lesen. Eine Einführung. 2. Auflage, München 1997, S. 192) Freuds Gegenschlag besteht nun darin, aufzuzeigen, dass wir entgegen dieser Annahmen nur einen äußerst kleinen Teil unseres Ichs kontrollieren, der weitaus größere Teil menschlicher Identität liege im von uns nicht beherrschten Unbewussten, von Freud „ES" genannt, und manifestiere sich in den beiden Grundtrieben des „Eros" und „Thanatos". Wenn viele literarische Werke der Moderne sich wie Hesses ‚Steppenwolf' durch einen Hang zum Dunklen, zum Traum, zum Chaos, generell zum Irrationalen oder zur Angst auszeichnen, so kann man darin eine künstlerische Verarbeitung dieser Einsichten der Psychoanalyse sehen. Die literarischen „Helden" bei Kafka, Musil oder Joyce kämpfen verzweifelt um das Bewusstsein ihrer Identität in der illusionären Hoffnung, doch noch eine Totalität, eine Ganzheit des Ichs erzielen zu können. So ist es kein Zufall, dass der Leser des ‚Steppenwolfs' mit einem Protagonisten konfrontiert wird, der angesichts der Krise der Gesellschaft „aus der Sicherheit einer Mitte" gefallen und „dezentriert" ist. (Ebd., S. 196) Harry Haller verdeutlicht in seinem Kampf um neue, stabile Ich-Identität und in der Absage an die bisherige dualistisch-falsche Existenzform das von Freud initiierte Wechselspiel von Bewusstem und Unbewusstem. Gerade im Magischen Theater, insbesondere in der Sequenz „Alle Mädchen sind dein" (S. 252 – 260) wird deutlich, dass die Literatur der Moderne keine Hemmungen mehr davor hat, die vom Bewusstsein verdrängten sexuellen Triebe und Wunschvorstellungen unverfälscht auszudrücken.
Die psychoanalytisch ausgerichtete Literaturwissenschaft ist sich über die Einflüsse der modernen Psychologie auf die Dichtungen Hesses im Grundsätzlichen einig. Schließlich kann nachgewiesen werden, dass Hesse von 1916 an regelmäßig psychoanalytische Fachliteratur studiert hat und in Kontakt mit dem Luzerner Arzt Dr. Lang, einem prominenten Schüler C. G. Jungs, stand. Während der Niederschrift des ‚Steppenwolfs' befand sich Hesse in psychoanalytischer Behandlung. (Siehe Baustein 5) Vor diesem Hintergrund kann man angesichts der inneren Konflikte Harry Hallers Probleme als moderne Neurose diagnostizieren, als einen „Zustand des Uneinigseins mit sich selbst, verursacht durch den Gegensatz von Triebbedürfnissen und den Anforderungen der Kultur, von infantiler Unwilligkeit und dem Anpassungswillen, von kollektiven und individuellen Pflichten." (Vgl. Aniela Jaffe: C.G. Jung, Bild und Wort. Olten 1983, S. 233)

Auch wenn die Grenzen einer psychoanalytisch ausgerichteten Interpretation des Romans schnell erreicht sind und bei der konkreten Anwendung der Denkmodelle häufig deutliche Unterschiede auftreten, kann den Schülerinnen und Schülern an dieser Stelle der psychoanalytische Ansatz in seinen Grundzügen und in vereinfachter Form nähergebracht werden. Eine umfassende Einführung des psychoanalytischen Interpretationsansatzes kann nach Auffassung des Verfassers im Rahmen dieses Unterrichtsmodells nicht geleistet werden, eine mögliche Vertiefung insbesondere in die Psychologie C. G. Jungs, die für Hesse grundlegend ist, könnte aber beispielsweise über ein Schülerreferat geleistet werden.
Im Einstieg kann man auf das Bildmaterial des **Zusatzmaterials 4** (S. 127) zurückgreifen. Es kann der Lerngruppe in Form einer Folie präsentiert werden. Die Zeichnung zeigt in veranschaulichender Form die Grundgedanken der Psychoanalyse – die Freud'sche Bewusstseinsstruktur – auf, die mit den Schülerinnen und Schülern gemeinsam erarbeitet werden können. Ein solcher Bildeinstieg ermöglicht es der Lehrkraft zudem, zu eruieren, über wie viel Vorwissen die Lerngruppe verfügt.

- *Beschreiben Sie die Zeichnung. Was wird dargestellt?*
- *Welche Aspekte der Psychoanalyse Sigmund Freuds sind Ihnen bekannt?*
- *Warum kann man die Theorie Freuds als Bedrohung empfinden?*

An dieser Stelle ist die Aufmerksamkeit der Schülerinnen und Schüler v. a. auf die zwei Ebenen der Zeichnung zu lenken. Über der Wasseroberfläche befindet sich der den kleinsten Raum einnehmende Kopf einer Frau, deren lange Haare unter Wasser liegen. An den Haaren ziehen Symbole bzw. diverse Figuren, welche sich im Wasser befinden. Diese drohen die ängstlich wirkende Frau ganz unter die Wasseroberfläche zu ziehen. Ein genauerer Blick auf die einzelnen Figuren verdeutlicht v. a. die immense Gefahr für die Existenz des Individuums. Namentlich finden sich Märchen und Mythengestalten (Einhorn, Zwitterwesen), mittig symbolisch der Tod, am rechten Rand bedrohliche, skelettierte Raubfische.

- *Können Sie eine Verbindung zu Hesses Roman ‚Steppenwolf' herstellen?*

Diese letzte Impulsfrage lenkt den Blick auf Symbole und Figuren, die man direkt oder indirekt in Hesses Roman nachweisen kann. Hier könnten Aspekte der Gewalt – im Roman dargestellt in Form einer allgemeinen Sympathie Hallers für den Selbstmordgedanken (S. 62f.), v. a. aber der aus der Romantik entstammende Gedanke der Wiederverzauberung der Welt – angesprochen werden, indem die mythologischen (Märchen-)Figuren der Zeichnung thematisiert werden und in Bezug zur Schilderung des Maskenballs durch Haller gesetzt werden: „Alles war Märchen, war um eine Dimension reicher, um eine Bedeutung tiefer, war Spiel und Symbol." (S. 215)
Die Überlegungen der Schülerinnen und Schüler zur letzten Frage aufnehmend, schließt sich eine Erarbeitung des Theoriegebäudes Freuds durch die Lektüre eines Grundlagentextes (**Arbeitsblatt 19**, S. 93) an. Die vorgeschlagene Methode des **„Drei-Schritt-Interviews"** orientiert sich dabei am Prinzip des kooperativen Lernens und intendiert angesichts der Komplexität des für die heutige Schülergeneration durchaus schwer verständlichen Sachtextes eine bewusste Verlangsamung des Lernprozesses. Zugleich kann man meist ein deutlich höheres Maß an Schüleraktivität als im klassischen literarischen Unterrichtsgespräch zwischen Lehrer und Schüler konstatieren. (Vgl. Ludger Brüning/Tobias Saum: Erfolgreich unterrichten durch kooperatives Lernen. Strategien zur Schüleraktivierung. Mit einem Vorwort von Kathy und Norm Green. Essen 2006, S. 39)
Der Kurs teilt sich in möglichst gleich große Lerngruppen (vier oder sechs Schüler!) ein. Nun wird der Text (Arbeitsblatt 19) von den Schülerinnen und Schülern zu Beginn in **Einzelarbeit** gelesen und bearbeitet. (Wird dieser erste Auftrag als vorbereitende Hausaufgabe erteilt, spart man viel Zeit für das wichtige kooperative Lernen ein.)

- *Lesen Sie den Sachtext. Markieren Sie Ihnen zentral erscheinende Textstellen. Markieren Sie dabei Gemeinsamkeiten zwischen Freud und seinem Schüler Jung in der einen, Unterschiede in einer anderen Farbe. Notieren Sie am Rand für unverstandene oder unklare Textstellen ein Fragezeichen.*
- *Visualisieren Sie das Modell der drei psychischen Instanzen von Sigmund Freud in Form eines Schaubildes bzw. einer groben Skizze und beschriften Sie diese stichpunktartig. Um die Beziehungen zwischen den drei Instanzen zu verdeutlichen, können Sie beispielsweise ein Pfeildiagramm erstellen. Erweitern Sie Ihre Skizze um den von C. G. Jung eingebrachten Aspekt des „kollektiven Unbewussten" und ergänzen Sie Stichpunkte.*
- *Notieren Sie mindestens vier bis fünf Schlüssel-Fragen, die man Ihrer Meinung nach beantworten können muss, wenn man den Text verstanden haben will, ihn quasi „aufschließen" kann. Ist Ihnen noch etwas unklar, notieren Sie zu diesem Aspekt ebenfalls eine oder mehrere Fragen.*
- *Stellen Sie nun einem Partner aus Ihrer Gruppe diese Fragen und beantworten Sie dessen Fragen.*

Es schließt sich in einer ersten Austauschphase eine **Partnerarbeit** an. Jetzt beginnt das eigentliche, in drei Schritte zu gliedernde „Interview". Ein Schüler übernimmt die Rolle des Interviewers. Er befragt seinen Mitschüler/seine Mitschülerin mithilfe seiner Arbeitsfragen gezielt über dessen/deren Ergebnisse aus der Einzelarbeitsphase. In einem zweiten Schritt wechseln nun die Rollen, der gerade befragte Schüler stellt nun seine eigenen Fragen, die vom Partner beantwortet werden. (Lassen sich aus organisatorischen Gründen keine 4er- bzw. 6er-Gruppen bilden, interviewen in Gruppen mit drei Teilnehmern immer zwei Mitglieder das verbleibende Gruppenmitglied.) In einem dritten Schritt wird in Form einer kurzen **Gruppenarbeitsphase** das vorgestellt, was die Schülerinnen und Schüler bisher erarbeitet haben. Dabei können die vom Arbeitsauftrag 2 eingeforderten Visualisierungen (Pfeildiagramme) thematisiert beziehungsweise verglichen werden.

Falls notwendig können anschließend im Plenum die Ergebnisse gesichert werden:

„Das Ich kämpft an zwei Fronten" (S. Freud)[1]

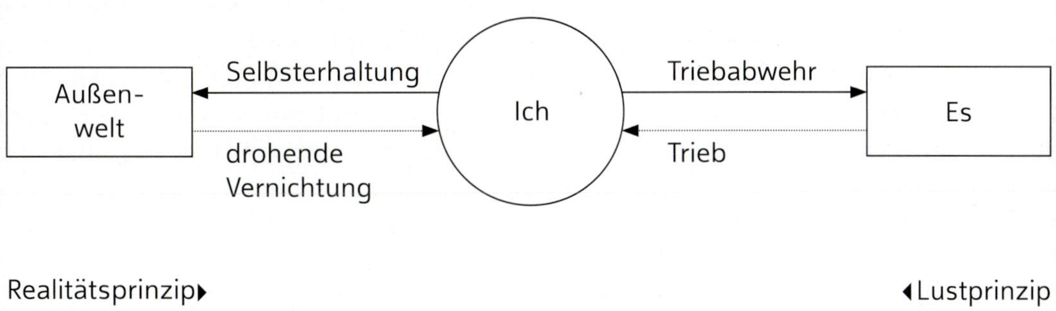

[1] (Vgl. Rainer Salzmann: Stundenblätter Psychoanalyse und Literatur: Exemplarische Analysen für die Sekundarstufe II, 4. Auflage, Stuttgart/Dresden 1994)

Etwas genauer:

S. Freud und C. G. Jung

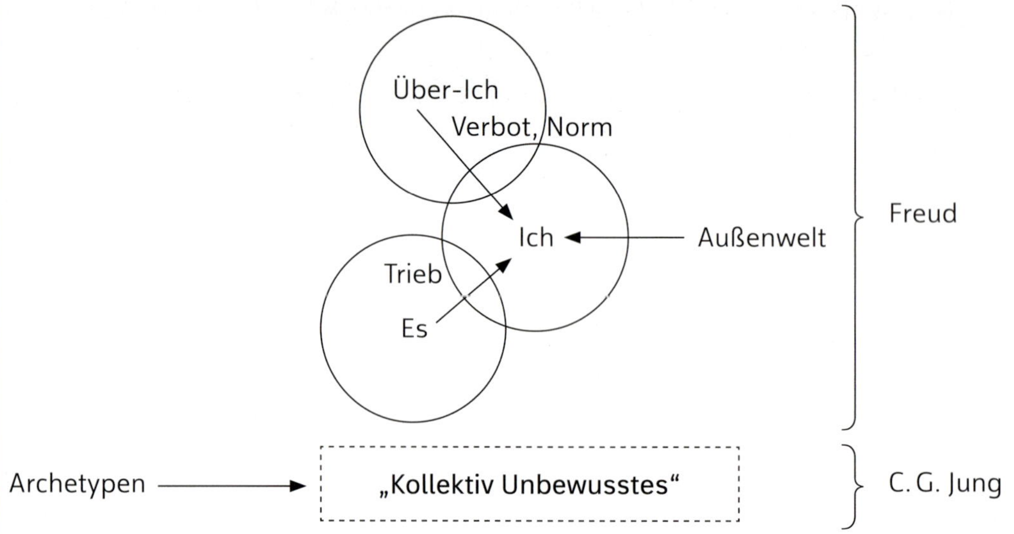

In einem letzten Schritt erfolgt der Transfer der psychoanalytischen Theorien Freuds und Jungs auf den ‚Steppenwolf‘. Dabei sollte erkannt werden, dass die Ursachen für die moderne Neurose Hallers in eben dem von Freud beschriebenen Grundkonflikt zwischen ES und ÜBER-ICH liegen, mit dem das Ich in diesem Fall nicht fertig wird, weil es sich mit den gesellschaftlichen Rahmenbedingungen des zeitgenössischen Bürgertums nicht einverstanden erklären kann. Die kulturell-gesellschaftlichen Anforderungen und sozialen Imperative, die eine Integration des Ichs in die Gesellschaft implizieren, stehen im Gegensatz zu den Triebbedürfnissen, die verdrängt werden müssen und Grund für das Gefühl sind, ein unvollständiges, um sein Potenzial beschnittenes Leben – im Roman veranschaulicht durch die die Verlogenheit des durchschnittlichen Bürgertums kritisierende Professoren-Episode – zu leben. Analog zur Theorie Freuds kann Hermine als Anima Hallers identifiziert werden, dem „weiblichen Seelenbild im Unbewussten des Mannes“. Pablo, am Ende eins mit dem Unsterblichen Mozart (S. 277/Z. 16 – 24), könnte dann als Verkörperung des bisher verdrängten, jetzt aber endlich durchscheinenden „kollektiven Unbewussten“ gedeutet werden. (Vgl. P. Huber: Der Steppenwolf. Psychische Kur im deutschen Maskenball, a. a. O., S. 97) Für Hesse ermöglichen das Erlebnis des Rausches und die Entgrenzung des Individuums in den Visionen des Magischen Theaters eine Heilung von der Krankheit des modernen Menschen, indem die Notwendigkeit, Neigungen zu Lust und Befriedigung zu unterdrücken, bestritten wird.

Da Träume für Freud der Königsweg zum Unbewussten sind, kann ein am konkreten Text orientierter Transfer über die Erarbeitung eines zentralen Traumes von Harry Haller angebahnt werden. Der Traum verdeutlicht Hesses Glauben an die Möglichkeit eines Ausgleiches des Gegensatzpaares von Individuation und Sozialisation über den Weg des Humors – ein Gedanke, der an Jean Pauls Konzeption der romantischen Ironie erinnert.

- *Lesen Sie den Goethe-Traum Harry Hallers (S. 122/Z. 12 – S. 128/Z. 23). Worum geht es in dem Streitgespräch zwischen Haller und Goethe? Deuten Sie den Traum psychoanalytisch.*
- *Wie lassen sich Maskenball und Magisches Theater psychoanalytisch deuten? (S. 211/Z. 11 – 14; S. 214/Z. 5 – 20;* ***S. 215/Z. 6 – 7****; S. 216/Z. 3 – 8; S. 216/Z. 26 – 217/Z. 8; S. 221/Z. 27 – 32;* ***S. 224/Z. 13 – 19*** *als mögliche Impulse)*

Verdrängte Inhalte des Unbewussten

- Botschaft Goethes: Weg ins Leben über Spaß und Tanz (S. 127) als notwendiger Ausgleich von Geist/Seele und Körper/Leib (Lachen lernen = Leben lernen)
  → Humor, Heiterkeit und Genuss als Fähigkeit, in der Welt zu bestehen
- statt Flucht vor Auseinandersetzung Konfrontation mit dem Verdrängten (Gewalt, Rausch, Eros, Vernichtung, Musik, Drogen im Magischen Theater)
- Synthese von männlichem und weiblichem Prinzip: „Unio oppositorum"

↓

„Einheit, in der alle Gegensätze der Psyche aufgehoben sind" (C. G. Jung)
oder: **„Wo ES war, soll ICH werden!"**

Ist eine Weiterarbeit erwünscht, kann an dieser Stelle vor allem im Leistungskurs auf das **Zusatzmaterial 5** (S. 128) zurückgegriffen werden. Dabei wird ein Gedanke des französischen Psychoanalytikers Jacques Lacan aufgenommen und zeichentheoretisch auf Hesses Roman bezogen. Hierfür ist es erforderlich, dass die Schülerinnen und Schüler Grundkenntnisse über die Zeichentheorie Ferdinand de Saussures besitzen. Ist dies nicht der Fall, kann der Bearbeitung ein Kurzvortrag der Lehrkraft vorgeschaltet werden.

Der Steppenwolf – psychoanalytisch gedeutet	**trifft zu**	**trifft nicht zu**
Harry Haller ist als Intellektueller geistig so weit entwickelt, dass er nie mehr wie ein Kind sein möchte, da dieses die Welt nicht richtig verstehen kann.		X
Harry Haller leidet unter der Trennung des Ich von der Welt der Erscheinungen als Folge von gesellschaftlicher Erziehung und Sozialisation.	X	
Nach Lacan sieht sich das Kind im Spiegel in einem harmonischen, von der Welt noch nicht entfremdeten Zustand. Zwischen dem Zeichen (das Spiegelbild) und dem Bezeichneten (das Kind) herrscht noch kein Unterschied. Diese Einheit soll auch Harry Haller wiedererlangen, deshalb schaut er so häufig in einen Spiegel oder bekommt ihn von Pablo und Maria offeriert.	X	
Indem die Dinge benannt werden, wir ihnen einen Namen geben, entfremden wir uns zugleich von ihnen selbst und bauen eine trennende Mauer auf. Diese Mauer soll im Magischen Theater niedergerissen werden, indem gültige Benennungen nicht mehr zählen und Grenzen im Rausch verwischt werden.	X	
Das Magische Theater entspricht der ‚imaginären Seinsphase' nach Lacan.	X	

Analyse ausgewählter Episoden des Magischen Theaters

Gruppenarbeit: **Namen**

A „Auf zum fröhlichen Jagen“ (S. 230 – 243): ______________________________

B „Anleitung zum Aufbau der Persönlichkeit“ (S. 244 – 248): ______________________________

C „Alle Mädchen sind dein“ (S. 252 – 260): ______________________________

1. *Lesen Sie in Ihrer Gruppe die Ihnen zugeteilte Episode des Magischen Theaters. Markieren Sie Ihnen zentral erscheinende Textstellen. Versehen Sie unverständliche Stellen mit einem Fragezeichen am Rand und klären Sie diese nach der Lektüre zu Beginn der Erarbeitungsphase.*
2. *Was soll Harry lernen? Notieren sie einen bis zwei Sätze, die als Kern der Episode gelten könnten.*
3. *In welchem Verhältnis steht das Gelernte zu seiner bisherigen, steppenwölfischen Existenzform? Notieren Sie stichpunktartig.*
4. *Bereiten Sie sich auf eine Präsentation Ihrer Gruppenarbeitsergebnisse vor. Geben Sie dabei einen kurzen inhaltlichen Abriss. Notieren Sie am Ende Ihrer Präsentation den inhaltlichen Kern Ihrer Sequenz (s. Aufg. 2) und ihre Bedeutung im entsprechenden Kasten des folgenden Schaubildes.*

Das „Magische Theater“

„Auf zum fröhlichen Jagen“ (S. 230 – 243)	„Anleitung zum Aufbau der Persönlichkeit“ (S. 244 – 248)	„Alle Mädchen sind dein“ (S. 252 – 260)

↓ ↓ ↓

Schlussfolgerung/Fazit:

5. ***Plenum:*** *Welche Bedeutung kommt dem Magischen Theater als Ganzem zu? Diskutieren Sie im Plenum und notieren Sie eine zusammenfassende Schlussfolgerung im unteren Teil des Schaubildes. Nehmen Sie abschließend Stellung zu ausgewählten Aussagen des Magischen Theaters und üben Sie begründet Kritik. Wie realistisch und konkret sind die hier offerierten Vorschläge, wie lassen sie sich realisieren?*

Scheitert Harry Haller oder gelingt seine Verwandlung?

Das Magische Theater mit seinen Visionen kann als Höhepunkt der Romans verstanden werden, auf den die gesamte vorherige Handlung – einer Novelle nicht unähnlich – zuläuft. Hier soll Haller die für einen erforderlichen inneren Veränderungsprozess nötigen Erfahrungen sammeln, um zu einem glücklichen Menschen zu werden, der keine Polaritäten mehr kennt und den Wahn der Persönlichkeitseinheit überwindet. Die Frage ist bloß, ob diese angestrebte Entwicklung tatsächlich gelingt oder aber ob Haller am Ende nicht doch als gescheitert angesehen werden muss.

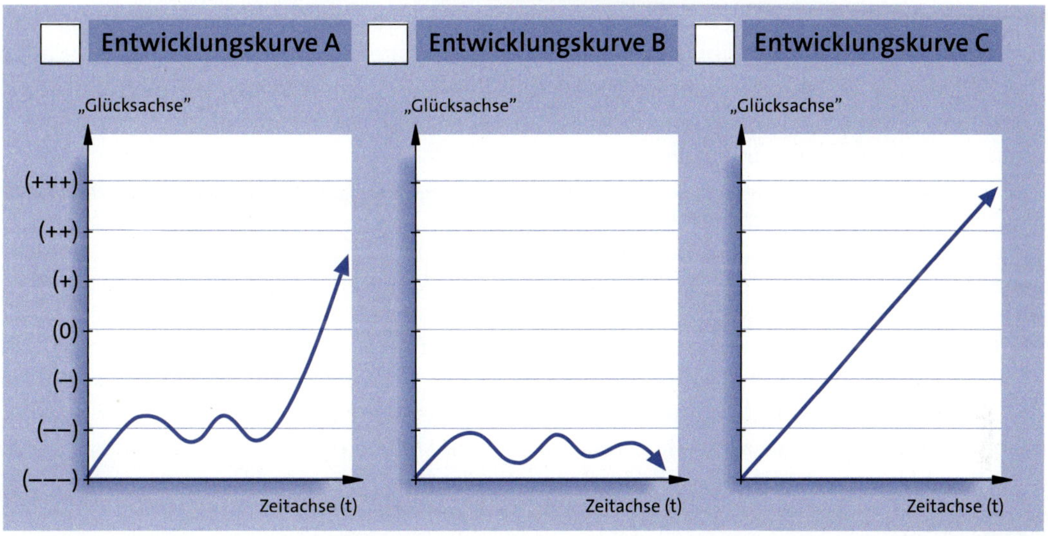

1. *Welche der hier aufgeführten Kurven entspricht dem im Roman geschilderten Entwicklungsprozess Ihrer Meinung nach am ehesten? Kreuzen Sie die zutreffende Kurve an.*

2. *Verstehen Sie Ihre spontane Antwort auf Frage 1 als Hypothese, die es nun mithilfe von begründenden Textstellen zu verifizieren gilt. Werten Sie hierfür die unten ausgeführten Textstellen in Partnerarbeit aus. Notieren Sie aber auch abweichende, Ihrer Hypothese widersprechende Textstellen in der unteren Tabelle. Natürlich können Sie auch weitere, hier nicht aufgeführte Textstellen aus dem Roman heranziehen.*

Textstellen:
- S. 260/Z. 12 – S. 266/Z. 4
- S. 266/Z. 5 – S. 268/Z. 14
- S. 270/Z. 4 – S. 274/Z. 31 (darin v. a. S. 273 f.)
- S. 277/Z. 3 – 18
- **S. 277/Z. 25 – S. 278/Z. 27**

Indizien, die für ein Scheitern Harry Hallers sprechen	Textstelle (S.../Z...)	Indizien, die für eine positive Entwicklung Hallers sprechen	Textstelle (S.../Z...)

3. *Gewichten Sie die exzerpierten Argumente, die für oder gegen ein Scheitern Hallers sprechen, und überprüfen Sie abschließend Ihre eingangs getroffene Hypothese. Stellen Sie Ihr Untersuchungsergebnis mithilfe ausgewählter Textstellen im Plenum vor.*

(Anti-)Bildungsroman? Positionen der Forschung

Bildungsroman, Bez. für einen in der Weimarer Klassik entstandenen spezif. dt. Romantypus, in welchem die innere Entwicklung (Bildung) eines Menschen von einer sich selbst noch unbewussten Jugend zu einer allseits gereiften Persönlichkeit bejaht und erfüllt wird. Dieser Bildungsgang, gesehen als gesetzmäßiger Prozess, als Entelechie, führt über Erlebnisse der Freundschaft und Liebe, über Krisen und Kämpfe mit den Realitäten der Welt zur Entfaltung der natürl. geist. Anlagen, zur Überwindung eines jugendlichen Subjektivismus, zur Klarheit des Bewusstseins. Jede Erfahrungsstufe ist zwar eigenwertig, zugleich aber Grundlage für höhere Stufen und erscheint sinnvoll zur Erringung des stets klar ausgeprägten Zieles, der Reifung und Vollendung, der harmon. Übereinstimmung von Ich, Gott und Welt. Diese Grundkonzeption des B.s bedingt einen zwei- bis dreiphasigen Aufbau (Jugendjahre – Wanderjahre – Läuterung, bzw. Bewusstwerden des Erreichten, Anerkennung und Einordnung in die Welt). Wendepunkte sind oft durch Erinnerungen, Retrospektiven gekennzeichnet, oft auch durch immer harmonischer, ruhiger werdenden Sprachgestus, bes. bei den B. in Ich-Form. […]

In: Günther Schweikle/Irmgard Schweikle (Hrsg.): Metzler Lexikon Literatur. Stichwörter zur Weltliteratur. 2. Auflage, S. 55

[…] Der Roman klingt aus, aber endet nicht. Vielmehr bleibt er völlig unabgeschlossen und offen. Man klappt das Buch mit dem Gefühl zu, dass sich da eigentlich nichts zugetragen hat, dass der Held zum Schluss der Erzählung an derselben Stelle bleibt, wo man ihm am Anfang begegnet ist, dass ihm noch bevorsteht, alles von vorn anzufangen. Und solch eine Offenheit und Unabgeschlossenheit des Endes ist nahezu für die gesamte Epik Hesses kennzeichnend.

Aus: Reso Karalaschwili: Hermann Hesses Romanwelt. Köln: Böhlau 1986, S. 105

Ich kann und mag natürlich den Lesern nicht vorschreiben, wie sie meine Erzählung zu verstehen haben. Möge jeder aus ihr machen, was ihm entspricht und dienlich ist! Aber es wäre mir doch lieb, wenn viele von ihnen merken würden, daß die Geschichte des Steppenwolfes zwar eine Krankheit und Krisis darstellt, aber nicht eine, die zum Tode führt, nicht einen Untergang, sondern das Gegenteil: eine Heilung.

Aus: Hermann Hesse: Nachwort zum Steppenwolf. Erstdruck in der Lizenzausgabe der Büchergilde Gutenberg, 1942

Hesses Roman ist […] der bis ins frühe 20. Jahrhundert hinein wirksamen Tradition des deutschen Bildungs- und Entwicklungsromans verpflichtet. Erzählt wird die Lebensgeschichte, hier verdichtet in der Darstellung einer Umbruchsituation, *einer* zentralen Figur. In der einsträngig zielgerichteten Handlungsführung, der Ausrichtung aller Nebenfiguren auf die Mittelpunktsfigur sowie […] in der den Helden in den Blick fassenden Erzählperspektive begegnen uns Grundstrukturen des Entwicklungsromans. So stellt sich auch wie im traditionellen Entwicklungsroman der Konflikt des Individuums mit seiner Umwelt letztlich als Suche nach Integration und Synthese dar.

Aus: Helga Esselborn-Krumbiegel: Hermann Hesse: Der Steppenwolf. München: Oldenbourg 1986, S. 96, 64 f. (Auszüge)

In Hallers Lernprozess erscheinen Offenheit für Kritik und Veränderung und die Bereitschaft, falsche Sicherheiten aufzugeben und sich selber grundlegend in Frage zu stellen, als richtungsweisende Lebensmaximen. Allerdings gelingt es Harry trotz dieser Offenheit nicht, seine Einsichten in verändernde Lebenspraxis umzusetzen und seine Zerrissenheit zu überwinden.

Ebd., S. 64 f.

Merkmale des Entwicklungsromans lassen sich auch im ‚Steppenwolf' finden, etwa Hallers Versuch der Harmonisierung seiner Personalität. So wie die Turmgesellschaft [in Goethes berühmtem Entwicklungsroman, T.S.] im Geheimen Wilhelm Meisters Lebensweg überwacht und ihm den Lehrbrief zukommen lässt, so sind die Akteure des Magischen Theaters [Bauchladenverkäufer, Pablo] über Hallers Leben orientiert und spielen ihm den Tractat in die Hände. In beiden Romanen kommt dem Theater als Instrument der Persönlichkeitsentfaltung eine […] Rolle zu. Glaubt der junge Wilhelm Meister in ihm eine dem Adel vergleichbare Erziehung zur Öffentlichkeit zu erhalten, so scheint das Magische Theater Haller als ein Königsweg zur Sozialisation seines […] Daseins. Freilich gibt es auch Unterschiede: […] Wilhelm Meister entwickelt sich zum Bürger, Harry Haller entfremdet sich dem Bürgertum. Insofern lässt sich der Steppenwolf als ein inverser Entwicklungsroman bezeichnen […].

Peter Huber: Der Steppenwolf. Psychische Kur im deutschen Maskenball (Auszüge). In: Interpretationen Hermann Hesse. Stuttgart: Reclam 2003, S. 80 f., 76 – 79

Timotheus Schwake: Grundlagen der Psychoanalyse (Freud und C. G. Jung)

Zentrales Element der Theorie Freuds ist sein Strukturmodell der psychischen Persönlichkeit. Vereinfacht dargestellt geht Freud von drei wesentlichen Instanzen aus, welche die Persönlichkeit prägen. Es handelt sich dabei um Triebe (ES), die bewusste Persönlichkeit (ICH) sowie das Gewissen (ÜBER-ICH).

Das nach dem Lustprinzip funktionierende ES versteht Freud als angeboren, es ist das früheste psychische System. Vereinfacht gesagt ist es das menschliche Unbewusste, welches bei Freud v. a. aus Sexualtrieb sowie aus verdrängten Erlebnissen, Wahrnehmungen und Wünschen besteht. Insbesondere die triebhaften Wünsche werden aufgrund ihres anstößigen Charakters oder der von ihnen ausgehenden Bedrohung verdrängt. Neben dem Sexualtrieb (Eros) wird das ES von Todes- und Gewalttrieben (Thanatos) beherrscht. Wesentlich ist, dass das ES als Sitz des Trieblebens der unbewusste Teil der Seele ist.

Die vom unbewussten ES geäußerten Triebwünsche können in einer Kultur nicht realisiert werden, sondern müssen unterdrückt bzw. verdrängt werden. Dieser Prozess wird durch das sog. ÜBER-ICH hervorgerufen, welches im Laufe der kindlichen Entwicklung als ein Gegenpart zum ES entsteht. Gesellschaftliche, anerzogene und verinnerlichte (meist elterliche) Normen und Forderungen führen zu einer Zensur der Triebwünsche durch das ÜBER-ICH. Als das Gewissen des Menschen spricht es Verbote, moralische Gesetze und Tabus aus, ohne die eine Kultur niemals dauerhaft existieren könnte, zu zerstörerisch wären die unzensierten Einflüsse des ES.

Mit der Kategorie des ICH meint Freud die bewusste Persönlichkeit, den Führer durch die Wirklichkeit. Als Kontaktstelle zur Außenwelt, die nach dem Realitätsprinzip funktioniert, ist es seine Aufgabe, zwischen ES, ÜBER-ICH und der Außenwelt zu vermitteln. Dabei befindet es sich dauerhaft im Konflikt mit den Ansprüchen des ES, den Befehlen des ÜBER-ICHs als auch mit den Forderungen der Realität. Infolgedessen muss sich das ICH verändern bzw. anpassen. Anders als es das Menschenbild der Aufklärung suggeriert, ist für Freud die Autonomie des ICH relativ, es gibt kaum eine Willensfreiheit. Denn indem es versucht, die triebhaften Wünsche des ES und die Ge- und Verbote des ÜBER-ICHs an die Außenwelt anzupassen und mit den tatsächlichen Lebensmöglichkeiten in Einklang zu bringen, ist es selbst stetig der Gefahr eines neurotischen Konflikts ausgesetzt. Ob man eine normale oder aber eine neurotisch-gestörte Persönlichkeit ausbildet, ist für Freud von der Art und Weise abhängig, wie erfolgreich das ICH diesen Kampf oder Balanceakt meistert.

Freud führt viele psychische Störungen auf eine sexualitätsfeindliche Erziehung in der frühen Kindheit zurück. Aufgrund der Macht des ÜBER-ICHs drücken sich diese Störungen häufig in Träumen aus. Tagsüber bei vollem Bewusstsein kann das ÜBER-ICH seine Kontrolle gut erfüllen. In der Nacht jedoch versuchen die triebhaften, aufgestauten Wünsche des ES ins Bewusstsein zu dringen. Dies geschieht über den Traum. Durch ihn erfüllen sich die bisher negierten Triebwünsche, allerdings findet sogar hier noch eine Zensur statt. Durch Symbole, Verschiebung und Entstellung achtet der Traum als „Hüter des Schlafes" darauf, dass der Schläfer nicht zu sehr erschreckt wird. Eine Heilung des neurotischen Menschen kann für Freud nur durch die Bewusstmachung der verdrängten Wünsche erzielt werden. Zugleich muss es durch kulturelle Ersatzleistungen möglich sein, die destruktiven Wünsche in produktives Gestalten umzuwandeln. Für Freud kann das z. B. die Kunst sein.

Wie beschrieben ist für den Vater der Psychoanalyse, Sigmund Freud, das ES der Ort der verdrängten Inhalte und Triebe. Für den wohl prominentesten Schüler Freuds, C. G. Jung, reicht dieses Verständnis des Unbewussten nicht aus, weshalb er es weiterentwickelte. Indem er eigene Träume analysierte, gewannen zwei Beobachtungen für ihn Bedeutung. So fand er in seinen Träumen Bilder wieder, die er nachweislich nicht auf persönliche, individuelle Erlebnisse zurückführen konnte und für die es mit dem Modell Freuds demnach keine Erklärung gab. Wenn das Individuum also von Dingen träumte, die außerhalb seiner eigenen, eingegrenzten Erfahrungswelt lagen, so musste es dafür Gründe und Wirkungsmechanismen außerhalb seiner eigenen Biografie geben. Zum anderen bemerkte Jung, dass in diesen von ihm identifizierten Träumen Motive auftauchten, die ihre Anfänge und Grundlagen in bekannten Märchen und mythologischen Erzählungen der Menschheit haben und die in vielen Kulturkreisen bekannt sind und tradiert werden. Er zog daher den logischen Schluss, dass die Quelle dieser Gestaltungen, die er „Archetypen" (= Urbilder) nannte, im Unbewussten selbst liegen müsse. Ähnlich wie die Tierwelt durch ihre angeborenen Instinkte und Triebe gelenkt werde, zeigten diese Archetypen ihre Wirkung im menschlichen Zusammenleben.

Auf diese Weise gelangte C. G. Jung zu der für sein Gedankengebäude zentralen Unterscheidung zwischen einem *persönlichen Unbewussten*, das dem ES bei Freud entspricht, und dem sogenannten *kollektiven* Unbewussten, welches keine Entsprechung bei Freud hat und also über diesen hinausgeht, indem es das persönliche Unbewusste quasi in die Tiefe ausweitet. Zentral ist der Gedanke, dass sich in diesem kollektiven Unbewussten eine Verbindung mit der gesamten, tradierten Menschheitsgeschichte manifestiert. Bei der Analyse eines Traumes muss sich der Traumdeuter also mit der Frage beschäftigen, ob die Traumbilder persönlich-biografische Ursachen haben oder aber eher einen überpersönlichen, archaischen Ursprung.

Bei der Ausdifferenzierung seiner Theorie beschäftigte sich C. G. Jung daher v. a. mit der Identifizierung dieser Archetypen oder Urbilder. Ihre symbolhafte Gestalt gewinnen sie für Jung vor allem durch ihre Bipolarität. Dunkelheit und Licht seien nur zwei Seiten derselben Medaille, Gleiches gelte für die Archetypen der Männlichkeit und Weiblichkeit, die im kollektiven Unbewussten noch zusammen stünden, in einer höheren Schicht des Unbewussten aber bereits auseinanderträten. Beispielsweise nennt er die Anima als weibliches Seelenbild im Unbewussten des Mannes, das aufgrund gesellschaftlicher Zwänge häufig zugunsten ihres männlichen Gegenprinzips verdrängt werde und damit ursächlich für individuelle und überindividuelle Neurosen sei.

Originalbeitrag

1. *Lesen Sie den Sachtext. Markieren Sie Ihnen zentral erscheinende Textstellen. Markieren Sie dabei Gemeinsamkeiten zwischen Freud und seinem Schüler Jung in der einen, Unterschiede in einer anderen Farbe. Notieren Sie am Rand von unverstandenen oder unklaren Textstellen ein Fragezeichen.*

2. *a) Visualisieren Sie das Modell der drei psychischen Instanzen von Sigmund Freud in Form eines Schaubildes bzw. einer groben Skizze und beschriften Sie diese stichpunktartig. Um die Beziehungen zwischen den drei Instanzen zu verdeutlichen, können Sie beispielsweise ein Pfeildiagramm erstellen.*

b) Erweitern Sie Ihre Skizze um den von C. G. Jung eingebrachten Aspekt des „kollektiven Unbewussten“ und ergänzen Sie Stichpunkte.

3. *Notieren Sie mindestens vier bis fünf Schlüssel-Fragen, die man Ihrer Meinung nach beantworten können muss, wenn man den Text verstanden haben will, ihn quasi „aufschließen“ kann. Ist Ihnen noch etwas unklar, notieren Sie zu diesem Aspekt ebenfalls eine oder mehrere Fragen.*

4. *Stellen Sie nun einem Partner aus Ihrer Gruppe diese Fragen und beantworten Sie dessen Fragen.*

Baustein 5

Autor und Epoche – Zum Verhältnis von Leben und Werk

Es gibt wohl kaum einen Autor, bei dem Existenz und künstlerisches Schaffen so intensiv miteinander verwoben sind wie bei Hermann Hesse. Diese Verbindung wird beispielhaft deutlich an der Entstehungsgeschichte des Romans ‚Steppenwolf', die von der literaturwissenschaftlichen Forschung weitgehend nachvollzogen wurde. So schreibt Hesse in einem Brief an Georg Reinhart: „Da ich mich wahrscheinlich doch bald auf die Flucht ins Jenseits begeben werde – das Leben ist mir in letzter Zeit doch allzu lästig geworden – sende ich Ihnen, dem alten Freunde und wohlwollenden Betrachter meiner Taten und Schicksale, vorher noch meinen kurzgefaßten Lebenslauf zur gefälligen Bedienung. Ob das sehr phantastische Buch vom Steppenwolf, das ich plane, noch geschrieben werden wird, weiß ich nicht, es ist die Geschichte eines Menschen, welcher komischerweise darunter leidet, daß er zur Hälfte ein Mensch, zur andern Hälfte ein Wolf ist."[1] Wie die Hesse-Forschung nachweisen konnte, schrieb Hesse seinen im Jahre 1927 veröffentlichten Roman, der bis heute als sein größter literarische Erfolg angesehen werden kann, in einer schweren seelischen Krise.
Ähnliche Selbstzeugnisse Hesses wie der eingangs zitierte Brief an Georg Reinhart finden sich im Nachlass des Autors zuhauf, der sich Mitte der 20er-Jahre als „beinah jeden Tag vor dem Problem des Selbstmordes stehend"[2] empfand. Dennoch kann man mit Hesse selbst davon ausgehen, dass gerade diese seelischen Probleme bei dem sensiblen Künstler Voraussetzung seiner künstlerischen Produktivität waren: „Wenn mein Leben nicht ein gefährliches, leidvolles Experiment wäre, wenn ich nicht ständig am Abgrund entlangliefe und das Nichts unter mir fühlte, hätte mein Leben seinen Sinn nicht, und ich hätte dann alle meine Dichtungen, auch die scheinbar angenehmen und freundlichen, nicht machen können."[3] Die Gründe hierfür liegen nicht zuletzt in der Kindheit Hesses, der schon als kleiner Junge derart ausgeprägte Konflikte mit seinem Vater ausfocht, dass dieser überlegte, die Erziehung in die Hände Fremder zu legen. In dem engen pietistischen Elternhaus herrschte ein strenges Regiment; Tugend und Frömmigkeit, elterlicher Gehorsam und christliche Demut ließen dem sensiblen Jungen kaum Raum zu individueller Entfaltung.
Bei aller gebotenen Vorsicht vor der oftmals grob vereinfachenden Gleichsetzung von Autor und zentraler literarischer Figur kann man wohl in diesem Fall in Harry Haller die „Pathographie des modernen Intellektuellen" (Vgl. Peter Huber: Der Steppenwolf. Psychische Kur im deutschen Maskenball, a. a. O., S. 76) sehen, der in Hesse selbst sein reales Vorbild hatte. Literarisch gestaltet wird der bei Hesse bereits in den frühen 20er-Jahren virulente Konflikt zwischen dem Drang des einsamen Intellektuellen nach Reflexion und Selbstbeobachtung auf der einen, nach einem im Augenblick erfüllten Leben auf der anderen Seite. Die Gründe für diese innere Zerrissenheit liegen im privaten Scheitern: Sein Familienleben zerbricht 1918, weitere Schicksalsschläge wie z. B. die Scheidung von seiner psychisch kranken Ehefrau Maria sowie seiner zweiten Frau Ruth Wenger folgen und verstärken den Eindruck eines Gescheiterten, der zudem politisch Hohn und Spott erfährt. Dazu kommt, dass es dem Schriftsteller in Folge der rasanten Inflation in Deutschland materiell immer schlechter geht,

1 Zitiert nach Volker Michels: Materialien zu Hermann Hesses ‚Steppenwolf', a. a. O., S. 49
2 Ebd., S. 57
3 Ebd.

was auch damit zusammenhängt, dass ein für Hesse lukrativer Vertrag über eine große Anthologie mit dem Titel ‚Das klassische Jahrhundert deutschen Geistes 1750 – 1850' vom Verlag einseitig aufgelöst wird. Es sind diese biografischen Hintergründe, die Hesse zu einer Äußerung wie der Folgenden bringen und die Nähe zu Harry Haller deutlich werden lassen: „Ich bin seit wohl einem Jahr in der schlimmsten Krise meines Lebens und hoffe auch heute noch, sie werde nicht vorübergehen, sondern mir den Hals brechen, denn ich bin des Lebens satt zum Erbrechen." (Zitiert nach Volker Michels: Materialien, a. a. O., S. 74)

5.1 Zur Verbindung von Existenz und Dichtung: Ist Hermann Hesse Harry Haller?

Es ist dieser Widerspruch zwischen tiefer Sehnsucht nach einem erfüllten Leben einerseits und einer radikalen Lebensferne des gesellschaftlich isolierten Künstlers andererseits, den die Schülerinnen und Schüler bei der Beschäftigung mit dem Leben Hesses als beispielhaftes Motiv für die Literatur der Jahrhundertwende, von Thomas Mann vielfach ausgestaltet, erfahren können. Dabei kann sich die Beschäftigung mit den biografischen Zusammenhängen auch insofern lohnen, als die Schülerinnen und Schüler einen (ersten) Eindruck in die (expressionistischen) Tendenzen der Epoche, insbesondere aber in den nicht immer widerspruchsfreien Kulturpessimismus des Dichters gewinnen. In der Auseinandersetzung mit ausgewählten biografischen Aspekten wird auch die intellektuelle Krise seiner Zeit deutlich, die im Leiden des Steppenwolfs ihren Ausdruck findet. Auch wenn der gängigste Interpretationsansatz im Literaturunterricht zu Recht der werkimmanente ist, kann der Zugriff auf die Biografie Hesses an dieser Stelle fruchtbare Einblicke bieten, zumal das zur Verfügung gestellte Material von den Schülerinnen und Schülern in relativ kurzer Zeit erarbeitet werden kann. Zudem steht eine Erweiterung des Methodenspektrums im Rahmen wissenschaftspropädeutischen Arbeitens in den meisten Lehrplänen der Bundesländer.

Um eine möglichst aktive und eigenständige Auseinandersetzung mit dem Lernstoff anzuregen, wird an dieser Stelle eine methodische Öffnung des Unterrichts mithilfe der Gruppenpuzzlemethode, auch bekannt als **„Jigsaw"-Methode** vorgeschlagen. Hierbei arbeiten die Schülerinnen und Schüler zuerst in Experten-, später in Puzzlegruppen. Da die Schüler sich die Ergebnisse ihrer Arbeit am Ende der Methode gegenseitig präsentieren sollen, sollten in der Regel nicht mehr als fünf Teilgebiete vorgegeben werden. Die Gruppengröße sollte nach Möglichkeit fünf Schülerinnen und Schüler nicht überschreiten. Bei überzähligen Personen kann man einzelne Expertenpositionen auch doppelt besetzen. (Vgl. Anne A. Huber: Kooperatives Lernen – kein Problem. Effektive Methoden der Partner- und Gruppenarbeit. Leipzig 2004, S. 49) Der gemeinsame **Einstieg** kann über eine Collage (**Zusatzmaterial 8**, S. 131) erfolgen. Diese wird der Lerngruppe auf Folie vorgestellt. (Bei Verzicht auf den Folieneinstieg kann eine erste Orientierung auch nur mit dem Zitat Diltheys hergestellt werden.)

- *Betrachten Sie die Fotos. Schildern Sie Ihre spontanen Eindrücke.*
- *Welche Ihrer Eindrücke finden Sie im Roman ‚Der Steppenwolf' als Motiv wieder?*
- *„Was der Mensch ist, sagt ihm nur seine Geschichte." Nehmen Sie zu der Aussage des Philosophen Wilhelm Dilthey Stellung und spekulieren Sie, welchen Zusammenhang es zwischen dem Leben des Dichters und seinem Romanhelden geben könnte.*

Nach diesem Impuls zum Einstieg und einem anschließenden, kurzen Informationsblock, in welchem die Lehrkraft über die Inhalte der (Doppel-)Stunde orientiert und so die notwendige Transparenz schafft, erfolgt die Einteilung der Schülerinnen und Schüler in (möglichst gleichgroße) Gruppen. Nun erhalten diese das **Arbeitsblatt 20 a – e** (S. 102 ff.). In dieser ersten Aneignungsphase erarbeiten sich die Schülerinnen und Schüler ihren Teil des Lernstoffs durch Lektüre und gemeinsame Bearbeitung der Zielfragen, die im Rahmen der Kleingruppe diskutiert werden sollten. Da die Arbeitsaufträge nicht zentral besprochen werden, kann es in dieser Phase notwendig sein, dass die Lehrkraft die Lerngruppen aufsucht und sich vergewissert, ob die Vorgehensweise verstanden wurde. Die für alle Gruppen zentrale Aufgabenstellung, eine Wandzeitung zum Teilthema zu erstellen, fördert die kooperative Zusammenarbeit mit gemeinsamen Zielen und garantiert ein hohes Maß an themenzentrierter Kommunikation, zumal die Schülerinnen und Schüler von Beginn an wissen, dass jede/r Einzelne von ihnen die Ergebnisse dieser Erarbeitungsphase den Mitschülern in Form eines Kurzreferates präsentieren muss. Ungeübten Lerngruppen kann das **Zusatzmaterial 6** (S. 129) zur Verfügung gestellt werden. Dieses informiert über zentrale Merkmale gelungener funktionaler Wandzeitungen. Für die Vermittlungsphase bietet sich die sogenannte **„Gallery Tour“** (Galeriegang) an. Bei dieser Form der Präsentation erhalten die Schülerinnen und Schüler Gelegenheit, ihr erstelltes Produkt im Schonraum einer kleinen Gruppe von Mitschülern vorzustellen. Der Galeriegang bietet sich in dieser Phase der Unterrichtseinheit zu Hesses Roman auch deshalb an, weil kein präzises Wissen vermittelt werden muss, sondern den einzelnen Lerngruppen die Möglichkeit einer Auswahl gelassen werden kann. Vor Beginn werden die Wandzeitungen aus der ersten Phase gleichmäßig im Raum an der Wand befestigt, alternativ können sie auch auf Gruppentischen ausgelegt werden. Dafür werden die Gruppen nach dem folgenden Gruppenmixverfahren neu zusammengestellt:

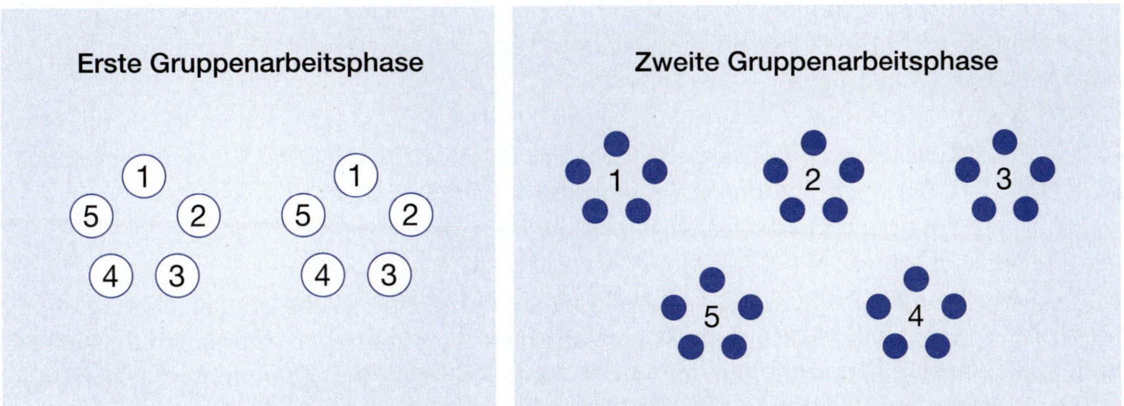

Dies kann auf die Art geschehen, dass in den Stammgruppen abgezählt wird und danach die Einser, Zweier, Dreier, Vierer und Fünfer jeweils neue Gruppen bilden. Auf ein (akustisches) Zeichen der Lehrkraft geht nun jede neu zusammengesetzte Gruppe von Wandzeitung zu Wandzeitung. Jede Wandzeitung ist für vier Schülerinnen und Schüler der Gruppe neu, ein einzelner Schüler kann als Experte bezeichnet werden, da nur er/sie an der Erstellung der Wandzeitung beteiligt war. Diesem kommt nun die Aufgabe zu, die bearbeitete Aufgabe vorzustellen und die Ergebnisse mithilfe der Wandzeitung anschaulich zu referieren. Nach Möglichkeit sollte am Ende des Kurzreferats ein wenig Zeit für mögliche Nachfragen gelassen werden. Am Ende jedes Kurzreferates sollte jeder Schüler/jede Schülerin die zentralen Inhalte stichpunktartig notieren. Diese Maßnahme erscheint notwendig, um die erforderliche Konzentration bei allen Schülerinnen und Schülern aufrechtzuerhalten. Sie kann funktional legitimiert werden, indem die Lerngruppe darauf hingewiesen wird, dass die Ergebnisse in einem Kurzbeitrag für die Schülerzeitung der Schule festgehalten werden sollen. Zudem können die Zusammenfassungen der Lehrkraft darüber Auskunft geben, welche Inhalte gut verstanden wurden beziehungsweise welche Defizite in der folgenden Stunde noch aufgearbeitet werden sollten:

- *Verfassen Sie einen kurzen Beitrag für Ihre Schülerzeitung und stellen Sie den Roman ‚Der Steppenwolf' vor. Gehen Sie darin genau auf ausgewählte Verbindungen zwischen dem Roman und dem Leben des Dichters Hermann Hesse ein.*

Auf ein (akustisches) Signal der Lehrkraft wechseln die Gruppen ihre Position und gehen im Uhrzeigersinn zur nächsten Wandzeitung, wo das „Spiel" von vorne beginnt, bis die Runde komplett gedreht wurde. Es hat sich bei ungeübten Lerngruppen als hilfreich erwiesen, etwa eine Minute vor Beendigung der Referate dieses anzukündigen, damit die Referenten sich besser darauf einstellen und ihren Vortrag sinnvoll abschließen können.

In einem fakultativen Unterrichtsgespräch im Plenum kann die Gefahr einer psychologisch-biografisch eingeengten Deutung des Textes in den Blick genommen werden:

- *Ist Harry Haller ein Alter Ego Hermann Hesses?*
- *„Der Handelnde ist immer gewissenlos". (Goethe) Warum geschieht auf oberflächlicher Handlungsebene im ‚Steppenwolf' recht wenig? Aus welchem Grund verlagert Hesse die „Handlung" ins Innere seiner Figuren?*

Der ‚Steppenwolf' ist an äußerer Spannung denkbar arm. Darin liegt aber keine Einfallsarmut Hesses verborgen, sondern pure Absicht: „Ich habe vor spannenden Handlungen den größten Abscheu, namentlich in meinen Büchern, in denen ich sie denn auch nach Möglichkeit vermieden habe." (Zitiert nach Esselborn-Krumbiegel: Der Steppenwolf, a. a. O., S. 32) Spannung sorgt für Hesse nur dafür, dass dem Leser die notwendige Reflektion und Analysebereitschaft verloren geht.

- *Hesse sieht die einzige Aufgabe des Dichters darin, „Diener, Ritter und Anwalt der Seele" zu sein, der zu Einsamkeit und Leiden verurteilt ist. Inwiefern kann man diesen Gedanken als Ausdruck und Folge seiner eigenen Biografie begreifen?*

In der Forschungsliteratur zu Hesse wird insbesondere seine streng pietistische Erziehung im schwäbischen Elternhaus betont. Diese habe den Hang Hesses zu Introspektion und Seelenkunde verboten und hätte dem jungen sensiblen Künstler ein lebenslanges Trauma eingebracht, das er in seinen Werken thematisiere und so künstlerisch verarbeite.

- *Welche Gefahren sehen Sie im biografischen Interpretationsansatz?*
- *Welche Nachteile hat die biografische Methode z. B. im Vergleich zu einer werk-immanent ausgerichteten Interpretation, welche die Lebensumstände des Dichters vernachlässigt?*
- *Gibt es autonome Dichtung? Inwiefern wird die Dichtung immer von außerästhetischen Gegebenheiten (Biografie, Gesellschaft, Geschichte) beeinflusst?*

Der rein biografische Ansatz erscheint vielen Schülerinnen und Schülern äußerst verlockend. Er verführt jedoch nicht selten zu interpretatorischen Schnellschüssen und vernachlässigt die Autonomie des Kunstwerks, das nur für sich selbst spricht.

5.2 Merkmale der Epoche: Eine Lernspirale zur expressionistischen Zeitkritik

Als Hesse seinen wohl bekanntesten, frühexistenzialistischen Roman verfasste, litt er unter der technisch-rationalisierten Welt und der Zivilisation, die er als eine Gefährdung für den Geist und die seelische Gesundheit der Menschen ansah. Als Ursache für seine individuelle Neurose wird die „Krankheit seiner Zeit" genannt, die sich als Folge der modernen Zivilisation, der mit dieser einhergehenden Technisierung und Automatisierung der Lebenswelt einstellt und ein erfülltes, glückliches Leben in authentischen Zusammenhängen unmöglich macht. Vor allem vor dem Hintergrund der Kriegserfahrungen im Ersten Weltkrieg 1914–1918 reagieren die Schriftsteller des Expressionismus mit einer radikalen, kulturpessimistischen Abwendung vom an Technik und Wissenschaft gekoppelten Fortschrittsoptimismus. Maschinen, Massenkultur und Kapitalismus machen, so die Wahrnehmung, das Leben der Menschen nicht leichter und angenehmer, sie vernichten es vielmehr. Die mit der Technisierung einhergehende Beschleunigung des Lebens, literarisch eindrucksvoll in der Großstadtlyrik der Epoche verarbeitet, wird nun als Grund für die Entwurzelung des Menschen gedeutet. Zahlreiche Dichter des Expressionismus werden daher zum Sprachrohr einer kritischen Bewegung, die an der gegenwärtigen, orientierungslosen Gesellschaftsformation aufgrund ihrer Verlogenheit, falschen Rationalität und Bedrohlichkeit für das Individuum kein gutes Haar lässt. Auch Hermann Hesse kann man mit Abstrichen dieser expressionistischen, nach neuen Ausdrucksformen suchenden Bewegung zurechnen. Die Melancholie seines Helden Harry Haller, der sich vor dem Bürgertum ekelt und gleichermaßen von diesem angezogen wird, ist Ausdrucksform der Einsicht in die Ausweglosigkeit und Trostlosigkeit des modernen Menschen, die deutliche Einflüsse von Spenglers berühmten ‚Untergang des Abendlandes' zeigt. Hallers Leben ist geprägt von „innere(r) Leere und Verzweiflung" in einer „von Aktiengesellschaften ausgesogenen Erde" (S. 34). Als Folge fühlt der Held eine „wilde Begierde nach Sensationen, eine Wut auf dieses abgetönte, flache, normierte und sterilisierte Leben". (S. 35) Die „Sehnsucht nach einer neuen Sinngebung für das sinnlos gewordene Menschenleben" (S. 37) nimmt überhand, sucht nach neuem Ausdruck, nach Expression.

Doch in einer entseelten Welt scheint die Suche nach einer neuen Heimat wenig erfolgversprechend, und so ist es kein Wunder, dass Haller mit Beginn der Romanhandlung kurz vor dem Selbstmord steht und diesen nur deshalb nicht vollzieht, weil in Hermine die Personifikation einer „guten Seele" auftritt, die den Homo melancholicus aus seiner rein negativ-zerstörerischen Kritik herausholt und ihm etwas Neues und dezidiert Positives entgegensetzt: „Es ist aber nichts damit getan, daß man Krieg, Technik, Geldrausch, Nationalismus etc. als minderwertig ankreidet. Man muß an Stelle der Zeitgötzen einen Glauben setzen können. Das habe ich stets getan, im ‚Steppenwolf' sind es Mozart und die Unsterblichen und das Magische Theater [...]." (Vgl. Hermann Hesse: Briefe. Erweiterte Ausgabe. Frankfurt am Main: Suhrkamp 1964, S. 53f.) Statt eines Sich-Einrichtens in einer mediokren Wirklichkeit visiert Hesse eine Lösung an, die sich in einer über den Dingen stehenden, gelassenen Haltung im Zustand des Lachens und Humors manifestiert. Das „Gleichnis allen Lebens" (S. 272) verkündet der unsterbliche Mozart am Ende der Romanhandlung: „Wenn Sie dem Radio zuhören, so hören und sehen Sie den Urkampf zwischen Idee und Erscheinung [...] gerade so, mein Lieber, wie das Radio die herrlichste Musik der Welt zehn Minuten lang wahllos in die unmöglichsten Räume wirft, in bürgerliche Salons und in Dachkammern, zwischen schwatzende, fressende, gähnende, schlafende Abonnenten hinein, so, wie er diese Musik ihrer sinnlichen Schönheit beraubt, sie verdirbt, verkratzt und verschleimt und dennoch ihren Geist nicht ganz umbringen kann – gerade so schmeißt das Leben [...] mit dem herrlichen Bilderspiel der Welt um sich, läßt auf Händel einen Vortrag über die Technik der Bilanzverschleierung in mittleren industriellen Betrieben folgen [...]. Das ganze Leben ist so, mein Kleiner, und wir müssen es so sein lassen, und wenn wir keine Esel sind, lachen wir dazu." (S. 273)

Vorgeschlagen wird ein Vorgehen, das sich am **Lernspiralen-Konzept** Heinz Klipperts orientiert. Es bietet die Chance für eine weitgehend selbstständige Auseinandersetzung der Schülerinnen und Schüler mit ausgewählten Aspekten der Epoche, die sich im ‚Steppenwolf' spiegeln. (Vgl. Heinz Klippert: Methodenlernen in der Grundschule. Bausteine für den Unterricht. Weinheim/Basel/Berlin, 2. Auflage 2004, S. 61) Das beschriebene Unterrichtsvorhaben umfasst eine Doppelstunde. Neben den zentralen inhaltlichen Lernzielen werden die Schülerinnen und Schüler zudem in puncto Arbeitstechniken, Kommunikations- und Teampflege systematisch gefördert. (Ebd.) Durch den gemeinsamen Bildeinstieg und ein abschließendes Gespräch am Ende der Sequenz bleibt jedoch ein gewisses Maß an Lehrerlenkung im Sinne einer Rahmensteuerung bestehen.

Zum **Einstieg** wird der Lerngruppe das Bild „Stützen der Gesellschaft" von Georg Grosz auf Folie präsentiert. (**Zusatzmaterial 7**, S. 130) Das berühmte, im Karikaturen-Stil gezeichnete Bild des von den Nationalsozialisten verfolgten Künstlers steht beispielhaft für eine rigorose Kritik an der Gesellschaft seiner Zeit. Im Unterrichtsgespräch können einzelne Aspekte herausgearbeitet werden, eine systematische Bildanalyse ist an dieser Stelle nicht funktional.

- *Beschreiben Sie das berühmte Bild des Künstlers Georg Grosz'. Was wird dargestellt?*
- *Wofür könnten einzelne Figuren auf dem Bild stehen? Welche Funktion haben sie?*
- *Wie ist der Titel „Stützen der Gesellschaft" angesichts der Aussage des Bildes zu verstehen?*

So könnte der Mann mit Monokel als Mitglied des gehobenen Mittelstandes, Offizier und Militarist gekennzeichnet werden, der Journalist als angepasst und rückgratlos, der Parlamentarier als feister, die reaktionären Kreise vertretender Wohlstandsbürger „mit Kot im Gehirn". Kleidung und Gestik des Pfarrers im linken Bildhintergrund verweisen auf Kirche oder Justiz und deren Tatenlosigkeit. Die aus dem Bild herausmarschierende Gruppe, das Militär, steht für die Reichswehr, der Blut am Säbel klebt und die sich mit der ersten deutschen Demokratie, der Weimarer Republik, nicht identifizieren kann. Zusammenfassend sollte festgehalten werden, dass Grosz in einer bewusst übertriebenen, karikierenden Art der Figurendarstellung sämtliche hier simultan präsentierten Stützen der innerlich kranken Gesellschaft einer radikalen Kritik unterzieht, sie als degeneriert, verlogen und seelenlos darstellt. Kunst hat im Sinne Grosz' die Aufgabe, den Blick des Menschen auf die tatsächlichen Herrschaftsverhältnisse und das soziale Geschehen zu lenken. Krankheit und Verlogenheit der Gesellschaft müssen zuerst erkannt werden, bevor man sich an deren Überwindung machen kann.

Nun erfolgt der Transfer auf Hesses Roman, z. B. mithilfe der Impulse im unteren Teil des **Zusatzmaterials 7** (S. 130):

- *Stellen Sie eine Verbindung zu Hesses Roman ‚Der Steppenwolf' her.*
- *Hesses Protagonist Harry Haller empfindet in einer „von Aktiengesellschaften ausgesogenen Erde die Menschenwelt und sogenannte Kultur in ihrem verlogenen und gemeinen blechernen Jahrmarktsglanz" wie „ein Brechmittel". (S. 34) Hermine kann Hallers „Abscheu vor der Politik", seine „Trauer über das Geschwätz und verantwortungslose Getue der Parteien, der Presse", seine „Verzweiflung über den Krieg", über die „Art, wie man heute denkt, liest, baut, Musik macht, Feste feiert, Bildung betreibt" gut verstehen. (S. 194)*
  Wo finden sich hier Parallelen zu der Gesellschaftskritik Grosz'?

Die eigentliche Lernspirale ist nun inhaltlich motiviert, das methodische Vorgehen sollte gerade in mit dem Konzept unerfahrenen Lerngruppen zentral besprochen werden. Dies kann mithilfe des **Arbeitsblattes 22** (S. 114) geschehen, alternativ kann der Ablauf auch an der Tafel grob skizziert werden. Die vorgeschlagene Lernspirale orientiert sich an Grundformen des kooperativen Lernens. Ausgehend von einer Einzelarbeitsphase, in der sich der einzelne Schüler mit einer (Teil-)Aufgabe befasst und auf diese Weise zum Experten wird, schließen sich unterschiedliche Formen der Verarbeitung und Vermittlung an, deren Funktion im Wesentlichen darin besteht, bei den Lernenden einen „aktiv-konstruktivistischen Prozess" in Gang zu setzen, der zwar einerseits sicher mehr Zeit als herkömmlicher (Frontal-) Unterricht in Anspruch nimmt, andererseits aber garantiert, dass der Schüler seine traditionelle Rolle als passiver Rezipient von Wissen verlassen muss. Langfristig, das zeigen zahlreiche Veröffentlichungen der empirischen Unterrichtsforschung, lohnt sich der „Umweg" über kooperative Lernwege, weil die Nachhaltigkeit des Wissens aufgrund der aktiven Aneignungsphase wahrscheinlicher wird. (Vgl. Anne A. Huber: Kooperatives Lernen – Kein Problem, a.a.O., S. 16ff.)
Als Ergebnissicherung kann die Lehrkraft auf ausgewählte und sachlich richtige Mindmaps, die in Aufgabe 6 (Arbeitsblatt 22) vorgestellt wurden, zurückgreifen und die Schülerinnen und Schüler bitten, die ausgesuchte Folienvorlage in ihr Heft zu übertragen und so zu sichern. Eine Aktualisierung der Kulturkritik kann über die Fernseh- und Medienschelte Thomas Tumas' erfolgen. (**Zusatzmaterial 10**, S. 133)

- *Analysieren Sie den Sachtext von Thomas Tuma, indem Sie zentrale Kritikpunkte des Autors herausarbeiten.*
- *Inwiefern kann man die Thesen Tumas als Kulturkritik begreifen?*

Tumas Text ist eine ätzende Kritik an den aktuellen Inhalten des deutschen Privatfernsehens. Tuma hat für populäre TV-Sendungen wie das RTL-Dschungelcamp oder „Deutschland sucht den Superstar" nur beißenden Spott übrig. Zudem legt er die Funktionsmechanismen dieser Sendungen offen, die deren Erfolg bei den „Massen des IQ-Prekariats" (Z. 65) garantierten. Dem zentralen Leitmedium Fernsehen stellt der Autor dabei ein vernichtendes Urteil aus, als kultureller Maßstab scheint es seine Legitimität längst verloren zu haben.

- *Vergleichen Sie die Kulturkritik Tumas mit der Hesses, insbesondere mit dessen Kritik am Radio und an der Amerikanisierung seiner Lebenswelt.*

Ähnlich wie Hesse spart Tuma gegenüber den meist aus dem anglo-amerikanischen Raum stammenden TV-Sendungen nicht mit Kritik und beißender Ironie. An der Niveaulosigkeit der Inhalte besteht für ihn kein Zweifel. Anders als Hesse jedoch geht Tuma auf die konkreten Protagonisten ein, seine Kritik ist weitaus weniger pauschal, sondern detailliert. Sie geht auf die Motive für das Handeln der bemitleidenswerten Fernsehstars ein und analysiert kritisch die hinter den Peinlichkeiten stehenden (ökonomischen) Verwertungsinteressen. Tumas Kritik ist sowohl analytischer als auch warmherziger als die pauschale Kulturverachtung Hesses.

- *Schreiben Sie einen kritischen Leserbrief an die Redaktion des SPIEGELS und antworten Sie auf Tumas Thesen, indem Sie positive Aspekte des Fernsehens der Gegenwart herausstellen.*

Die Textanalyse könnte als Hausaufgabe aufgegeben und Tumas Thesen auf ihre Stichhaltigkeit überprüft werden, beispielsweise in einer kleinen arrangierten Debatte zu der Fragestellung „Zerfällt unsere Kultur"?

Hermann Hesse – Leben und Werk (I)

Peter Huber: Psychische Kur im deutschen Maskenball

„O wenn ich jetzt nicht dramas schriebe ich ging' zugrund", klagte einst der jugendlich-empfindsame Goethe und dokumentierte damit die enge Verbindung von Existenz und Dichtung. 150 Jahre später bekannte Hermann Hesse als noch nicht Fünfzigjähriger einem Freund: „Da ich mich wahrscheinlich doch bald auf die Flucht ins Jenseits begeben werde – das Leben ist mir in letzter Zeit doch allzu lästig geworden – sende ich Ihnen, dem alten Freunde und wohlwollenden Betrachter meiner Taten und Schicksale, vorher noch meinen kurzgefaßten Lebenslauf zur gefälligen Bedienung. Ob das sehr phantastische Buch vom Steppenwolf, das ich plane, noch geschrieben werden wird, weiß ich nicht." Das Buch ‚Der Steppenwolf' wurde geschrieben und erstmals 1927 veröffentlicht, und es ist nicht abwegig zu behaupten, dass seine Niederschrift dessen Autor davon abhielt, den Weg zu gehen, den er in intimen Briefen und Gedichten jener Zeit immer wieder andeutete. Schon Goethe hatte in der literarischen Produktion die kurative Wirkung auf die Psyche der gefährdeten Dichterexistenz erkannt, und so überrascht es kaum, dem Weimarer Klassiker in Hesses Pathographie des modernen Intellektuellen, wie man den ‚Steppenwolf' auch lesen kann, als eine der unsterblichen Vorbildfiguren Harry Hallers wiederzubegegnen. Mag die schonungslose Selbstoffenbarung ihres Autors – die Namensähnlichkeit mit der Titelgestalt ist nicht zu verkennen – die Erzählung als subjektivistische Bekenntnisliteratur ausweisen und damit je nach Gesinnung und Zeitgeist Leser anziehen oder abstoßen, so dominiert doch ein Gestaltungswille, der diesem Werk den Kunstanspruch sichert und der die Literaturwissenschaft stets von Neuem herausfordert. Die ‚Steppenwolf'-Thematik klingt erstmals deutlich im Jahr 1923 an.

Den tiefsten Ursprung meiner ganzen Lebenskrankheit kenne ich nur allzugut, er liegt darin, daß in den Jugendjahren, fürs Leben bestimmt, all meine Anlagen, Wünsche und all meine Selbsterziehung sich rein auf das Seelisch-Dichterische gerichtet hat, und daß ich mit der Zeit immer klarer erkennen mußte, daß ich damit in unsrer Zeit ein hoffnungsloser Outsider sei.

Bis zum Erscheinungsjahr 1927 wurde Hesse von einer Reihe schwerer Schicksalsschläge getroffen. Der Scheidung von seiner psychisch erkrankten ersten Frau Maria folgten weitere Familientragödien, die Hesse selbst an den Rand der Verzweiflung brachten. Seine zweite, 1924 geschlossene Ehe mit Ruth Wenger wurde 1927 geschieden. Die ungewisse familiäre Situation spiegelt sich in ständig wechselnden Mietwohnverhältnissen in Montagnola, Basel und Zürich wider. Mit der Inflation in Deutschland hatte Hesse den Großteil seiner Einkünfte verloren; ein Vertrag über eine zwölfbändige Anthologie ‚Das klassische Jahrhundert des deutschen Geistes 1750–1850', der seine materielle Existenz vorübergehend zu sichern versprach, wurde einseitig vom Verlag gelöst und damit eine siebenmonatige Vorarbeit zunichte gemacht. Gicht, Ischias- und Augenleiden summierten sich in dieser Zeit oft bis zur Arbeitsunfähigkeit. Dies sind die biografischen Hintergründe, wie sie im Roman unverhüllt zutage treten. So entspricht die Situation Harry Hallers etwa der seines Schöpfers während seiner Arbeit an der Klassiker-Anthologie in der Basler Universitätsbibliothek. Die zu diesem Zweck angemietete Mansardenwohnung in Basel ist unschwer im Roman als Schauplatz der psychischen Qualen einer sinnentleerten Gelehrtenexistenz wiederzuerkennen.

Noch weit subjektiv-eindringlicher als im Prosa-‚Steppenwolf' hat Hesse „das Problem des alternden Mannes", die Thematik „von einer jener Etappen des Lebens, wo der Geist seiner selbst müde wird, sich selbst entthront und der Natur, dem Chaos, dem Animalischen das Feld räumt", in einer Reihe von Gedichten verarbeitet, die ursprünglich zusammen mit der Erzählung erscheinen sollten, schließlich aber unter dem Titel ‚Krisis. Ein Stück Tagebuch' 1928 gesondert veröffentlicht wurden. Tagebuchdiktion, Intimität des Gegenstandes und Intention, nämlich die rigorose Selbstenthüllung und Autoanalyse, reihen die ‚Steppenwolf'-Texte in die literarische Tradition der Bekenntnisliteratur, die, ausgehend von den religiös motivierten ‚Confessiones' des Augustinus neben Rousseaus subjektiv-verzerrten ‚Les confessions' die Seelenbiografien des deutschen Pietismus [...] hervorbrachten. Hesse, selbst streng pietistisch erzogen, war diesen Werken spätestens bei den Vorarbeiten zum gescheiterten Klassik-Projekt wiederbegegnet. Auf den ‚Steppenwolf' weisen die ‚Confessions of an English Opium Eater' von 1821/22 voraus, dessen Autor Thomas de Quincey zur Linderung rheumatischer Beschwerden, ähnlich wie Harry Haller, zu Drogen griff. Baudelaires Evokationen von „Ausnahmezuständen des Geistes und der Sinne" mittels Opium, Haschisch und Wein im Prosawerk ‚Les Paradis artificiels' von 1860 gehören ebenfalls in die Reihe der Seelen- und Bewusstseinsliteratur, wenngleich hier der Gedanke der ‚confessio' nicht im Vordergrund steht.

Hesse hat über die Prioritäten seiner Schriftstellerei der 20er-Jahre keinen Zweifel gelassen. „Was mich selber betrifft", schrieb er an Heinrich Wiegand, [...] „ich habe schon seit Jahren den ästhetischen Ehrgeiz aufgegeben und schreibe keine Dichtung, sondern eben Bekenntnis, so wie ein Ertrinkender oder Vergifteter sich nicht mit seiner Frisur beschäftigt oder mit der Modulation seiner Stimme, sondern eben hinaus schreit." Trotzdem ist das Bekenntnis auch – und vor allem – Literatur.

Aus: Peter Huber: Der Steppenwolf. Psychische Kur im deutschen Maskenball. In: Interpretationen. Hermann Hesse. Stuttgart: Reclam 2003, S. 76 – 79

Die Parteien haben nach der Hochzeit nur einige Wochen in einem hiesigen Hof gewohnt [...]. Auch später seien die Parteien nie zu einer gemeinsamen Wohnung gekommen [...]. Der Beklagte [...] habe eine Neigung zum Einsiedlerleben, könne sich nicht nach anderen Menschen richten, hasse Gesellschaftlichkeit und Reisen. Der Beklagte habe diese Eigenschaften in seinen Büchern selbst eingehend geschildert [...], er nenne sich in diesen Schriften einen Eremiten und Sonderling, Schlaflosen und Psychopathen. Die Klägerin dagegen sei jung und lebensfroh, liebe geselligen Verkehr und ein herzliches Familienleben. (Aus dem Scheidungsurteil Hesses. Zivilgericht des Kantons Basel-Stadt, 26. April 1927)

Aus: Volker Michels (Hrg.): Hermann Hesse. Sein Leben in Bildern und Texten. Frankfurt am Main: Suhrkamp 1979, S. 222 (Auszüge)

1. *Lesen Sie die Sachtextauszüge. Markieren Sie Ihnen zentral erscheinende Textstellen. Klären Sie anschließend in Ihrer Gruppe mögliche Probleme.*
2. *Versuchen Sie im mündlichen Gespräch in Ihrer Gruppe folgende Fragen zu klären:*
   - *Hesse ist sich unschlüssig darüber, ob er den Roman noch fertigstellen wird. Welche Folgen könnte das Abfassen des Romans für den psychisch instabilen Künstler gehabt haben? Was sagt dazu der Text von Peter Huber?*
   - *Klären Sie den Begriff der „subjektivistischen Bekenntnisliteratur".*
   - *Hesse wurde streng pietistisch erzogen. Was versteht man unter Pietismus? Welchen Einfluss könnte diese Form von kindlicher Erziehung auf ihn gemacht haben? Stellen Sie Bezüge zum Roman her.*
   - *Welche Charaktereigenschaften Hesses, die in das Scheidungsurteil des Basler Zivilgerichts eingegangen sind, finden Sie im Roman ‚Der Steppenwolf' wieder?*
3. *Erstellen Sie in Ihrer Gruppe eine anschauliche Wandzeitung zum Thema der Sachtextauszüge. Gehen Sie darin auf wesentliche Stationen im Leben Hesses ein und stellen Sie mögliche Antworten auf die Frage dar, ob Harry Haller ein Alter Ego Hermann Hesses ist.*
4. *Präsentieren Sie Ihre Gruppenarbeitsergebnisse in einem Kurzreferat.*

Hermann Hesse – Leben und Werk (II)

Hermann Hesse: ‚Krisis' (Kultur- und Zivilisationskritik)

Den Winter 1925/26 verbringt Hermann Hesse in Zürich. In dieser Zeit entstehen „etwa 40 oder mehr Gedichte, daneben Stücke eines Prosa-Buchs", wie Hesse am 14.10.1926 Heinrich Wiegand mitteilt. In diesen Gedichten stellt Hesse die Krise des „Mannes von fünfzig Jahren" in klarer Form und schonungslos gegenüber sich selbst dar. Zum Ausdruck bringt er „seine Verachtung bürgerlicher Moral und Normalität, seine alkoholischen Exzesse und nächtlichen Eskapaden in Nachtklubs und auf Maskenbällen. Die meisten dieser Gedichte werden in den Zyklus ‚Krisis' aufgenommen, dessen Manuskript Hesse im Juni 1926 an seinen Verleger Samuel Fischer schickt." In den Gedichten sind zahlreiche Motive und Szenen des Romans ‚Der Steppenwolf' vorgeprägt. (Vgl. Friedrich Voit: Hermann Hesse: Der Steppenwolf. Erläuterungen und Dokumente. Stuttgart 2005, S. 59f.)

Hermann Hesse: Mißglückter Abend

Sie hatten mich zu Abend eingeladen,
Aber mit mir war heute nichts los,
Kater und Kopfweh waren groß,
Und immer diese Schmerzen in den Waden,
Sie können nichts Gutes bedeuten.
Und dann hingen bei diesen Leuten
Solche dummen Bilder an der Wand,
Ein Goethe und mancher andre Kunstgegenstand,
Schließlich spielte auch noch jemand Klavier
Mit kräftiger, doch ahnungsloser Hand,
Und kurz, ich hielt es plötzlich nicht mehr aus
In dem leider so achtbaren Haus.
Ich sagte der Hausfrau irgendeine Schnödigkeit,
Unartig bin ich gleich nach Tische weggelaufen,
Sie sagten, es täte ihnen leid,
Aber man sah schon, es war gelogen.
Traurig bin ich davongezogen,
Um irgendwo ein kleines Mädchen zu kaufen,
Das nicht Klavier spielt und sich nicht für Kunst interessiert.
Doch fand ich keines und begann wieder zu saufen,
Obwohl ich eben erst damit renommiert,
Ich würde es mir gründlich abgewöhnen.
Sagt, seid ihr alle so scheußlich allein,
Oder muß nur ich auf der schönen
Welt so einsam und wütend und traurig sein?
Ihr Menschen, warum ladet ihr einander ein?
Warum hängt ihr solchen Kram an eure Wände?
Warum macht ihr diesem Hundeleben,
Das doch niemand Freude machen kann,
Nicht ein rasches Ende,
Sondern spielet Klavier und sprecht über Thomas Mann?
Ich kann es nicht verstehen,
So viel Cognac ist nicht gesund,
Man kommt dabei auf den Hund.
Aber ist es nicht edler, unterzugehen?

Zit. nach: Volker Michels (Hrg.): Materialien zu Hesses „Der Steppenwolf". Frankfurt am Main: Suhrkamp 1974, S. 165

Hermann Hesse: Die Maschinenschlacht

Auf der Straße und in allen Fabriken
Hinter den neidischen trostlosen Mauern
Schnurren dumm und tückisch die vielen Maschinen,
Singen das Fabrikantenlied vom Geldverdienen.
Es wird nicht lange dauern,
Dann werden die Autos noch böser aus ihren Grellaugen blicken,
Noch lauter und wüster aus ihren Hupen brüllen,
Die Luft noch dichter mit Haß erfüllen,
Und dann geht es los, dann endlich beginnt der Kampf!

Wütend greifen uns an die Maschinen,
Drücken uns brüllend an die zementenen Wände,
Rennen uns um, überfahren uns Köpfe und Hände,
Sind stark wie der Teufel, doch wehe ihnen!
Sie bestehen ganz und gar aus Verstand,
Das macht dumm und flach, es fehlt diesem Vieh
Ganz an Torheit und Liebe, an Traum, Musik und Phantasie!
Gleich ihren Schöpfern und Herren kommen sie
Viel zu happig und schnell und witzlos dahergerannt,
Und das wird ihr Verderben.

Bald haben wir Menschen die Oberhand,
Und die ganze verfluchte Mechanik muß sterben.
Maschinen, Rechenschieber und Fabrikanten,
Wir schlagen sie alle in Fetzen und Scherben,
In ihren eigenen Rädern krepieren die klugen Erfinder,
Werden zertrampelt vom sterbenden Elefanten.

Singend bleiben übrig wir Menschenkinder,
Pflanzen Bäume über den öden Ruinen,
Tanzen noch lang auf dem Grab der dummen Maschinen.

Aus: Hermann Hesse: Die Gedichte. Herausgegeben von Volker Michels. Band 2. 1892–1962. Frankfurt am Main: Suhrkamp 1977, S. 503

1. *Lesen Sie beide Gedichte und erschließen Sie sich im Gruppengespräch deren Aussage.*
2. *Erarbeiten Sie zentrale Motive und markieren Sie diese im Text. Inwiefern geben die Gedichte Auskunft über den damaligen psychischen Zustand Hesses im Vorfeld seiner Arbeit am ‚Steppenwolf'? Welche Aspekte kommen Ihnen bekannt vor?*
3. *Vergleichen Sie zentrale Motive beider Gedichte mit ausgewählten Aspekten aus dem Roman. Prüfen Sie, ob und wie sich konkrete Lebenserfahrungen Hesses, die in den beiden ‚Krisis'-Gedichten deutlich werden, auf Themenfelder, inhaltliche Entfaltung und Darstellungsweise des Romans ‚Der Steppenwolf' ausgewirkt haben.*
4. *Schneiden Sie beide Gedichte aus und kleben Sie diese auf ein großes Plakat. Gestalten Sie nun in Ihrer Gruppe eine Wandzeitung, auf der Sie die Ergebnisse Ihrer Gruppenarbeit visualisieren.*
5. *Präsentieren Sie Ihre Gruppenarbeitsergebnisse in einem Kurzreferat.*

Hermann Hesse – Leben und Werk (III)

Hermann Hesse: ‚Krisis' (Das Steppenwolf-Motiv)

Den Winter 1925/26 verbringt Hermann Hesse in Zürich. In dieser Zeit entstehen „etwa 40 oder mehr Gedichte, daneben Stücke eines Prosa-Buchs", wie Hesse am 14.10.1926 Heinrich Wiegand mitteilt. In diesen Gedichten stellt Hesse die Krise des „Mannes von fünfzig Jahren" in klarer Form und schonungslos gegenüber sich selbst dar. Zum Ausdruck bringt er „seine Verachtung bürgerlicher Moral und Normalität, seine alkoholischen Exzesse und nächtlichen Eskapaden in Nachtklubs und auf Maskenbällen. Die meisten dieser Gedichte werden in den Zyklus ‚Krisis' aufgenommen, dessen Manuskript Hesse im Juni 1926 an seinen Verleger Samuel Fischer schickt." In den Gedichten sind zahlreiche Motive und Szenen des Romans ‚Der Steppenwolf' vorgeprägt. (Vgl. Friedrich Voit: Hermann Hesse: Der Steppenwolf. Erläuterungen und Dokumente. Stuttgart 2005, S. 59 f.)

Hermann Hesse: Der Wüstling

Rosig blüht die Blume der Lust,
Rosig lächelt die Knospe auf deiner Brust,
Schaudert bebend unter meiner Zunge.
Einst war ich kleiner Junge,
Lernte Griechisch und ging zur Konfirmation,
Eines frommen Vaters vielversprechender Sohn.
Aber was ich damals versprochen,
Daraus ist nicht viel geworden,
Ich bin heraus aus eurem Garten gebrochen,
Schweife flackernd umher in der Wildnis,
Noch verfolgt und gequält von jenem Jugendbildnis,
Das ich mich mühe zu tilgen und langsam zu morden.
Vielleicht morde ich's, Mädchen, in deiner Seele,
Vielleicht, noch eh diese Stunde der Lust verglüht,
Drück ich die Hände um deine zuckende Kehle.
O wie dunkel das Lächeln auf deinen Lippen blüht!
Küß mich! Beiß mich! Und eine Stunde später
Ist vielleicht schon alles vorbei und vollendet,
Ist das Bildnis erloschen, das lästige Blatt gewendet,
Blut blüht im Bett, und die Polizei sucht den Täter.

Es blüht die Blume an deiner Brust!
Menschen wie mich zu lieben, ist nicht gut.
Ach, daß du mich hast lieben gemußt,
Zahlen wir, kleine Herzeleide,
Zahlen wir alle beide
Mit unserem Blut.

Zitiert nach: Volker Michels (Hrsg.): Materialien zu Hermann Hesses ‚Der Steppenwolf'. Frankfurt am Main: Suhrkamp 1974, S. 187

Hermann Hesse: Der Dichter

Nachts kann ich oft nicht schlafen,
Das Leben tut weh,
Da spiel ich dichtend mit den Worten,
Den schlimmen und den braven,
Den fetten und den verdorrten,
Schwimme hinaus in ihre still spiegelnde See.
Ferne Inseln mit Palmen erheben sich blau,
Am Strande weht duftender Wind,
Am Strande spielt mit farbigen Muscheln ein Kind,
Badet im grünen Kristall eine schneeweiße Frau.
Wie übers Meer die wehenden Farbenschauer
Über meine Seele die Versträume wehn,
Triefen von Wollust, starren in Todestrauer,
Tanzen, rennen, bleiben verloren stehn,
Kleiden sich in der Worte viel zu bescheidenes Kleid,
Wechseln unendlich Klang, Gestalt und Gesicht,
Scheinen uralt und sind doch so voll Vergänglichkeit.
Die meisten verstehen das nicht,
Halten die Träume für Wahnsinn und mich für verloren,
Sehn mich an, Kaufleute, Redakteure und Professoren –
Andre aber, Kinder und manche Frauen,
Wissen alles und lieben mich wie ich sie,
Weil auch sie das Chaos der Bilderwelt schauen,
Weil auch ihnen die Göttin den Schleier lieh.

Zit. nach: Volker Michels (Hg.): Materialien zu Hesses „Der Steppenwolf".
Frankfurt am Main: Suhrkamp 1972, S. 165

1. *Lesen Sie beide Gedichte und erschließen Sie sich im Gruppengespräch deren Aussage.*

2. *Erarbeiten Sie zentrale Motive und markieren Sie diese im Text. Inwiefern geben die Gedichte Auskunft über den damaligen psychischen Zustand Hesses im Vorfeld seiner Arbeit am ‚Steppenwolf'? Welche Aspekte kommen Ihnen bekannt vor?*

3. *Vergleichen Sie zentrale Motive beider Gedichte mit ausgewählten Aspekten aus dem Roman ‚Der Steppenwolf'. Prüfen Sie, ob und wie sich konkrete Lebenserfahrungen Hesses, die in den beiden ‚Krisis'-Gedichten deutlich werden, auf Themenfelder, inhaltliche Entfaltung und Darstellungsweise des Romans ‚Der Steppenwolf' ausgewirkt haben.*

4. „Das Ziel ist mir bekannt: die Erlösung von aller Zeit und allem Streben, aber die Mittel sind zweifelhaft, und nur zwei von allen bewähren sich immer wieder für eine Weile: die Rückkehr zu naivem kindlichem Miterleben ohne Reflexion und das Versenken in zeitlose Betrachtung, das alte indische Zaubermittel der Meditation."
(Zitiert nach: Michels: Materialien, a. a. O., S. 100 f.)
Prüfen Sie, auf welche Weise sich die psychische Situation Hesses in literarische Fantasien im Gedicht ‚Der Dichter' sowie im ‚Steppenwolf' gespiegelt findet.

5. *Schneiden Sie beide Gedichte aus und kleben Sie diese auf ein großes Plakat. Gestalten Sie nun in Ihrer Gruppe eine Wandzeitung, auf der Sie die Ergebnisse Ihrer Gruppenarbeit visualisieren.*

6. *Präsentieren Sie Ihre Gruppenarbeitsergebnisse in einem Kurzreferat.*

Hermann Hesse – Leben und Werk (IV)

Hermann Hesse: Aus Briefen und Tagebüchern

[…] Wenn mein Leben nicht ein gefährliches, leidvolles Experiment wäre, wenn ich nicht ständig am Abgrund entlangliefe und das Nichts unter mir fühlte, hätte mein Leben seinen Sinn nicht, und ich hätte dann all meine Dichtungen, auch die scheinbar angenehmen und freundlichen, nicht machen können. […] Ich lebe nun seit sieben Jahren, seit meinem Weggang von Bern, außerhalb der Menschenwelt, ohne Familie, ohne jede Lebensgemeinschaft, beinah jeden Tag vor dem Problem des Selbstmordes stehend – da sieht man die Dinge eben auf seine Art an und frißt sich auf seine Art hindurch. (Brief an Helene Welti, Ende 1925)[1]

Für mich ist die romantisch-literarische Welt und die Arbeit daran zur Zeit recht fern gerückt, ich lebe, soweit ich überhaupt lebe, in aktueller, lebendiger Romantik und Magie, und schwimme wieder viel in der farbigen Tiefsee völlig außernormaler, phantastischer Träume und Vorstellungswelten. Es ist für mich der einzige Weg, das Leben unter den jetzigen Umständen ertragen zu können, und da ich hier einen Freund habe (den Pistorius des Demian), mit dem ich diese Wege gehe, hat diese böse Zeit (ich war und bin monatelang dicht am Selbstmord gewesen) doch auch ihre Größe und Schönheit. Wieweit es mir einmal gelingen wird, meine jetzigen Chaos-Blicke und innern Erlebnisse mitteilbar und zu Dichtung zu machen, weiß ich nicht, es scheint fast unmöglich, aber auch hier handelt es sich ja bloß um den magischen Schritt vom Kra Kra zum All-Einen. (Brief Hesses an Carlo Isenberg vom 7. Januar 1926)[2]

Den tiefsten Ursprung meiner ganzen Lebenskrankheit kenn ich nur allzu gut. Er liegt darin, daß in den Jugendjahren, fürs Leben bestimmend, all meine Anlagen, Wünsche und all meine Selbsterziehung sich rein auf das Seelisch-Dichterische gerichtet hat, und daß ich mit der Zeit immer klarer erkennen mußte, daß ich damit in unserer Zeit ein hoffnungsloser Outsider sei. Wäre dies nicht, so könnte ich meine Bücher ebenso hemmungslos herstellen, wie du deine Zigaretten und hätte weder die Qual, mein Sein und Tun als unnütz und hoffnungslos zu empfinden, noch hätte ich den Antrieb gehabt, zu meiner inneren Rechtfertigung die Qualität meiner Produktion so zu steigern, wie ich es getan habe. Denn wenn ich auch von unserer ganzen Literatur und mir selber wenig halte, so weiß ich doch, daß an seelischer und dichterischer Intensität und Reinheit unsere Zeit sehr wenig hervorgebracht hat, was den besten meiner Dichtungen gleichsteht. (Brief an Emil Molt, 26. Juni 1923)[3]

[…] Was mich selber betrifft, so zähle ich da nicht mit, ich habe schon seit Jahren den ästhetischen Ehrgeiz aufgegeben und schreibe keine Dichtung, sondern eben Bekenntnis, so wie ein Ertrinkender oder Vergifteter sich nicht mit seiner Frisur beschäftigt oder mit der Modulation seiner Stimme, sondern eben hinausschreit. Sie haben recht, lieber Freund, wenn Sie das tadeln, aber dem Mann können Sie es doch nicht verbieten, unter Geschrei zu verrecken. (Brief an Heinrich Wiegand, 14. Oktober 1926)[4]

Mir ist es so gegangen, daß ich, unter dem Einfluß von Vorbildern wie Goethe, Keller usw., als Dichter eine schöne und harmonische, aber im Grund verlogene Welt aufbaute, indem ich alles Dunkle und Wilde in mir verschwieg und im stillen erlitt, daß ‚Gute' aber, den Sinn fürs Heilige, die Ehrfurcht, das Reine betonte und allein darstellte. […] Und nun, fast schon ein alter Mann, nachdem mir alles, was das Leben mir an äußern Gütern und Erfolgen gab, wieder zusammengebrochen ist, nach der Trennung von Liebe, Ehe, Familie, dem Verlust des äußern Wohlbehagens, der Vereinsamung durch Gesinnung während dem Krieg – nach alledem bin ich – halb krank und halb irrsinnig vor Leid, zu mir selbst zurückgekommen, und muß nun in mir selbst aufräumen und muß vor allem das alles, was ich früher weggelogen oder doch verschwiegen hatte, anschauen und anerkennen, alles Chaotische, Wilde, Triebhafte, ‚Böse' in mir. Ich

1 Zitiert nach: Volker Michels (Hg.): Materialien zu H. Hesses ‚Der Steppenwolf'. Frankfurt am Main: Suhrkamp 1974, S. 57
2 Ebd., S. 58
3 Ebd., S. 41
4 Ebd., S. 97

habe darüber meinen früheren schönen, harmonischen Stil verloren, ich mußte neue Töne suchen, ich mußte mich mit allem Unerlösten und Uralten in mir selbst blutig herumschlagen – nicht um es auszurotten, sondern um es zu verstehen, um es zur Sprache zu bringen, denn ich glaube längst nicht mehr an Gutes und Böses, sondern glaube, daß alles gut ist, auch das, was wir Verbrechen, Schmutz und Grauen heißen. (Brief an Carl Seelig, wahrscheinlich Herbst 1919)[1]

Wie ein Traum fährt mein Leben dahin, und wie ein Maskenfest. Überall Weibergelächter, überall vergossener Wein, hundertfarbig in seltsam zerrissener Schönheit blickt mich das Licht aus all den Scherben an. So habe ich es gewollt, so hat es Gott mit mir gewollt. Ich schmeiße es hin, mein Leben, daß die Scherben klirren; ich vergeude, ich alternder Mann, meine Tage und Stunden wie ein Student. Ich gebe mir große Mühe, ein Eintagsleben zu leben, ohne Herkunft, ohne Zukunft. Aber der Andere, der Zweite in mir, spitzt den Griffel, unerträglich ist ihm Eintagsleben, er braucht Herkunft, er dürstet nach Zukunft, er schreit brennend nach Zusammenhang und Fortdauer, und er sucht Stunde um Stunde dieses zerrinnenden Lebenstaumels festzunageln, zu notieren, einzurahmen, an die Wand der Ewigkeit zu hängen. Der Eine in mir schmeißt sein Leben weg wie eine Hand voll Spielmarken, und der Andere in mir rennt jeder dünnen Marke gierig nach, sucht ihren Wert zu lesen, ihr Metall zu deuten, ihren Verlust sich einzuprägen. (Aus dem Tagebuch eines Entgleisten)[2]

Aber wenn die Fastnacht vorbei ist, werde ich mich umbringen, aus Kummer darüber, daß ich ein so überlebensgroßer Trottel war und mein ganzes Leben vergeudet habe. Ich war ein richtiger Foxtrottel, daß ich mich 30 Jahre mit den Problemen der Menschheit abgemüht habe, ohne zu wissen, was ein Maskenball ist. Ich glaubte, die Leute seien alle ungefähr so wie ich. Hätte ich gewußt, wie einfach, dumm und lieb die Herren Menschen sind, so wäre mir viel erspart geblieben. (Brief an Hermann Hubacher, 7. Februar 1926)[3]

---

1 Zitiert nach: Martin Pfeifer: Hesse Kommentar zu sämtlichen Werken. München: Winkler 1980, S. 184

2 Zitiert nach: Volker Michels (Hrg.): Materialien zu Hermann Hesses „Der Steppenwolf", Frankfurt am Main: Suhrkamp 1974, S. 199

3 Ebd., S. 65

1. *Lesen Sie die vorliegenden Textauszüge und werten Sie die Briefe und Tagebuchaufzeichnungen Hesses im Gruppengespräch aus. Klären Sie dabei folgende Fragen:*
   - *Welche Gründe für seine ‚Lebenskrankheit' nennt Hesse?*
   - *Was versteht Hesse unter ‚Bekenntnis statt Dichtung'?*
   - *Inwiefern kann man den Vorgang des Dichtens als psychischen Prozess einer Heilung verstehen?*
   - *Identifizieren Sie zentrale Motive aus Briefen und Tagebüchern, die auch im ‚Steppenwolf' literarisch verarbeitet werden. Suchen Sie gemeinsam nach Parallelstellen im Buch.*
2. *Erstellen Sie in Ihrer Gruppe eine anschauliche Wandzeitung zum Thema der Textauszüge. Gehen Sie darin auf wesentliche Problemfelder im Leben Hesses ein und skizzieren Sie, z. B. in einem Pfeildiagramm, Parallelstellen aus dem Roman. Beachten Sie Unterschiede.*
3. *Präsentieren Sie Ihre Gruppenarbeitsergebnisse in einem Kurzreferat.*

Hermann Hesse – Leben und Werk (V)

[...] In diese Familie, in eine Welt romantischer Ausstrahlung, geheimnisvoller indischer Geistigkeit und pietistischer Frömmigkeit wurde Hesse geboren. 1881 wurde der Vater nach Basel ans Missionshaus gerufen, Hermann Hesse war vier Jahre alt. Die Familie kam 1886 nach Calw zurück. [...] Der kleine Hermann war ein lebhaftes, fantasievolles Kind, das schon früh seine geistigen und körperlichen Kräfte erprobte. „Neulich sang er abends im Bett lang eigene Melodie u. eigene Dichtung und als Dadi hineinkam, sagte er: „Gelt, ich singe so schön wie die Sirenen und bin auch so bös wie sie?" Das ist mehr als nur eine der beliebten Kindermund-Anekdoten. Dahinter verbarg sich vielleicht schon ein frühkindliches Konfliktfeld. Der hoch begabte, sensible Junge fand sich nicht zurecht in einer Familiensituation, in der das Evangelium als Zuchtrute diente. Hier wurde nicht geschlagen, es gab keine lauten Worte, aber Vater und Mutter sahen in dem spontanen Aufbegehren des Jungen eine Gefahr, der man nicht nachgeben wollte. So schickten die Eltern, als man in Basel lebte, den Sohn ins Knabenhaus der Missionsschule. Hier wurden vor allem die Kinder aufgenommen, deren Eltern als Missionare im Ausland lebten. Doch Hesses Eltern lebten ja nur wenige Meter entfernt im gleichen Ort. Scheinbar fruchtete solche Erziehung, aber das Gefühl der Isolation, des Andersseins wurde nur verdeckt. Nach der Rückkehr aus Basel besuchte Hesse die Calwer Lateinschule, aber die Erfahrungen dort verschlimmerten seinen Gemütszustand. Er sah sich einer Bedrohung ausgesetzt, und daraus erwuchs der Wechsel zwischen scheinbarer Folgsamkeit und dem Widerstand, der die Eltern irritierte. Der Kreislauf aus Überschreitung, Strafe, Verzeihung und Tränen gehörte zum Alltag. In der Calwer Schule hatte er einen Lehrer, der ihn im Griechischen unterrichtete und den er mochte. Aber ansonsten gab es nur Abneigung. Also wurde er nach Göppingen in die Lateinschule von Rektor Bauer gebracht. Das war eine bekannte ‚Presse', wie man damals sagte, die auf das Landexamen vorbereitete. Das Examen war Voraussetzung für den Eintritt in das Kloster Maulbronn. Hesse hatte in Göppingen sehr zwiespältige Erlebnisse: Einerseits verehrte er den alten Rektor, andererseits machte er sich über manche von dessen unsinnigen Aufgaben lustig, wie die verlangte Übersetzung von Schillers ‚Wallenstein' ins Lateinische. Hesse schrieb den Eltern freundliche Briefe, in denen er die heiteren Seiten des Schullebens schilderte, aber es gab auch Symptome einer merkwürdigen Krankheit: „Der Fall, daß ich plötzlich nicht mehr atmen konnte, trat in letzter Woche fast täglich ein", heißt es in einem Brief. Großvater Gundert erkannte als Einziger die sensible Nervosität des Hochbegabten. Mit der Mutter fuhr er 1891 nach Stuttgart, um das Landexamen abzulegen. Hermann bestand es als 28. von 36 Kandidaten. Das war nicht gerade eine Meisterleistung, aber die Familie war zufrieden. Das Seminar Maulbronn war eine der 14 württembergischen Klosterschulen, in denen man auf Kosten des Landes auf das Theologiestudium vorbereitet wurde. [...] Die Bedrohung seiner sensiblen Existenz, die Krisenlandschaft, die er Jahre später in der Erzählung ‚Unterm Rad' beschrieb, war allgegenwärtig: „Im Seminar fingen meine Nöte an. Die Not der Pubertätszeit traf zusammen mit der Berufswahl, denn es war mir schon damals durchaus klar, daß ich nichts anderes als ein Dichter werden wollte, ich wußte aber, daß dies kein anerkannter Beruf war und kein Brot einbrachte." Und so kam, was kommen musste. Am 7. März 1892 lief Hesse ohne ersichtlichen Grund aus dem Kloster davon, in der Nachmittagslektion wurde er vermißt. Ohne zu wissen, wohin er wollte, hatte es ihn nur weggetrieben. In der Ziellosigkeit, mit der er sich aufgemacht hatte, zeigte sich die Orientierungslosigkeit seiner jugendlichen Existenz. [...] Aber erst am nächsten Tag gegen Mittag wurde er von einem Jäger aufgegriffen. Was sollte nun aus ihm werden? Der Vater bat darum, ihn doch im Seminar zu behalten, doch Professor Paulus schickte Johannes Hesse eine Rechnung über 27 Mark und 70 Pfennige für Telegramme, Belohnung für Landjäger und Amtsdiener und teilte mit, daß Hermann zwar nur mit einem achtstündigen Karzer bestraft werde, aber daß er doch empfehlen müsse, ihn aus dem Seminar zu nehmen. Er sei wohl für das Seminarleben nicht geeignet, überdies „glauben wir, daß sein Aufenthalt im Seminar für seine Mitschüler eine Gefahr werden könnte. Er ist zu überfüllt von überspannten Gedanken und übertriebenen Gefühlen, denen sich hinzugeben er nur zu geneigt ist." Doch der Vater bestand auf einem Verbleib des Sohnes in Maulbronn, und er bat Hermann unter allerlei Vorwürfen, sich aller Strafe und Zurechtweisung zu unterwerfen.

Aus: Klaus Walther: Hermann Hesse. © 2002 Deutscher Taschenbuch Verlag München, S. 19–24 (Auszüge)

[...] wir lebten unter einem strengen Gesetz, das vom jugendlichen Menschen, seinen natürlichen Neigungen, Anlagen, Bedürfnissen sehr mißtrauisch dachte und unsre angeborenen Gaben, Talente und Besonderheiten keineswegs zu fördern oder gar ihnen zu schmeicheln bereit war. Es war das pietistisch-christliche Prinzip, daß des Menschen Wille von Natur und Grund aus böse sei und daß dieser Wille also erst gebrochen werden müsse, ehe der Mensch in Gottes Liebe und in der christlichen Gemeinschaft das Heil erlangen könne.

Hermann Hesse: Erinnerung an Hans. In: Volker Michels (Hrg.): Hermann Hesse. Sein Leben in Bildern und Texten. Frankfurt am Main: Suhrkamp 1979, S. 53

Mein lieber Hermann!

Papa hat dein Buch noch nicht ansehen können. Ich habe es schnell durchgehastet und dann nachts nicht schlafen können. Die ‚Fiebermuse' meide als Schlange, sie ist dieselbe, die ins Paradies schlich und noch heute jedes Liebes- und Poesie-Paradies gründlich vergiften möchte. Von ihr sprach Gott zu Kain: „Laß du ihr nicht den Willen!" O mein Kind, fliehe sie, hasse sie, sie ist unrein und hat kein Anrecht auf dich, denn du bist Gottes Eigentum, Ihm in der Taufe und schon lange vorher von deinen Eltern ans Herz gelegt. Bete um „große Gedanken und reines Herz". Mag die Form noch so schön sein – der edle Inhalt fehlt noch sehr. Halte dich keusch!

Kind, ich bin deine Mutter und liebe dich, wie nicht leicht sonst jemand dich lieben kann, darum muß ich warnen und wahr reden. Mein Herz empört sich gegen solches Gift. Es gibt eine Welt der Lüge, wo das Niedre, Tierische, Unreine für schön gilt. Es gibt ein Reich der Wahrheit, der Gerechtigkeit, des Friedens, das uns die Sünde als Sünde zeigt und hassen lehrt und uns einführt zur göttlichen Freiheit. Herzenskind, Gott helfe dir und segne dich und rette dich heraus!

Calw, 15.5.1899; Brief der Mutter Marie Hesse auf dessen ersten Prosaband. Zitiert nach: Margit Irgang: „Ach, mich zu lieben bringt Zwiespalt und Bedrängnis!" Die Frauen in Leben und Werk von H. Hesse. Manuskript zu SWR Feature am Sonntag, 16. Juni 2002, S. 8f.

1. *Verständigen Sie sich in Ihrer Gruppe über Schlüsselerlebnisses in der Biografie Hesses. Warum erscheinen Ihnen diese Erlebnisse von Bedeutung für sein späteres literarisches Werk?*

2. *Welchen Einfluss übte das streng pietistische Elternhaus auf Hesse auf? Welche der typischen Schlagwörter finden sich sowohl im Leben als auch im Werk Hesses wieder?*

> Def. ‚Pietismus': evangel. Bewegung seit Ende d. 17. Jhdts., bes. in Dtld.; trat gg. erstarrte Orthodoxie u. für e. lebendige Erfahrung d. Glaubens ein. Zentrale Aspekte sind schlagwortartig: Treue, Weltflucht, Entsagung, Quietismus, Mystik, Bekehrung, Wiedergeburt, Entscheidung, Spekulation, Grübeln, Versenkung/Meditation, Gesetzlichkeit, Prüderie, Fleiß, Mission, Demut, Dulden u. Hinnehmen.

3. *„Biografie (ist) eine in einem lebenslangen Prozess erworbene Aufschichtung von Erfahrungen, die bewusst oder unbewusst geronnen in unser Handeln eingehen." (Gudjons, 1996)*
Beziehen Sie das Zitat auf Hermann Hesse, indem Sie seine Tätigkeit als Dichter als literarisches Handeln begreifen. Lesen Sie dafür im Roman die Textstelle S. 15/Z. 12–28 über Kindheitserfahrung des Steppenwolfes Harry Haller. Was stellen Sie fest?

4. *Erstellen Sie in Ihrer Gruppe eine anschauliche Wandzeitung zum Thema der Textauszüge. Skizzieren Sie dabei, z. B. tabellarisch, zentrale Schlüsselerlebnisse im Leben des jungen Hesse und machen Sie deutlich, z. B. mithilfe eines Pfeildiagramms, inwiefern sich diese frühen Erfahrungen in seinem Werk ‚Der Steppenwolf' spiegeln.*

5. *Präsentieren Sie Ihre Gruppenarbeitsergebnisse in einem Kurzreferat.*

Zur Epoche des Expressionismus (I)

I Jakob van Hoddis: Weltende (1911)

Dem Bürger fliegt vom spitzen Hut der Kopf,
In allen Lüften hallt es wie Geschrei.
Dachdecker stürzen ab und gehen entzwei,
Und an den Küsten – liest man – steigt die Flut.

Der Sturm ist da, die wilden Meere hupfen
An Land, um dicke Dämme zu zerdrücken.
Die meisten Menschen haben einen Schnupfen.
Die Eisenbahnen fallen von den Brücken.

Aus: Die deutsche Literatur in Text und Darstellung. Band 14: Expressionismus und Dadaismus, hrsg. Von O.F. Best und H.J. Schmitt. Stuttgart: Reclam 1974, S. 74.

1. Ordnen Sie einzelne sprachliche Bilder den Bereichen „Kultur/Zivilisation“ und „Natur“ zu. Finden Sie heraus, in welchem Verhältnis diese beiden Bereiche im Gedicht zueinander stehen.

Natur → Bedeutung		Kultur/Zivilisation → Bedeutung	

2. Stellen Sie zwischen der Aussage des Gedichts und der Abbildung Parallelen her. Halten Sie Ihre Ergebnisse stichpunktartig fest.

II Kurt Pinthus: Zur jüngsten Dichtung (1915)

Die jüngsten Menschen aber, nach 1900 sich entwickelnd, fanden sich wehrlos und ungeschützt hineingestellt in den schimmernden Zauber der abenteuerlichen Reisen, der freier sich bietenden Geschlechtlichkeit, der von geheimnisvollen Farben, Geräuschen und Gestalten schwirrenden und verwirrenden Straßen, Landschaften, Cafés und Vergnügungspaläste, der rätselhaften Fabriken, Maschinen und Bewegungsmöglichkeiten ... Sie stürzen sich, beherrscht vom rasenden Takt der mechanisch abrollenden Umwelt, mit wollüstigem Schrei in die „Welt neuer Wunder“, verschwendeten sich entzückt an die Erscheinungen, ließen Sinne und Nerven lodern und zucken ...

III Kurt Pinthus: Menschheitsdämmerung (1919)

Aber man fühlte immer deutlicher die Unmöglichkeit einer Menschheit, die sich ganz und gar abhängig gemacht hatte von ihrer eigenen Schöpfung, von ihrer Wissenschaft, von Technik, Statistik, Handel und Industrie [...] Aus der strotzenden Blüte der Zivilisation stank ihnen der Hauch des Verfalls entgegen.

3. Wie wird die Lebenswelt des modernen Menschen zu Beginn des 20. Jahrhunderts hier beschrieben? Notieren Sie zentrale Merkmale stichpunktartig.

4. Ordnen Sie die beiden Sachtexte dem Gedicht bzw. der Abbildung zu. Begründen Sie Ihre Wahl in Stichpunkten.

Zur Epoche des Expressionismus (II)

I Alfred Wolfenstein: Städter (1914)

Nah wie Löcher eines Siebes stehn
Fenster beieinander, drängend fassen
Häuser sich so dicht an, dass die Straßen
Grau geschwollen wie Gewürgte stehn.

Ineinander dicht hineingehakt
Sitzen in den Trams die zwei Fassaden
Leute, wo die Blicke eng ausladen
Und Begierde ineinander ragt.

Unsre Wände sind so dünn wie Haut,
Dass ein jeder teilnimmt, wenn ich weine,
Flüstern dringt hinüber wie Gegröhle:

Und wie stumm in abgeschlossner Höhle
Unberührt und ungeschaut
Steht doch jeder fern und fühlt: alleine.

Aus: Kurt Pinthus: Menschheitsdämmerung. Ein Dokument des Expressionismus. Rowohlt: Reinbek bei Hamburg 1920 [Frankfurt/Main 1999, S. 45]

Ludwig Meidner (1884 – 1966): Potsdamer Platz, Berlin (1913)

1. Wie werden die Gefühle der Menschen im Gedicht „Städter" beschrieben? Versuchen Sie, anhand ausgewählter sprachlicher Bilder das im Gedicht dargestellte Grundproblem zu benennen.

Sprachliches Bild ➔	← Mögliche Bedeutung

2. Beschreiben Sie den formalen Aufbau des Gedichts. Können Sie einen Zusammenhang zwischen Inhalt und Form des Gedichts erkennen?

II Kurt Pinthus: Die Überfülle des Erlebens (1925)

Welch ein Trommelfeuer von bisher ungeahnten Ungeheuerlichkeiten prasselt seit einem Jahrzehnt auf unsere Nerven nieder! Trotz sicherlich erhöhter Reizbarkeit sind durch diese täglichen Sensationen unsere Nerven trainiert und abgehärtet wie die Muskulatur eines Boxers gegen die schärfsten Schläge. [...] Man male sich zum Vergleich zu aus, wie ein Zeitgenosse Goethes oder ein Mensch des Biedermeier seinen Tag in Stille verbrachte, und durch welche Mengen von Lärm, Erregungen, Anregungen heute jeder Durchschnittsmensch täglich sich durchzukämpfen hat, mit der Hin- und Rückfahrt zur Arbeitsstätte, mit dem gefährlichen Tumult, der von den Verkehrsmitteln wimmelnden Straßen, mit Telefon, Lichtreklame, tausendfachen Geräuschen und Aufmerksamkeitsablenkungen. Wer heute zwischen dreißig und vierzig Jahre alt ist, hat noch gesehen, wie die ersten elektrischen Bahnen zu fahren begannen, hat die ersten Autos erblickt, hat die jahrtausendelang für unmöglich gehaltene Eroberung der Luft in rascher Folge mitgemacht, hat die sich rapid übersteigende Schnelligkeitsrekorde all dieser Entfernungsüberwinder, Eisenbahnen, Riesendampfer, Luftschiffe, Aeroplane miterlebt.

Aus: Kurt Pinthus: Die Überfülle des Erlebens. 10 Jahre ununterbrochener Sensationen. In: Berliner Illustrirte Zeitung, Nr. 9, 28. Februar 1925

3. Wie wird hier die Lebenswelt des modernen Menschen zu Beginn des 20. Jahrhunderts hier beschrieben? Notieren Sie zentrale Merkmale stichpunktartig.

4. Finden Sie Parallelen zwischen dem Gedicht und dem Sachtext. Notieren Sie diese.

Folienvorlage „Lernspirale"

1. Lesen und bearbeiten Sie in Einzelarbeit eines der beiden Arbeitsblätter.

Nachhilfephase (Gruppenarbeit)

2. Setzen Sie sich in 3er-Gruppen (textgleich) zusammen. Vergleichen Sie Ihre Ergebnisse miteinander und ergänzen – wenn nötig – Ihre Aufzeichnungen.

Spickzettel (Einzelarbeit)

3. Fertigen Sie einen „Spickzettel" an, damit Sie Ihre gewonnenen Erkenntnisse einem Partner aus der anderen Lerngruppe vortragen können.

Partnervorträge (Partnerarbeit)

4. Erläutern Sie wechselseitig in Partnerarbeit anhand Ihrer „Spickzettel" Gedicht, Sachtext(e) und Abbildung.

Mischgruppen (Gruppenarbeit)

5. Übertragen Sie die unvollständige Mindmap auf eine Folie und ergänzen Sie diese mithilfe des Wortspeichers. Sie können auch weitere, selbst gewählte Begriffe wählen. Bereiten Sie ein Kurzreferat vor.

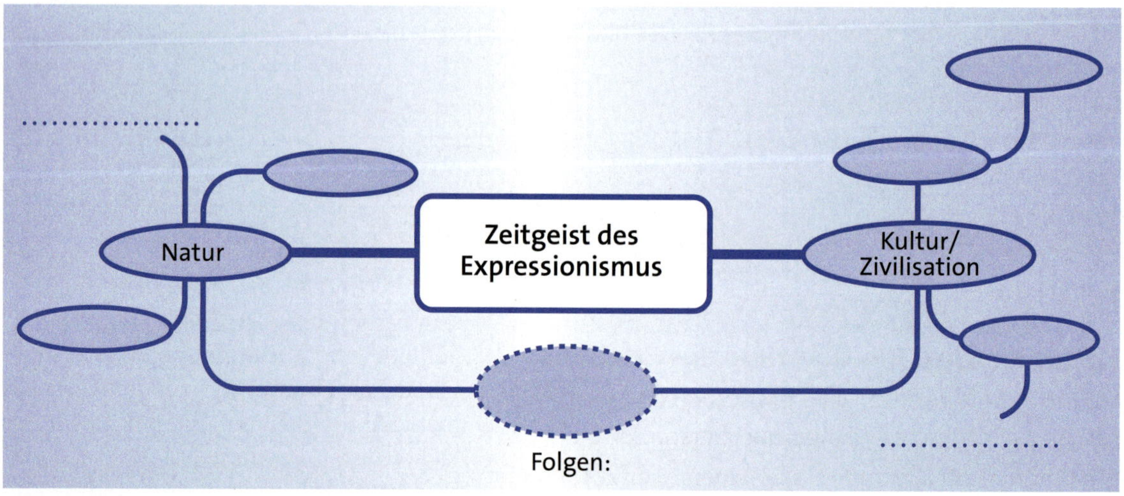

<u>Wortspeicher:</u>
Maschinen, Gegensatz, Wissenschaft, Brücken, Lüfte, Küsten, Fabriken, Hut, dicke Dämme, Anonymität, Handel, Entindividualisierung, Dachdecker, Isolation, Flut, Eisenbahnen, Statistik, Schutzlosigkeit, Sturm, Industrie, Schnupfen, Massentransportmittel, Heimatlosigkeit, wilde Meere, Selbstüberschätzung, Statistik, Brücken, Entfremdung

6. Präsentieren Sie im Plenum zu zweit Ihr Gruppenergebnis. Diskutieren Sie mögliche Unterschiede.

7. Wählen Sie die überzeugendste Folie aus und übertragen Sie die gemeinsam verbesserte Version in Ihre Unterlagen.

Rezeption und Kritik

Hesses ‚Steppenwolf' stieß sowohl in Deutschland als auch weltweit, insbesondere in den USA, auf ungewöhnliche Resonanz. Offensichtlich traf die Thematik des an einer kulturlosen bürgerlichen Gesellschaft leidenden Künstlers den Nerv seiner Zeit. Insbesondere von Autoren des Expressionismus finden sich euphorische Besprechungen. Für Kurt Pinthus etwa ist besonders die rigorose Offenheit und Radikalität, mit der Hesse die Situation des intellektuellen Außenseiters reflektiert und mit der krisenhaften Gegenwart abrechnet, bemerkenswert: „Ich lese den Steppenwolf, dies unbarmherzigste und seelenzerwühlendste aller Bekenntnisbücher, düsterer und wilder als Rousseaus ‚Confessions', die grausamste Geburtstagsfeier, die je ein Dichter sich selbst zelebrierte: aus Selbstbesinnung Selbstvernichtung schaffend: ein Dokument vom Untergang des alten Menschen, der alten Zeit [...] Alle [Bücher Hesses] sind Selbstschau, Selbstbiografie, Zersplitterung des eigenen Ich: nicht aus Lust an der Analyse, sondern aus Sehnsucht, ein Einheitliches zu finden; sich selbst, das Wesentliche zu finden." (Kurt Pinthus: H.H. – zum 50. Geburtstag. In: 8 Uhr Abendblatt. Berlin 1927. Zitiert nach F. Voit: Erläuterungen und Dokumente, a. a. O., S. 94 f.) Dabei wird Hesses Gesellschaftskritik insbesondere von der konservativen Kritik positiv aufgenommen, was Hesse später den Vorwurf einbringt, mit seinen Erzählungen den Faschismus zumindest literarisch vorbereitet zu haben, ein Vorwurf, der auch angesichts der bekannten Ablehnung des Nationalsozialismus durch Hesse nicht völlig von der Hand zu weisen ist. Der zum Teil euphorischen Aufnahme des Romans steht bereits kurz nach seinem Erscheinen dezidierte Ablehnung gegenüber. Hesse wird vorgeworfen, einen typisch deutschen, an der Romantik orientierten Kult der narzisstischen Innerlichkeit zu zelebrieren, der die für eine radikale Analyse notwendige Schlichtheit und Nüchternheit vermissen lasse. Zudem überzeuge das Ende des Romans in der Ausgestaltung der Visionen des Magischen Theaters nicht, da eine Übersetzung in das konkrete Leben der Menschen kaum vorstellbar sei: „Gewiss hat Humor etwas Befreiendes, Lösendes. Aber Humor, Galgenhumor zumal, erlöst nicht. Hesse, der die Fahne der Romantik mit Recht in einer allzu technisierten, materialisierten Welt hochhält, täuscht sich und uns, wenn er im befreienden Humor einen Ausweg aus der so verzweifelten Lage der Gegenwart gefunden zu haben glaubt. Es gilt gerade, jede pathologische Romantik, jedes Sichselbstbespiegeln zu überwinden und nüchtern die Dinge des Geistes und der Erde anzuschauen [...]." (Vgl. Bernhard Rang: Dokumente der Zeit. In: Kunstwart 42 (1927), Heft 7, S. 55. Zitiert nach F. Voit: Erläuterungen und Dokumente, a. a. O., S. 102) Die Kennzeichnung Hesses als „Autors des individuellen Katzenjammers" (Curt Hohoff) haben sein Bild des „kleingärtnernden Idyllikers, des Innerlichkeitsromanciers" bis heute geprägt. (Vgl. H. Esselborn-Krumbiegel: H. Hesse. Der Steppenwolf, a. a. O., S. 19) Spätestens mit seinem Tod kann man ein deutlich nachlassendes Interesse an Hesses Werk feststellen. Eine kaum glaubliche Renaissance erlebt der Autor jedoch in den 60er-Jahren in den Vereinigten Staaten, die wohl auch mit gesellschaftlichen Liberalisierungstendenzen und der Protestbewegung der 68er zusammenhängen dürfte. Unter liberal-progressiven Studenten wird Hesse ebenso wie in der Hippie-Bewegung, die vor allem seine offene Haltung gegenüber bewusstseinserweiternden Drogen rezipiert, zu einer Kultfigur. Timothy Leary, Vorreiter und Prophet der Drogenbewegung, zugleich ehemaliger Dozent für Psychologie in Harvard, rät zur Lektüre der Romane Hesses als „Lektion esoterischer Unterweisung auf dem chemischen Pfad der Erleuchtung": „Vor deiner LSD-Sitzung solltest du ‚Siddharta' und ‚Steppenwolf' lesen. Der letzte Teil des ‚Steppenwolfs' ist ein unschätzbares Lehrbuch." (Zi-

tiert nach Friedrich Voit: Der Steppenwolf. Erläuterungen und Dokumente, a. a. O., S. 112) Bis in die 70er-Jahre hinein erfährt Hesses Gesamtwerk in den USA die außergewöhnliche Auflage von über 11 Millionen Exemplaren. Offensichtlich trifft Hesse mit seiner Kultur- und Gesellschaftskritik den Nerv der Zeit, die von Vietnam-Krieg, Rassendiskriminierung und Konsumterror geprägt ist, seine Romane bieten zahlreiche „Leerstellen" und Identifikationsangebote für eine Vielzahl von Menschen: „Hippies, Beatniks, Kriegsdienstverweigerer, LSD- und Haschisch-Anhänger, engagierte Friedenskämpfer: Sie alle wählten Hesses Romane als Lebenshilfe." (Ebd.) Auch wenn der Roman mittlerweile zum Kanon der klassischen Schullektüre gezählt werden darf, dominiert bis heute die Kritik an der als konservativ bis reaktionär empfundenen Kultur- und Zivilisationskritik Hesses, die in der Tradition Spenglers vor dem „Untergang des Abendlandes" warnt und gerade in Deutschland angesichts der nationalsozialistischen Terrorherrschaft nur mit besonderer Vorsicht akzeptiert wird. So hält Klaus von Seckendorff den Roman für „Irrsinn einer Emanzipation durch Zerstörung des Selbst", für eine „gefährliche Verstrickung in das Hassenswerte der Welt" und einen gefährlichen Ausdruck von „Menschenverachtung": „Der ‚Steppenwolf' ist die als Auseinandersetzung in der bürgerlichen Welt ausgegebene Feier distanzierter Affirmation des Lebens als Schicksal von verborgener Seinstiefe. Der Roman lebt von Erörterungen dieses Ideals von einem abstrakt behaupteten Sinn durch und für prinzipiell Gleichgesinnte. Sein bescheidener Reiz erschöpft sich wesentlich in der auf (noch nicht einmal allzu) verschiedene Rollen verteilten Behauptung, dass das Leben hinter seiner zu vernachlässigenden Fassade bürgerlicher Unkultur einen eigentlichen Wert habe, sobald man an diesen zu glauben gewillt ist." (Vgl. K. v. Seckendorff: Hermann Hesses propagandistische Prosa. Selbstzerstörerische Entfaltung als Botschaft in seinen Romanen von ‚Demian' bis zum ‚Steppenwolf'. Bonn 1982, S. 112)
Angesichts der Beobachtung, dass viele Oberstufenschüler gerade in einer entscheidenden Entwicklungsphase ihrer Adoleszenz (Ende der Pubertät) den ‚Steppenwolf' als Ausdruck von Wildheit und natürlicher Ursprünglichkeit begeistert aufnehmen, kann ein kritischerer Blick auf die unausgesprochenen Folgen des Menschenbildes Hesses sowie seine radikale Kulturkritik dazu beitragen, dass unsere Schülerinnen und Schüler sich vermehrt Gedanken über die Gründe und Mechanismen der Leserlenkung des Romans machen. Welche Identifikationsangebote des ‚Steppenwolfs' sorgen für die Harry Haller gegenüber empfundene Sympathie? Woran liegt es, dass die implizite unmenschliche Verachtung des Durchschnittsmenschen und die der Steppenwolf-Philosophie immanente totalitäre Ideologie oftmals nicht wahrgenommen wird?

6.1 Strukturiert streiten: Ist der ‚Steppenwolf' ein guter oder ein schlechter Roman?

Zum **Einstieg** kann den Schülerinnen und Schülern über die sogenannte **Einpunktabfrage** Raum zu einer individuellen Bewertung und einer (anonymen) Veröffentlichung ihrer Einschätzung des Romans gegeben werden. Anders als zu Beginn der Unterrichtseinheit geht es hierbei jedoch nicht primär um das Abfragen der Leseeindrücke (siehe Baustein 1), sondern um eine auf dem Boden von Analyseergebnissen getroffene Einschätzung des literarischen Wertes des Romans. Die Methode verkommt zum Selbstzweck, wenn sie losgelöst vom Kommenden steht. Es empfiehlt sich daher, sie am Ende der Sequenz erneut durchzuführen. Auf diese Weise können die Schülerinnen und Schüler ihren eigenen Lernprozess reflektieren.
Hierfür wird folgende Fragestellung an einer Moderationswand (mit Packpapier bespannte Metaplantafel) notiert, alternativ kann auch die Tafel zum Einsatz kommen:

- *Ist der ‚Steppenwolf' ein guter, literarisch hochwertiger Roman?*

Im Anschluss erklärt die Lehrkraft die Vorgehensweise, indem der Inhalt detailliert erklärt und begründet und das zur Verfügung stehende Antwortschema erläutert wird. Eventuell kann ein Hinweis auf die umstrittene und häufig sehr unterschiedliche Einschätzung des Autors Hesse bzw. seines Werkes innerhalb der Literaturkritik die Abfrage motivieren.

(---)	(--)	(-)	(O)	(+)	(++)	(+++)
• •	• • • • •	•	• • •	•	• • • •	• • • • • • •

Jeder Teilnehmer erhält einen (selbstklebenden) Punkt. Wird mit der Tafel gearbeitet, setzen die Schüler und Schülerinnen ihren Punkt per Kreide.

- *Visualisieren Sie Ihre persönliche Antwort durch das Kleben eines Punktes.*

Am Platz fällt jeder nun für sich seine Entscheidung auf der Grundlage der Leseeindrücke und der Analyseergebnisse der Unterrichtseinheit. Dann kommen die Schülerinnen und Schüler gemeinsam nach vorne und setzen ihre Punkte. Es ist an dieser Stelle nicht sinnvoll, von jedem einzelnen Schüler eine individuelle Begründung seiner Einschätzung einzufordern. Vielmehr sollte nach Beendigung der Punktvergabe auf Häufungen beziehungsweise Streuungen hingewiesen werden. Eine Einschätzung der Schülerwertungen seitens der Lehrkraft sollte unbedingt unterbleiben, der Fokus vielmehr auf das Zustandekommen des Ergebnisses gelegt werden:

- *Welche Besonderheiten fallen Ihnen auf?*
- *Wie erklären Sie sich das Ergebnis?*
- *Haben männliche und weibliche Schüler/innen unterschiedlich gepunktet? Welche Gründe könnte es hierfür geben?*

Spontane Kommentare und Zurufe aus dem Plenum könnten an dieser Stelle auf dem Moderationspapier notiert werden. Es ist eine Gefahr der Methode, wenn an dieser Stelle schon zu stark inhaltlich diskutiert wird. Die Dauer sollte daher eine Viertelstunde nicht überschreiten.
In der Erarbeitungsphase sollen die Schülerinnen und Schüler mit einigen zentralen Aspekten der Literaturkritik in Berührung kommen und sich mit relevanter (positiver wie negativer) professioneller Kritik an diesem durchaus kontrovers diskutierten Roman auseinandersetzen. Auch aus zeitökonomischen Gesichtspunkten bietet sich ein arbeitsteiliges Vorgehen an dieser Stelle an. Vorgeschlagen wird der Einsatz der **strukturierten Kontroverse**, die sich insbesondere für den methodischen Einsatz bei kontroversen Themen eignet, insbesondere in eher leistungsschwächeren Lerngruppen. Der Kurs sollte hierfür in Vierergruppen eingeteilt werden, z. B. mithilfe des Zufallsprinzips durch den Einsatz von Spielkarten. Überzählige Personen dürfen sich frei einer Gruppe zuordnen. Die Methode besteht aus drei Lernphasen und sollte der Lerngruppe vorab erläutert werden:

1. Phase: Aneignungsphase (Partnerarbeit)
2. Phase: Vermittlungsphase (Gruppenarbeit)
3. Phase: Verarbeitungsphase (Gruppenarbeit)

In der ersten Lernphase (Aneignungsphase) werden innerhalb der Vierergruppen Paare gebildet, die sich mit den konträren Positionen (**Arbeitsblätter 23a** bzw. **23b**, S. 122 f.) des Themas auseinandersetzen. In dieser zielgerichteten Vorbereitung liegt für Huber eine „eindeutige Stärke der Methode“: die Lernenden werden zu Experten für einen bestimmten

Standpunkt. (Vgl. Anne A. Huber: Kooperatives Lernen – kein Problem, a.a.O., S. 80) In der sich anschließenden zweiten Lernphase (Vermittlungsphase) präsentieren die Paare sich gegenseitig ihre Argumente möglichst überzeugend in ihrer Ausgangsgruppe. Die Präsentationen erfolgen also nicht im Plenum wie bei einer Pro- und Kontra-Diskussion, sondern in Vierergruppen. Auf diese Weise kann meist sichergestellt werden, dass sich auch die stilleren und weniger redebegabten Schülerinnen und Schüler an der Präsentation beteiligen (müssen). In der dritten Lernphase (Verarbeitungsphase) werden die vorher nur präsentierten Positionen diskutiert. Es ist möglich, die Paare in dieser abschließenden Phase ihre Rollen tauschen zu lassen. Die Diskussion erreicht einen höheren Grad an Verbindlichkeit, wenn die Gruppen dazu aufgefordert werden, sich zum Ende hin auf eine begründete, gemeinsame Position zu einigen.

(In leistungsstarken Lerngruppen kann alternativ zur strukturierten Kontroverse auch eine Diskussion im Plenum vorgenommen werden. Um möglichst vielen Schülerinnen und Schülern die Möglichkeit zur Meinungsäußerung zu geben, bietet sich nach der Bearbeitung der **Arbeitsblätter 23 a** und **23 b** (S. 123 f.) in Partnerarbeit eine **Fish-Bowl-Diskussion** an. Hier diskutiert eine Gruppe von etwa fünf Schülerinnen und Schülern vor oder in der Mitte des Kursraumes miteinander, während der Rest des Kurses die Diskutierenden beobachtet.

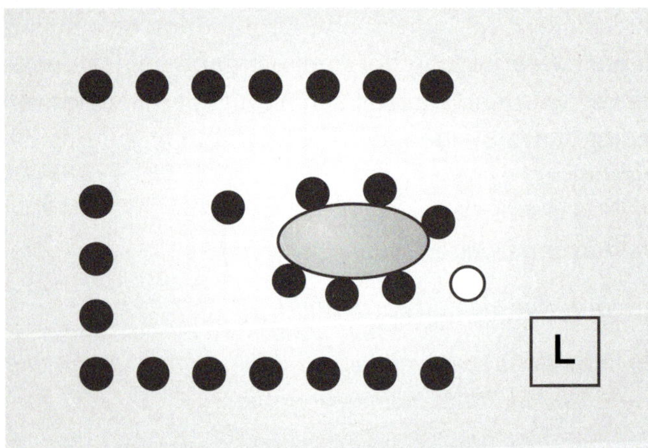

Innerhalb der Diskussionsgruppe kann ein Platz unbesetzt bleiben. Teilnehmer aus der Beobachtergruppe können dort Platz nehmen und einen neuen Beitrag in die Diskussion einbringen, z. B. falls sie eine Frage oder eine Kritik zu einem vorher geäußerten Kommentar haben oder einen eigenen Kommentar äußern wollen. Kommt ein neuer Schüler in die Fish-Bowl hinein, verlässt derjenige Schüler den Diskussionskreis, der die letzte Aussage getätigt hat, sodass erneut ein Stuhl frei wird. Auf diese Weise können möglichst viele Schülerinnen und Schüler an der Diskussion teilnehmen, denn jeder Schüler ist einmal Beobachter bzw. aktiver Teilnehmer. Je nach Erfahrung und Diskussionsfähigkeit kann die Fish-Bowl-Diskussion von der Lehrkraft geleitet oder aber nur beobachtet werden.

6.2 Rezension: Hesses Menschenbild und Demokratieverständnis hinterfragen

Je nach Qualität der in der strukturierten Kontroverse (beziehungsweise Fish-Bowl-Diskussion) erarbeiteten Wertungen kann in einem anschließenden Plenumsgespräch die Methode reflektiert und die Kritik am Roman an einem weiteren zentralen Aspekt, der in den Arbeitsblättern 23 a und 23 b ausgespart bleibt, erfolgen. Auf diese Weise könnte insbesondere Raum für einen notwendigen kritischen Blick auf die von Nietzsche beeinflusste, in Teilen menschenfeindliche Elitentheorie Hesses gewonnen werden. Die Schülerinnen und Schülern erhalten so einen Einblick in die übersteigerte Verehrung des heroischen „Ausnahmemenschen“ bei gleichzeitiger Abwertung der großen Masse an mediokren „Herdenmenschen“ in ihrer ganzen, präfaschistischen Fragwürdigkeit.

- *Lesen Sie die folgende Textstelle: S. 84/Z. 21 („Es ist hier nicht die Rede vom Menschen ...“) bis S. 85/Z. 31 („...erdrückt und gefangengehalten wird“). Welches Menschenbild Hesses kommt an dieser Stelle zum Ausdruck?*
- *Wo liegt die Gefahr eines solchen Menschenbildes?*
- *Welche Einstellung gegenüber dem normalen Volk und der Demokratie als Staatsform spricht aus den gelesenen Ausführungen?*
- *Der Literaturwissenschaftler Dieter Meyer wirft Hesse „präfaschistische Elitevorstellungen“ vor. Was könnte Meyer meinen? Teilen Sie seine Ansicht? Lesen Sie dafür die Textstelle S. 69/Z. 21 („Der Bürger ist ...“) bis S. 69/Z. 31 („...freischweifenden Wölfen“).*

Auch wenn sich Hesse selbst gegen die ihm öfter zum Vorwurf gemachte Indienstnahme durch totalitäre Ideologien vehement verwahrte und seine pazifistische, den Nationalsozialismus ablehnende Haltung, die dem Autor kurz nach dem Zweiten Weltkrieg nicht zuletzt den Literaturnobelpreis einbrachte, bekannt ist, sollten die Schülerinnen und Schüler für diese Problemlage sensibilisiert werden. Insbesondere seine Kritik an der angeblich nur Mittelmaß erzeugenden Demokratie als schwacher, den einfachen Herdenmenschen entgegenkommender Staatsform kann angesichts der Katastrophe des Zweiten Weltkrieges nicht unwidersprochen im Raum stehenbleiben. Über Hesses antidemokratische Gesinnung kann dabei kein Zweifel bestehen: „Der Bürger ist deshalb seinem Wesen nach ein Geschöpf von schwachem Lebenstrieb, ängstlich, jede Preisgabe seiner selbst fürchtend, leicht zu regieren. Er hat darum an Stelle der Macht die Majorität gesetzt, an Stelle der Gewalt das Gesetz, an Stelle der Verantwortung das Abstimmungsverfahren.“ (S. 69) Insgesamt ist Sammons in seiner Kritik an Hesses äußerst zweifelhafter bewundernder Stilisierung des Elitemenschen und ihren bekannten Folgen in der konkreten Ausgestaltung der nationalsozialistischen Wirklichkeit Recht zu geben. Die von Hesse angestrebte und im Tractat propagierte „Apokalypse der bürgerlichen Gesellschaft“ vernachlässige die Rechte des Individuums. „Ich habe früher gesagt, dass der Hunger auf Ganzheit bei Hesse nicht in den Ruf nach dem Holocaust ausartete, die lauthals geäußerte Überzeugung, nur ein säuberndes Blutbad könne die Fäulnis aus der bürgerlichen Gesellschaft spülen, Heldentum und Reinheit wiederherstellen. Dennoch klingt uns dieser Ton aus Hesses Schriften entgegen. [...] Trotz allem Idealismus und aller Menschenfreundlichkeit spiegelt sein Bewusstsein unbeabsichtigt ideologische Positionen wider, die katastrophale Folgen gehabt haben.“ (Vgl. Jeffrey Sammons: Hermann Hesse und der Germanist über Dreißig. Zitiert nach H. Esselborn-Krumbiegel: Der Steppenwolf, a. a. O., S. 95)
Auch die Zielgenauigkeit und Verwertbarkeit der Gesellschaftskritik Hesses kann gemeinsam mit den Schülerinnen und Schülern kritisch in den Blick genommen werden. Diese lässt für Meyer doch zu wünschen übrig, eine konkrete Handlungsanweisung könne der Leser nach Lektüre des Romans nicht erwarten, viel zu ungenau und ohne konkrete Anschauung verlaufe der Höhepunkt des Romans, die vermeintliche Lösung für die Probleme Hallers im Magischen Theater. Die Kritik Hesses an der gesellschaftlichen Wirklichkeit werde zwar vehement vorgetragen, sie gehe aber zu wenig „in die Details“, sei „meist zu pauschal“ und „zu wenig auf das Aufzeigen von einzelnen Mechanismen und Gesetzmäßigkeiten ausgerichtet“. (Vgl. E. Y. Meyer: Die großen und die kleinen Wörter. Kritische Bemerkungen des Schriftstellers E. Y. Meyer über Hermann Hesse und seine Sprache. In: Egon Schwarz: Hermann Hesses ‚Steppenwolf‘.

Königstein im Taunus 1980, S. 104) In das gleiche Horn stößt Zierlinger, die Hesse vorwirft, der Interpretation des Magischen Theaters als fragwürdige Verherrlichung eines ungehemmten Drogenkonsums zu breiten Raum eröffnet zu haben: „[...] weder über die Personen, noch über die Situationen, noch über die sprachliche Gestaltung erfolgt eine Distanzierung. Hesse tut eher das Gegenteil. Pablo ist ein *Meister* in Mischung und Dosierung von Drogen. Am Schluss des Romans verschmelzen Mozart und Pablo für Haller zu einer Person. Der *Unsterbliche* wird identisch mit einem charmanten Musiker, der auch Drogenmischer, Zuhälter und Gigolo ist. Was kann man mit dieser Gleichsetzung anfangen?“ (Ursula Zierlinger: Der Steppenwolf. Hermann Hesse. München: Mentor 2006, S. 55)

- *Am Ende erkennt Haller, dass Mozart und Pablo eins sind. Was kann der Leser mit dieser Gleichsetzung anfangen?*
- *Welche konkreten Hilfestellungen leistet Ihrer Meinung nach der Roman? Was kann der Leser direkt umsetzen? Wo liegen Probleme?*

Kritikwürdiges am ‚Steppenwolf‘

- Bedenkenlose Verherrlichung des Elitemenschen („präfaschistisch“)
- Abwertung des Einzelnen als Folge des „Hungers auf Ganzheit“ (↔ GG Artikel 1)
- Abwertung der Demokratie als schwache Staatsform
- Gefahr des Missbrauchs wegen des fragwürdigen Menschenbildes sehr hoch
- Implizit geäußerter Wunsch nach reinigendem „Blutbad“
- Fehlende Anschauung und Konkretheit der Lösung im Magischen Theater
- Offenes Ende: lässt Leser unbefriedigt und mit Fragen zurück
- Bloße Innenschau: Gefahr der narzisstischen Selbstbespiegelung

Gerade angesichts der vielfach wahrgenommenen Tatsache, dass auch die heutige Schülergeneration gegen eine allzu unkritischen Aufnahme der Romane Hesses nicht gefeit ist und sich in teilweise euphorischen Kommentaren ergeht, lohnt sich vielfach eine Vertiefung der Kritik. Hierfür könnten die Schülerinnen und Schüler über einen Schreibauftrag, der gut als Hausaufgabe bearbeitet werden kann, reflektieren, ob Hesses antidemokratische Gesinnung und seine an Nietzsche angelehnte Bewunderung für den außergewöhnlichen Elitemenschen, der aus der Masse hervorsticht und daher auch mehr wert ist als diese, nicht Grund genug für eine Warnung vor dem Roman sind. Unkritische Leser – und dies sind Schülerinnen und Schüler in der Regel – können auf diese Weise davor bewahrt werden, in eine fragwürdige, faschistoide Richtung zu treiben.

- *Verfassen Sie eine Rezension zum Roman ‚Der Steppenwolf‘. Nehmen Sie dabei ausgewählte Aspekte der positiven wie negativen Kritik auf.*

Bei mit der Textsorte unerfahrenen Lerngruppen empfiehlt sich eine kurze, gemeinsame Erarbeitung eines Kriterienkataloges. Da Schülerinnen und Schüler der Oberstufe bereits über Wissen zur Textsorte der Rezension verfügen, beispielsweise über Besprechungen von Kinofilmen in Tageszeitungen oder Online-Empfehlungen von Büchern oder Videospielen in entsprechenden Webportalen, kann dieses Vorwissen über ein Blitzlicht oder Brainstorming abgerufen werden:

- *Was versteht man unter einer Rezension?*
- *Welche Erfahrungen haben Sie bereits mit Rezensionen gemacht?*
- *Welche Funktionen hat eine Rezension?*

Die Ergebnisse können als Tafelanschrieb wie folgt gesichert und von den Schülerinnen und Schülern notiert werden. Diese können dann in der Schreibphase als Orientierung und Leitfaden dienen.

Die Rezension eines Romans soll …

- knapp den Inhalt des Romans wiedergeben, ohne zu viel zu verraten
- auf ein gelungenes Buch aufmerksam machen
- das Thema des Romans benennen, z. B. über das Zitieren einer Kernstelle
- die Einstellung/Meinung des Autors zum dargestellten Problem beleuchten
- die sprachlich-formale Machart des Romans analysieren (Figuren, Sprache, Stil, ...)
- auf mögliche Besonderheiten des Romans eingehen
- zur Lektüre des Romans raten oder vor dem Roman warnen
- die Meinung des Rezensenten begründet deutlich werden lassen
- öffentlich sein

↓

Funktion einer Rezension: **Information und Meinungsbildung**

Steht für den hier skizzierten Baustein kaum Unterrichtszeit zur Verfügung, kann eine weniger umfassende Kritik mithilfe des **Zusatzmaterials 9** (S. 132) erarbeitet werden. Die US-amerikanische Hardrock-Band ‚Steppenwolf' feierte mit ihrem Song „Born to be wild" (**Zusatzmaterial 14**, S. 140), der einige Motive des Romans aufnimmt, einen großen musikalischen Erfolg. Dieser könnte, z. B. über ein **Schülerreferat**, vorgestellt werden.

Notizen

Kritik und Rezeption (I)

Ein echt deutsches Buch, großartig und tiefsinnig, seelenkundig und aufrichtig; analytischer Entwicklungsroman mit romantischer Technik, romantischen Wirrnissen wie die meisten großen deutschen Romane und wie die meisten Bücher Hermann Hesses.

Kurt Pinthus: H.H. – zum 50. Geburtstag. Zitiert nach: Friedrich Voit: Der Steppenwolf, a. a. O., S. 104

Hermann Hesse selbst rechnet mit sich und der Zeit in einem romanartig eingeklcidctcn, doch durchsichtig als Autobiografie seiner gegenwärtigen Seelen- und Lebenssituation gestalteten Buch ‚Der Steppenwolf' [...] ab, in einem unerhört starken, schauerlich-erschütternden, menschlich wahrhaft großen Bekenntnis, das ebenso charakteristisch für die heutige Zeit wie für das Menschsein überhaupt ist. Hier ist der längst notwendige Ausschnitt durch eine entseelte, seelenfeindliche Epoche, ein Querschnitt, der allen Menschen, die noch ein Herz haben, mitten durch den Lebensnerv gehen muss. Wer die Wahrheit dieses Buches nicht erlebt, dass sie auf sein Leben zur Wandlung einwirkt, kann gewiss sein, selbst zu den entseelten, mechanistisch-amerikanisierten Menschen zu zählen, nichts Edel-Menschliches sein Eigen zu nennen.

Aus: Hanns M. Elster: Bücherschau. Die Horen 4 (1927), Heft 1, S. 87 f.

Es scheint klar, dass Hesse ein psychedelisches Erlebnis beschreibt, einen durch Drogen herbeigeführten Verlust des Selbst, eine Reise in die innere Welt. [...] Die Krise des Steppenwolfs, seine inneren Konflikte, seine Verzweiflung, seine Krankhaftigkeit und unbefriedigte Sehnsucht werden in einem wirbelnden Kaleidoskop der Halluzinationen gelöst. (Haller) wird aufgenommen in die auserwählte Gruppe derer, die den verbalen Vorhang durchdrungen haben und vorgestoßen sind zu anderen Erscheinungsformen des Bewusstseins. [...] Auf einer anderen Ebene ist Hesse der Meisterführer zum psychedelischen Erlebnis und seiner Anwendung. Vor deiner LSD-Sitzung solltest du ‚Siddharta' und ‚Steppenwolf' lesen. Der letzte Teil des ‚Steppenwolfs' ist ein unschätzbares Lehrbuch.

Timothy Leary: Meisterführer zum psychedelischen Erlebnis (1963). In: Michels: Materialien, a. a. O., S. 346 f.

Den ungeheuren Stoff hat Hesse mit Meisterschaft gestaltet. Die Sicherheit, mit welcher er die komplizierte Maschinerie spielt, ohne dass je der Gedanke an Mechanik auftauchen könnte, ist bewundernswert. Eine klare, aktive Liebe durchdringt das ganze Buch, ein ‚trotzdem', ein ‚Ja', das wieder manches ‚Ja' hervorlocken wird. Vor einer solchen Rechenschaft über fünfzig Lebensjahre kann man sich nur ehrfurchtsvoll verneigen.

Werner von Schulenburg: Hesse. (1927) Zitiert nach: F. Voit: H.H. Der Steppenwolf, a. a. O., S. 96

Ein Mensch aus der Steppe der Gegenwart. [...] Es handelt sich [...] um einen Anarchisten, der voll rasender Wut auf dieses falsch dastehende Dasein Warenhäuser und Kathedralen zerschlagen und der bürgerlichen Weltordnung das Gesicht ins Genick drehen möchte. Es handelt sich um einen Revolutionär des Ichs. [...] Dies Werk spricht in scharfen, erschütternden, fantastischen und klaren Worten zu uns, es hat eine wunderbare Höhe über jener einst seinen Dichter umfangenen Sentimentalität, die ihm jetzt nur wertvoller erscheint, als etwa überhaupt keine Gefühle zu haben.

Alfred Wolfenstein: Wölfischer Traktat. In: Die Weltbühne 23 (1927), Heft 2. Zitiert nach V. Michels: Materialien, a. a. O., S. 273 ff.

1. *Was hat Ihnen am ‚Steppenwolf' gut gefallen? Tauschen Sie sich über die Stärken des Romans aus und notieren Sie die genannten positiven Aspekte in Stichpunkten.*
2. *Lesen Sie erst jetzt die Textauszüge und klären Sie Verständnisfragen. Ergänzen Sie Ihre Stichpunktliste um neue Aspekte der positiven Kritik.*
3. *Führen Sie im Kurs eine Diskussion um die Frage, ob der ‚Steppenwolf' ein guter Roman ist. Vertreten Sie dabei die romanfreundliche Position u. nutzen Sie Ihre Aufzeichnungen.*

Kritik und Rezeption (II)

Gewiss hat Humor etwas Befreiendes, Lösendes. Aber Humor, Galgenhumor zumal, *erlöst* nicht. Hesse, der die Fahne der Romantik mit Recht in einer allzu technisierten, materialisierten Welt hochhält, täuscht sich und uns, wenn er im befreienden Humor einen Ausweg aus der so verzweifelten Lage der Gegenwart gefunden zu haben glaubt. Es gilt gerade, jede pathologische Romantik, jedes Sichselbstbespiegeln zu überwinden und *nüchtern* die Dinge des Geistes und der Erde anzusehen und anzugreifen. [...] Hesses Philosophie bleibt wirkungslos [...].

Bernhard Rang: Dokumente der Zeit. In: Kunstwart 41 (1928), Heft 7, S. 55

‚Der Steppenwolf' sieht auf den ersten Blick sehr grimmig, zeitgemäß und gefährlich aus, ist aber tatsächlich wenig anderes als ein psychopathologischer Fall, dessen Bewältigung nicht belangreich genug ist, um ihn als Anlass zum Kunstwerk zu nehmen. Dabei fällt auf, dass Hesse [...] Scheingewalten erliegt; er nimmt allerlei Banales gar ernst, schlägt sich mit Schimären herum, die er überschätzt. Natürlich haben die Verzweiflungsbemühungen des betr. Patienten, der sich wie ein getretener Wurm windet, allerlei Interessantes, doch hätte dem Dichter dies alles besser im Rahmen eines klugen Aufsatzes gelegen, anstatt im Roman, der nicht recht in Schwung kommt und dann im Sande verläuft.

Adolf von Grolmann: Hermann Hesses ‚Der Steppenwolf'. In: Die schöne Literatur 29 (1928), Heft 1, S. 24 f.

Der Roman klingt aus, aber endet nicht. Vielmehr bleibt er völlig unabgeschlossen und offen. Man klappt das Buch mit dem Gefühl zu, dass sich eigentlich nichts zugetragen hat, dass der Held zum Schluss der Erzählung an derselben Stelle bleibt, wo man ihm am Anfang begegnet ist, dass ihm noch bevorsteht, alles von vorn anzufangen. Und solch eine Offenheit und Unabgeschlossenheit des Endes ist nahezu für die gesamte Epik Hesses kennzeichnend.

Reso Karalaschwili: Hermann Hesses Romanwelt. Köln/Wien 1986, S. 105

Dies aber ist deutsch: Dass dieser unendliche Innenrummel Selbstzweck ist; Selbstzweck jene Wandlung; Selbstzweck die Bünde und Spaltungen; Selbstzweck die Bekenntnisse und die Ableugnungen – Selbstzweck das Prunken mit Neurosen, Selbstzweck Leidenschaften, innere Stürme, neue Romantik. Es ist kein Zufall, dass diese Innenkünstler fast immer reaktionär sind oder aber – und das ist der schlimmere Fall – von Reaktionären benutzt, ausgenutzt und missbraucht werden können.

Kurt Tucholsky: Der deutsche Mensch (1927). In: Volker Michels: Materialien zu Hermann Hesses ‚Der Steppenwolf', a. a. O., S. 291 f.

Mit ihrer wichtigtuerischen und humorlosen Pompösität, die nur dem Deutschen eigen ist, haben diese Schriftsteller seit hundert Jahren sich darin geübt, den Weltschmerz ihrer Helden zu studieren, als seien diese mehr als nur mondsüchtige Kälber. Hermann Hesse, der Nobelpreisträger für Literatur [...], hat sich nahe an diesen bierigen Trug gehalten, als er den ‚Steppenwolf' schrieb. In seinem Roman findet man alle jene abstoßenden Qualitäten des deutschen Romantizismus.

Arthur Gould: Ein wimmernder Wolf wehklagt unter Qualen des Selbstmitleids. In: Egon Schwarz: Steppenwolf, a. a. O., S. 67 f.

Und dazu gehört auch, dass die Schilderung der gesellschaftlichen Wirklichkeit mit ihren Einflüssen auf den Menschen [...] zwar nicht fehlt [...], [...] dass diese Schilderung der gesellschaftlichen Wirklichkeit aber meist zu wenig konkret, zu wenig in die Details gehend, dass diese Kritik an ihr meist zu pauschal, zu wenig auf das Aufzeigen von einzelnen Mechanismen und Gesetzmäßigkeiten gerichtet ist.

E. Y. Meyer: Die großen u. die kleinen Wörter. In: Egon Schwarz: Hermann Hesses ‚Steppenwolf'. Königstein/Taunus 1980, S. 98 – 104

1. *Sammeln Sie Kritikpunkte am Roman und notieren Sie diese in Stichpunkten.*
2. *Lesen Sie erst jetzt die Textauszüge. Versuchen Sie sich deren Kritikpunkte im Gespräch klarzumachen. Ergänzen Sie Ihre Stichpunktliste um neue Aspekte der Kritik.*
3. *Führen Sie im Kurs eine Diskussion um die Frage, ob der ‚Steppenwolf' ein guter Roman ist. Vertreten Sie dabei die romankritische Position u. nutzen Sie Ihre Aufzeichnungen.*

Grundlagen der Erzähltechnik

Vom Autor unterscheidet man den Erzähler, der dem Leser das erzählte Geschehen vermittelt. Der Erzähler kann zwei verschiedene **Erzählformen** verwenden und mit Blick auf das erzählte Geschehen unterschiedliche **Erzählperspektiven** einnehmen sowie ein unterschiedliches **Erzählverhalten** zeigen:

Bei der **Erzählform** unterscheidet man zwischen der **Er-/Sie-Erzählung** und der **Ich-Erzählung**. Bei ersterer berichtet der Erzähler über andere und tritt nicht selbst als Figur auf. Dies trifft auch dann zu, wenn er sich gelegentlich oder beiläufig als Ich ins Spiel bringt. Entscheidend ist, dass er nicht aus seinem eigenen Leben erzählt, sondern von Erlebnissen anderer Personen berichtet. Bei der Ich-Erzählung hingegen tritt er in Erscheinung und spricht von sich.

Die **Innen- und Außensicht** sind die zentralen Merkmale der **Erzählperspektive**. Unter Innensicht versteht man einen Erzähler, der in die Figuren hineinsehen kann und um ihre Gedanken, Gefühle und Motive weiß. Wählt er die **Außensicht**, erzählt er nur das, was er von außen betrachtend wahrnehmen kann.

Beim **Erzählverhalten** differenziert man zwischen neutralem, auktorialem (= allwissendem) und personalem Verhalten. Beim **neutralen Erzählverhalten** legt der Erzähler das Geschehen wie von einem nicht sichtbaren Beobachter dar. Der in der Außensicht erzählende Erzähler wird vom Leser häufig nicht einmal bemerkt. Beim **auktorialen Erzählverhalten** wird sowohl von Innen- als auch von Außensicht berichtet. Der souveräne Erzähler kennt sämtliche Kontexte der Handlung sowie die Gedanken und Gefühle der Beteiligten. Er überblickt Vergangenheit, Gegenwart und Zukunft. Durch Kommentierungen des Geschehens, Hintergrundinformationen, Vorausdeutungen, Rückblicke und Wertungen gibt er zu verstehen, dass er weitaus mehr weiß als die Figuren, von denen er erzählt. Natürlich kann sich der allwissende Erzähler auch zurückhaltend geben. Beim **personalen Erzählverhalten** beschränkt sich der Erzähler auf die Sicht einer oder mehrerer Figuren. Er teilt dann ihre Wahrnehmungen, Gefühle und Gedanken, sodass der Leser das Geschehen aus ihrer Sicht miterleben kann.

In modernen Texten wechseln Erzählverhalten und Erzählperspektive auch innerhalb eines Textes. Solche erzähltechnischen Veränderungen können einem bei der Interpretation eines Textes häufig helfen.

1. *Bestimmen Sie Erzählverhalten, -perspektive und -form im Vorwort des Herausgebers, den Aufzeichnungen Harry Hallers (I. und II. Teil) sowie im Tractat.*
2. *Was stellen Sie fest? Inwiefern unterscheiden sich Ihre Untersuchungsergebnisse von gängigen Lektüreerfahrungen?*
3. *Welche Wirkungsabsicht könnte Hesse mit den von ihm gewählten erzähltechnischen Verfahrensweisen beabsichtigen?*

Ein Bildvergleich: Hesse und Rodin

Auguste Rodin:
Der Denker

- *Beschreiben Sie Rodins Denker („Le penseur"). Womit beschäftigt er sich?*
- *Beziehen Sie Rodins Denker auf den Intellektuellen und Künstler Harry H. Inwiefern kann die dargestellte Situation als Problem oder Belastung empfunden werden?*
- *Beschreiben Sie Hesses Bild. Was wird dargestellt?*
- *Haben Sie selbst einmal an einem Maskenball teilgenommen? Berichten Sie von Ihren Erfahrungen. Worin liegt der Reiz von Maskenbällen?*
- *Vergleichen Sie beide Abbildungen miteinander und beziehen Sie sie auf Harry Haller. Was erhofft er sich von Maskenball und Magischem Theater?*

Hermann Hesse: Maskenball (Aquarell 1926)

Die textgebundene Erörterung

A So gehen Sie vor dem Schreiben Ihrer Erörterung vor:

1. Um was geht es in dem Text/in den Texten?
Lesen Sie den Text überfliegend und verschaffen Sie sich einen ersten Überblick über das Thema bzw. die Aufgabenstellung. Manchmal helfen Überschriften oder Teilüberschriften.

2. Erschließen Sie sich den Textinhalt
Erarbeiten Sie den Textinhalt durch wiederholendes Lesen. Markieren Sie zentrale sowie unklare Textstellen. Unterteilen Sie den Text in Sinnabschnitte und fassen Sie den Kern der Abschnitte kurz zusammen. Untersuchen Sie, wie der Autor seine Argumente in den einzelnen Abschnitten aufbaut. Welche Position vertritt er, wie verdeutlicht er seine Argumente?

3. Klärung der eigenen Position
Versuchen Sie in Abgrenzung zur Textvorlage zu einer eigenen, begründbaren Position zu gelangen. Hier haben Sie drei Möglichkeiten: Sie können der Meinung des Autors begründet zustimmen, z. B. indem Sie die Qualität der Argumente eines Textes betonen und weitere Argumente nennen, die dessen Position stützen. Sind Sie völlig anderer Meinung als der Autor, können Sie begründet widersprechen, indem Sie die Argumente inhaltlich und formal zu entkräften versuchen, z. B. mithilfe von Gegenargumenten. Am häufigsten nehmen Sie jedoch eine ausgewogene Position ein, bei der Sie teilweise mit dem Autor übereinstimmen werden, andererseits aber auch bestimmte Ansichten nicht teilen.

B So bauen Sie Ihren Text auf:

4. Die Gliederung der textgebundenen Erörterung

I. Einleitung
Benennen Sie den Verfasser, den Titel, den Erscheinungsort und das zentrale Thema des Textes. Vielleicht können Sie das Thema an ein aktuelles gesellschaftliches Ereignis anbinden.

II. Hauptteil
a. *Textwiedergabe:* Formulieren Sie (im Präsens) eine kurze Inhaltsangabe des Textes. Untersuchen Sie die Art und Qualität der Argumentation der Textvorlage(n). Ist die Argumentationsstruktur linear oder antithetisch, wird also nur eine bestimmte Meinung vertreten oder werden beide Seiten beleuchtet?

b. *Erörterung:* Den Schwerpunkt im Hauptteil bildet Ihre eigenständige Erörterung. Setzen Sie sich hier mit den Argumenten des Autors kritisch auseinander und verdeutlichen Sie begründet Ihre eigene Position zum Thema. Wichtig: Es sollte für den Leser immer ersichtlich sein, ob Sie gerade eine Position der Textvorlage behandeln oder aber Ihre eigene Position entwickeln. Trennen Sie daher nach Möglichkeit Analyse und Erörterung.

III. Schluss
Hier können Sie einen Ausblick auf mögliche Lösungsmöglichkeiten oder weitere Problematisierungen geben. Ebenso ist es denkbar, zentrale Argumente abschließend zusammenzufassen und daraus die eigene – zustimmende, ablehnende oder abwägende – Position darzustellen.

Die Freud'sche Bewusstseinsstruktur

1. *Beschreiben Sie die Zeichnung. Was wird dargestellt?*
2. *Welche Aspekte der Psychoanalyse Sigmund Freuds sind Ihnen bekannt?*
3. *Warum kann man die Theorie Freuds als Bedrohung empfinden?*

Psychoanalytische Symbolik nach Lacan: „Spiegel“

„[...] Es wurde beschrieben, wie für Freud in einer frühen Phase der kindlichen Entwicklung noch keine Unterscheidung zwischen Subjekt und Objekt, dem Selbst und der Außenwelt möglich ist. Diese Seinsphase nennt (der französische Psychoanalytiker, T. S.) Jacques Lacan die ‚imaginäre‘, womit er einen Zustand meint, in dem uns jeglicher definierter Mittelpunkt des Selbst fehlt, in dem das ‚Selbst‘, das wir haben, in einem ununterbrochenen Austausch in die Objekte überzugehen scheint und umgekehrt. [...] Wenn wir uns ein kleines Kind vorstellen, das sich im Spiegel betrachtet – Lacans sogenanntes ‚Spiegel-Stadium‘ – können wir sehen, wie sich die erste kindliche Entwicklung eines Ich, eines integrierten Bildes des Selbst, aus dieser ‚imaginären‘ Seinsphase heraus abzuspielen beginnt. Das Kind [...] findet im Spiegel die Wiedergabe eines erfreulich einheitlichen Bildes von sich selbst, [...] die Grenzen zwischen Subjekt und Objekt sind noch verwischt. [...] Wir können uns das kleine Kind, das sich im Spiegel betrachtet, als eine Art ‚Signifikanten‘ vorstellen – etwas, was in der Lage ist, Bedeutung zu verleihen – und das Bild, das es im Spiegel sieht, als eine Art ‚Signifikat‘. Das Bild, das das Kind sieht, ist in gewisser Weise seine eigene Bedeutung. Signifikant und Signifikat sind hier so harmonisch vereinigt wie im Saussureschen Zeichen. [...] Es ist eine Welt der Fülle, ohne irgendeinen Makel oder Ausschluss: vor dem Spiegel findet der Signifikant (das Kind) eine ‚Fülle‘, eine vollständige und unbefleckte Identität im Signifikat seines Spiegelbildes. Zwischen Signifikat und Signifikant, zwischen Subjekt und Welt klafft noch kein Abgrund.

Aus: Terry Eagleton: Einführung in die Literaturtheorie, S. 152 – 154

1. *Recherchieren Sie – falls erforderlich – die Grundidee von Ferdinand de Saussures Erkenntnis über das Wesen der Sprache, die er in seinem Buch „Die Natur des sprachlichen Zeichens“ (1916/deutsch 1931) veröffentlichte.*
2. *Stellen Sie die Überlegungen des Psychoanalytikers Lacan in einer knappen Zeichnung dar. Darin sollten das Kind, die Außenwelt und ein Spiegel vorkommen.*
3. *Nun erfolgt der Transfer der theoretischen Überlegungen zum ‚Steppenwolf‘. Kreuzen Sie Ihrer Meinung nach zutreffende Aussagen an.*

Der Steppenwolf – psychoanalytisch gedeutet	**trifft zu**	**trifft nicht zu**
Harry Haller ist als Intellektueller geistig so weit entwickelt, dass er nie mehr wie ein Kind sein möchte, da dieses die Welt nicht richtig verstehen kann.		
Harry Haller leidet unter der Trennung des Ichs von der Welt der Erscheinungen als Folge von gesellschaftlicher Erziehung und Sozialisation.		
Nach Lacan sieht sich das Kind im Spiegel in einem harmonischen, von der Welt noch nicht entfremdeten Zustand. Zwischen dem Zeichen (das Spiegelbild) und dem Bezeichneten (das Kind) herrscht noch kein Unterschied. Diese Einheit soll auch Harry Haller wiedererlangen, deshalb schaut er so häufig in einen Spiegel oder bekommt ihn von Pablo und Maria offeriert. Haller will die „Rückkehr zu naivem kindlichen Miterleben ohne Reflexion“. (Michels, 101)		
Indem die Dinge benannt werden, wir ihnen einen Namen geben, entfremden wir uns zugleich von ihnen selbst und bauen eine trennende Mauer auf. Diese Mauer soll im Magischen Theater niedergerissen werden, indem gültige Benennungen nicht mehr zählen und Grenzen im Rausch verwischt werden.		
Das Magische Theater entspricht der ‚imaginären Seinsphase‘ nach Lacan		

Eine Wandzeitung erstellen

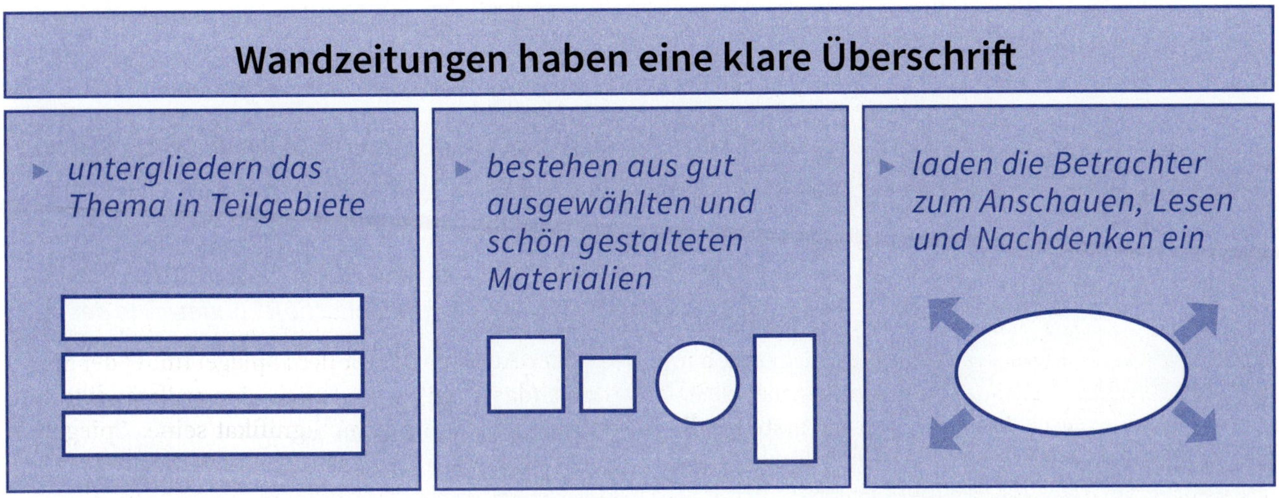

Wozu erstellt man eine Wandzeitung?

Die Wandzeitung ist eine informative, großformatige, gut lesbare und anschaulich gestaltete Präsentationsform von Arbeitsergebnissen. Sie dient als Informationsquelle für Mitschülerinnen und Mitschüler, Lehrerinnen und Lehrer oder auch für eine breitere Öffentlichkeit.

Eine gute Wandzeitung hat eine klare Überschrift. Sie ist optisch so ansprechend gestaltet, dass sie zum Anschauen und Lesen einlädt. Für die Verfasserinnen und Verfasser selbst hat sie den Effekt, dass man längere Zeit auf die erarbeiteten Informationen zurückgreifen kann.

Wandzeitungen können in fast allen Fächern erstellt werden. Man kann z. B. geschichtliche Epochen darstellen, Themen aus der Tier- und Pflanzenwelt, Ergebnisse naturwissenschaftlicher Experimente, Länder, Kontinente, Menschen in anderen Ländern, aktuelle Krisengebiete, Kunstrichtungen, Baustile u. v. a. m.

Wie erstellt man sie?

Nachdem man sich auf ein Thema für die Wandzeitung geeinigt hat, sollte man über die Zielsetzung nachdenken. Für welche Adressatengruppe machen wir sie? Was soll sie den Betrachtern vermitteln? Es bietet sich eine Erarbeitung in Gruppen an, wobei eine bestimmte Zeit für die Fertigstellung vereinbart werden sollte.

Danach kann man das Thema in verschiedene Teilgebiete untergliedern und nach den passenden Materialien suchen. Aus dem Gesamtmaterial muss eine Auswahl getroffen werden, damit die Wandzeitung nicht überladen wirkt.

Eine formal übersichtliche und optisch ansprechende Gestaltung ist für die Wirkung einer Wandzeitung sehr bedeutsam. Verwendet kurze, selbst geschriebene Texte. Besonders ansprechend wirken selbst angefertigte Zeichnungen und andere Visualisierungen, die auch aus dem Computer stammen können. Auch Fotos und andere fertige Materialien können verwendet werden. Auf die Verwendung kopierter Texte sollte ihr verzichten, weil sie in der Regel von den Betrachtern nicht gelesen werden. Die Textmenge darf nicht zu umfangreich sein.

Worauf solltet ihr besonders achten?

- Schriftgröße (als Faustregel gilt, pro Meter Abstand, aus dem die Wandzeitung lesbar sein soll, ein Zentimeter Mindestschriftgröße, z. B. bei drei Metern Abstand, drei Zentimeter große Buchstaben)
- Schriftfarbe: Rot sparsam verwenden, grün wirkt positiv, blau beruhigend, gelb und orange signalgebend, schwarz kann unsauber wirken
- Ansprechende Überschriften
- Ausgewogenes Verhältnis von Text und Bildern
- Übersichtliche Gliederung

Aus: Wolfgang Mattes: Methoden für den Unterricht. Paderborn: Schöningh 2002, S. 107

Georg Grosz: Stützen der Gesellschaft (1926)

- *Beschreiben Sie das berühmte Bild des Künstlers Georg Grosz'. Was wird dargestellt?*
- *Wofür könnten einzelne Figuren auf dem Bild stehen? Welche Funktion haben sie?*
- *Wie ist der Titel „Stützen der Gesellschaft" angesichts der Aussage des Bildes zu verstehen?*
- *Stellen Sie eine Verbindung zu Hesses Roman ‚Der Steppenwolf' her.*
- *Hesses Protagonist Harry Haller empfindet in einer „von Aktiengesellschaften ausgesogenen Erde die Menschenwelt und sogenannte Kultur in ihrem verlogenen und gemeinen blechernen Jahrmarktsglanz" wie „ein Brechmittel".*
  (S. 32) Hermine kann Hallers „Abscheu vor der Politik", seine „Trauer über das Geschwätz und verantwortungslose Getue der Parteien, der Presse", seine „Verzweiflung über den Krieg", über die „Art, wie man heute denkt, liest, baut, Musik macht, Feste feiert, Bildung betreibt" gut verstehen. (S. 161)
  Wo finden sich hier Parallelen zu der Gesellschaftskritik Grosz'?

Collage: „Was der Mensch ist, sagt ihm nur seine Geschichte" (Wilhelm Dilthey)

Die Familie Hesse, 1889

Hermann Hesse als kleiner Junge

Hermann Hesse beim Nacktklettern

Den tiefsten Ursprung meiner ganzen Lebenskrankheit kenne ich nur allzu gut, er liegt darin, daß in den Jugendjahren, fürs Leben bestimmt, all meine Anlagen, Wünsche und all meine Selbsterziehung sich rein auf das Seelisch-Dichterische gerichtet hat und daß ich mit der Zeit immer klarer erkennen mußte, daß ich damit in unsrer Zeit ein hoffnungsloser Outsider sei.

Hesse in einem Brief an Emil Molt am 26.6.1923

Hermann Hesse, 1937

Hermann Hesse in Montagnola

Zur Kritik am Roman: Viel Lärm um nichts?

1. *Beschreiben und deuten Sie die Karikatur.*
2. *Beziehen Sie die Aussage der Karikatur auf das Leiden Harry Hallers.*
3. *Lesen Sie die beiden Auszüge aus Rezensionen zu Hesses Roman ‚Der Steppenwolf' und verfassen Sie im Anschluss unter Bezugnahme auf die Karikatur eine kritische Stellungnahme zur Steppenwolf-Problematik.*

Der ‚Steppenwolf' sieht auf den ersten Blick sehr grimmig, zeitgemäß und gefährlich aus, ist aber tatsächlich wenig anderes als ein psychopathologischer Fall, dessen Bewältigung nicht belangreich genug ist, um ihn als Anlass zum Kunstwerk zu nehmen. Dabei fällt auf, dass Hesse […] Scheingewalten erliegt; er nimmt allerlei Banales gar ernst, schlägt sich mit Schimären herum, die er überschätzt. Natürlich haben die Verzweiflungsbemühungen des betr. Patienten, der sich wie ein getretener Wurm windet, allerlei Interessantes, doch hätte dem Dichter dies alles besser im Rahmen eines klugen Aufsatzes gelegen, anstatt im Roman, der nicht recht in Schwung kommt und dann im Sande verläuft.

Adolf von Grolmann: Hermann Hesses ‚Der Steppenwolf'. In: Die schöne Literatur 29 (1928), Heft 1, S. 24 f.

Dies aber ist deutsch: Dass dieser unendliche Innenrummel Selbstzweck ist; Selbstzweck jene Wandlung; Selbstzweck die Bünde und Spaltungen; Selbstzweck die Bekenntnisse und die Ableugnungen – Selbstzweck das Prunken mit Neurosen, Selbstzweck Leidenschaften, innere Stürme, neue Romantik. Es ist kein Zufall, dass diese Innenkünstler fast immer reaktionär sind oder aber – und das ist der schlimmere Fall – von Reaktionären benutzt, ausgenutzt und missbraucht werden können.

Kurt Tucholsky: Der deutsche Mensch (1927). Zit. nach: Volker Michels: Materialien zu Hermann Hesses „Der Steppenwolf", Frankfurt am Main: Suhrkamp 1974, S. 219 f.

Thomas Tuma: Maden in Germany (2008)

Sorry, wir müssen doch noch mal übers RTL-Dschungelcamp reden: Denn nirgendwo zerlegt sich das deutsche Privatfernsehen derart lustvoll, raffiniert – und erfolgreich.

An einem Moppel-Ich wie Dirk Bach perlt so etwas wie Niveau glatt ab. Es geht quasi den Bach runter, würden seine Autoren vielleicht schreiben. Selbstironie ist hier draußen im australischen Dschungel Programm. Mindestens eine Live-Stunde täglich. Auf RTL. Es ist Freitag früh vergangener Woche, 8.25 Uhr australischer Ortszeit, und dieser lustige Roll- bis Schmollmops hat mit seiner Kollegin Sonja Zietlow gerade die neueste Ausgabe des RTL-Dschungelcamps „Ich bin ein Star – Holt mich hier raus!“ moderiert. Beide würden schon jetzt gern eine vierte Staffel dekorieren, die aber noch nicht beschlossen ist. „Ich habe viel Freude daran“, gackert Bach, der davor wieder einmal aussah wie eine Mischung aus Urmel und Disco-Kugel, während unten im Camp zehn bislang weitgehend unbekannte „Stars“ vor sich hin vegetierten. Die Ex-Schlagergröße Bata Illic dämmerte im Wachkoma. Trotz sorgfältiger Vorbereitung ertrank ein gewisser DJ Tomekk nicht beim Ausstieg aus einem absaufenden Geländewagen. Die Ex-Schauspielergattin Barbara Herzsprung lief sich die Füße schrundig. Und das Ex-Pornosternchen Michaela Schaffrath sah aus, als wäre sie ihr eigener kleiner Bruder. Alles sehr Ex hier. Ex-trem erfolgreich.

Natürlich gibt es kein richtiges Leben in einem derart falschen. Aber manchmal taugt dieser Dschungel mit all seinen absurden Inszenierungen, Lügen und Langweilern eben auch für Momente überraschender Selbstreflexion. Etwa als die Kandidatin Lisa Bund Anfang vergangener Woche ihren großen Heulauftritt hatte. Seit sie vor einem Jahr bei „Deutschland sucht den Superstar“ („DSDS“) rausflog, versucht sie, ihren überschaubaren Bekanntheitsgrad und die noch kleinere Gesangskarriere zu konservieren. So landete sie nun im Dschungelcamp und muss mit anderen Lemuren des Showgeschäfts eine Art Freiluft-WG-Theater aufführen. Sie darf den Mund vollnehmen – aber bitte vor allem mit Kakerlaken oder Mehlwürmern. Frau Bund weinte dann Rotz und Wasser: „Ich hab versuchen wollen, dass die Leute mich lieben wegen meiner Musik. Und das hat alles nicht so funktioniert, wie ich es wollte. Und jetzt muss ich hierherkommen, um den Leuten was zu beweisen, verstehst du?“ O ja, wir haben verstanden.

Und auch Frau Bund scheint zu dämmern: Sie ist jetzt einerseits ganz oben, weil Akteurin in der aktuell erfolgreichsten Show des deutschen Privatfernsehens. Zugleich ist sie ganz unten, weil kaum ein anderes Format Menschen derart lustvoll-schäbig der Lächerlichkeit preisgibt wie diese Art von Sozialstarwinismus. Frau Bund ist 19 Jahre alt. Wenn man diese junge Frau so sieht, wird Jugendkriminalität zu einer zumindest nachvollziehbaren Alternative. RTL hat Lisa Bund erfunden, RTL trampelt nun auf ihr herum. [...]

Das wäre nicht weiter wichtig, wenn sie nicht durchaus exemplarisch dafür wäre, wie sich das deutsche Privatfernsehen mit ihrer Hilfe fröhlich selbst zerlegt – professionell und gewinnbringend, denn die Quoten des Dschungelcamps sind enorm. Der Sender bemüht sich zwar zu erklären, dass eben nicht die Massen des IQ-Prekariats zuschauen, sondern eigentlich nur noch Nobelpreisträger aufwärts. Aber das ist erstens vor allem dem CDU-Ministerpräsidenten Günther Oettinger geschuldet, der diverse Kanäle jüngst als „Scheiß-Privatfernsehen“ beschimpft hat. Zweitens ist eine andere Zahl viel interessanter. Je jünger die Zielgruppe, umso größer das Dschungelcamp-Interesse. Bei den unter 20-Jährigen sind die Buschtrommler quasi Pflicht. Es ist die komplette Generation Lisa, die „Stars“ gar nicht mehr anders kennengelernt hat denn als stetig wachsender Haufen grenzdebiler Kurzzeit-Promis mit Woher-kenn-ich-bloß-das-Gesicht. Das Privatfernsehen erfand und befeuerte diesen Trend. Es muss Geld verdienen. Geld bringt nicht die lange und mühsame Pflege eines Talents, sondern das Prinzip: günstiger Einkauf, schneller Verkauf, Wiedererkennung durch Dauerpräsenz, in der auch noch so alltägliche Leben als Endlos-Seifenoper inszeniert werden können. So wurde einst aus Verona Feldbusch eine frühe Marke [...]. Erschaffen werden aber vor allem Karikaturen. Die Zuschauerauslese hat nichts mit Demokratisierung zu tun, sondern mit der effizienten Abdeckung der gesamten Wertschöpfungskette. Folglich fängt die Arbeit heute schon beim Casting an, um das herum die Sender ein komplettes Genre gezimmert haben, das von „Popstars“ auf ProSieben bis zu „DSDS“ auf RTL reicht. Es zeigt Menschen der Generation Lisa, die für ein bisschen TV-Ruhm jede Demütigung ertragen und von Einpeitschern wie Dieter Bohlen verinnerlicht bekommen, dass das Hochkommen und Obenbleiben ein ewiger Kampf ist, für den man seine Menschenrechte tunlichst an der Studiogarderobe abgeben sollte. Die Sender zeigen die Mühsal, die Erniedrigungen, Tränen und Verlogenheit.

Das Dschungelcamp ist der Gegenentwurf. Es ist das Abklingbecken und zugleich die Wiederaufbereitungsanlage für jenen völlig verstrahlten TV-Bodensatz bisweilen tragischer Ex-Irgendwasse, die hier eine Chance zu Rückkehr und Resozialisierung oder zum Total-Aus erhalten. [...] Dabei ist es ganz einfach: Formate wie das Dschungelcamp werden für eine wachsende Zahl von TV-Gesichtern die Endstation Sehnsucht. Die Zahl derer, die noch über eine Art Restwürde verfügen, sich zu verweigern, nimmt ab. Die Zukunft gehört Geschöpfen wie Lisa Bund oder Ross Anthony. Ross wer? Er war Mitglied der bei „Popstars“ gekürten Band Bro'Sis, die sich längst zerlegt hat. Die Generation Lisa kennt ihn. Ross ist 33, weint viel, hält sich im Camp an seinem scheddrigen Teddybär fest und dürfte vor zwei Jahren die erste Therapie benötigt haben. Es ist tragisch, ihm dabei zuzusehen, wie er sich im Dschungelcamp endgültig zum tuntigen Volltrottel abstempeln lässt. Aber genau deshalb ist die Show auch große Unterhaltung. Weil sie mit allen Inszenierungstricks alle Instinkte anspricht: von Voyeurismus und Schadenfreude über die Grusellust am Ekel bis zu schierem Mitleid. Ideal übrigens für Stammtische wie Medienjournalisten: Die einen begeistert Kandidatin Isabel im Schleimbad. Die andern freut es, wenn DJ Tomekk und Ross sich einander das Herz ausschütten und die Regie die Musik des Schwulendramoletts „Brokeback Mountain“ drunterlegt. Das Dschungelcamp ist mal anarchisch und subversiv, mal plump und zugleich selbstzerstörerisch. Weil das Privatfernsehen darin den Starkult banalisiert, den es braucht. Weil es den eigenen Ereignischarakter aushöhlt, wenn es doch nur noch Verlierer produziert. Weil es die Verlogenheit des Mediums zelebriert, als gäbe es kein Morgen.

In rund zehn Jahren wird die Riege der letzten echten Fernsehstars in der Jauchschmidtgottschalk-Kategorie allmählich abtreten. Sie werden ersetzt von einem Heer verhaltensgestörter Kurzzeit-Freaks, Zielgruppen-Ikönchen und Nischen-Berühmthei-ten. Ab Mittwoch dieser Woche wird das Reservoir weiter gefüllt werden, denn dann beginnt die neue Staffel von „Deutschland sucht den Superstar“. RTL verspricht sich auch davon viel. Aber ganz sicher keinen Star.

Aus: SPIEGEL 4/2008, S. 144

1. *Analysieren Sie den Sachtext von Thomas Tuma, indem Sie zentrale Kritikpunkte des Autors herausarbeiten. Inwiefern kann man seine These als Kulturkritik begreifen?*
2. *Vergleichen Sie die Kulturkritik Tumas mit der Hesses, insbesondere mit dessen Kritik am Radio und an der Amerikanisierung seiner Lebenswelt.*
3. *Schreiben Sie einen kritischen Leserbrief an die Redaktion des SPIEGELs und antworten Sie auf Tumas Thesen, indem Sie positive Aspekte des Fernsehens der Gegenwart herausstellen.*

Klausurvorschlag I: Rezension

Helga Esselborn-Krumbiegel: ‚Eigensinn'

[...] Der Roman unterstützt die Leser/innen bei ihrer Suche nach eigenen Lebensmöglichkeiten. Eigensinn hat Hermann Hesse diese Tugend genannt, die den Einzelnen dem Gesetz in sich selbst folgen lässt. Und er weiß um seine Sprengkraft. [...] Gerade dieser Eigensinn aber kann in unserer Gesellschaft jungen Menschen Mut machen, sich gegen den gesellschaftlich konformistischen Druck zu behaupten. So stärkt die Begegnung mit dem ‚Steppenwolf' den Leser, der unterwegs ist, durch Irrtümer und falsche Ich-Bilder hindurch, er selbst zu werden. [...]

Man muss indes Harry Hallers Abscheu vor der Technik und dem modernen Kulturbetrieb nicht teilen, ebenso wenig seine ewigen Werte als Richtmaß des eigenen Lebens anerkennen. Entscheidend sind allein seine Bereitschaft und seine Fähigkeit, falsche Sicherheiten aufzugeben und sich selber grundsätzlich infrage zu stellen.

So machen junge Leser/innen in der Begegnung mit Hesses ‚Steppenwolf' nachhaltige Erfahrungen mit den Identifikationsmustern der Literatur und nicht zuletzt auch mit ihrer therapeutischen Wirkung. Im Steppenwolf begegnet ihnen ein Verzweifelter, der sich dem eigenen inneren Chaos stellt, der in den wilden Exzessen des Magischen Theaters sich selber erkennt, einer, der nicht aufgibt, sondern bereit wird zur Wandlung. Die heilende Wirkung des Romans entfaltet sich, sobald der Leser mit Harry Haller vor den Spiegel der Selbstbegegnung tritt. Hier wird er bereit, die dunklen Seiten seines Innern, seine ungezähmten, widersprüchlichen Impulse anzunehmen und in sich selber die Kraft seiner eigenen Mitte zu entdecken.

Sich diese Erfahrungen bewusst zu machen und ihre Mechanismen zu begreifen, weckt Verständnis für die Eigengesetzlichkeit und Wirkungsweise der Literatur. Zugleich schärft eine hellsichtig geführte Auseinandersetzung mit Hesses Texten auch die Wahrnehmung für die falschen Töne, die weltanschaulich überfrachteten und suggestiv verklärenden Passagen des Romans. Ganz im Sinne des Steppenwolfs wird sich so Hesses Gegenwelt, die Welt der ewigen Werte, der Kritik stellen müssen. Die Normen und Werte bürgerlicher Bildungstradition, in der Harry Hallers Kulturkritik letztlich gründet, müssen die Leser des Romans in eigener Verantwortung auf ihre Tragfähigkeit hin prüfen. Die Kritikfähigkeit, die Hesse in seinen Lesern stärkt, macht so auch vor Hesses Texten selber nicht halt. *‚Ich bestärke'*, schrieb der Autor im Jahre 1933, *‚soweit meine Einfühlung reicht, jeden einzelnen in dem, was ihn von den Normen trennt, und suche ihm den Sinn davon zu zeigen.'* Diese Bereitschaft, überkommene Normen zu verletzen, ermutigt gerade junge Menschen zu ihrer wichtigsten Aufgabe: sich selbst zu entdecken. In Hesses Texten begegnet ihnen ein Autor, der das einzelne unverwechselbare Individuum ernst nimmt: *‚Das Leben jedes Menschen ist ein Weg zu sich selber hin, der Versuch eines Weges, die Andeutung eines Pfades. [...] Jeder Mensch aber ist nicht nur er selber, er ist auch der einmalige, ganz besondere, in jedem Fall wichtige und merkwürdige Punkt, wo die Erscheinungen der Welt sich kreuzen, nur einmal so und nie wieder.'*

Ein Wagnis bleibt die Lektüre des ‚Steppenwolfs': Wer seiner Faszination erliegt, findet sich vielleicht vor dem zerbrochenen Spiegel wieder, ohne in Harry Hallers Gegenwelt eine Zuflucht zu finden. Wer andererseits in der bloßen narzisstischen Selbstbespiegelung verhaftet bleibt, mit der eigenen Zerrissenheit kokettiert, dem wird keine lebensverändernde Entscheidung ermöglicht. Wer aber im Widerstand gegen Klischees und postulierte Bedeutsamkeit seine eigene Gegenwelt sucht, wird mit dem Steppenwolf bereit, *‚für einen Moment, für den Besitz eines Momentes alles sein, alles mitfühlen, alles mitleiden, alles verstehen und bejahen zu können, was in der Welt ist.'*

Aus: Helga Esselborn-Krumbiegel: Hesse, ‚Der Steppenwolf', 1927. In: K.M. Bogdal/C. Kammler (Hg.): (K)ein Kanon. 30 Schulklassiker neu gelesen. München: Oldenbourg 2000, S. 110–112 (Auszüge)

Name:	Schule:	Fachlehrer:
Kurs:	Arbeitszeit:	

Thema der Unterrichtsreihe: Hermann Hesses Roman „Der Steppenwolf"

Aufgabenart: Analyse eines Sachtextes mit weiterführendem Schreibauftrag

1. *Analysieren Sie den vorliegenden Sachtextauszug von Helga Esselborn-Krumbiegel nach Inhalt und Form, indem sie ihn*
   - *inhaltlich systematisch wiedergeben und seine Kernaussagen erläutern,*
   - *den Argumentations- und Gedankengang der Autorin nachvollziehbar beschreiben,*
   - *die Sprache und die Syntax des Textes untersuchen sowie*
   - *abschließend die Intention (Wirkungsabsicht) des Textes herausarbeiten.*

   (42 Punkte)

2. *Nehmen Sie im Hinblick auf das Handlungsgeschehen des Romans „Der Steppenwolf" selbst Stellung zu der Frage, ob und inwiefern es sich bei Hesses Roman um einen Text handelt, den junge heranwachsende Menschen im Laufe ihrer Identitätsbildung lesen sollten. Stellen Sie dafür einleitend den Grundkonflikt des Steppenwolfs in groben Zügen dar. Berücksichtigen Sie neben dem nachfolgenden Zitat mindestens eine weitere konkrete Textstelle und arbeiten Sie weitere Ihnen bekannte Stärken sowie mögliche Kritikpunkte an dem Roman nachvollziehbar und textnah heraus.*

   „Es ist hier nicht die Rede vom Menschen, der die Schule, die Nationalökonomie, die Statistik kennt, nicht vom Menschen, wie er zu Millionen auf den Straßen herumläuft und von dem nichts andres zu halten ist als vom Sand am Meer oder von den Spritzern einer Brandung: es kommt auf ein paar Millionen mehr oder weniger nicht an, sie sind Material, sonst nichts. [...] Ein Mensch, der fähig ist, Buddha zu begreifen, ein Mensch, der eine Ahnung hat von den Himmeln und Abgründen des Menschentums, sollte nicht in einer Welt leben, in welcher common sense, Demokratie und bürgerliche Bildung herrschen."

   Aus: H. Hesse: Der Steppenwolf. Frankfurt am Main: Suhrkamp 2007, S. 73

   (30 Punkte)

Bewertungsbogen für ____________________

1. Verstehensleistung

Teilaufgabe 1		
Die Schülerin/der Schüler	maximale Punktzahl	erreichte Punktzahl
formuliert eine aufgabenbezogene Einleitung (Titel, Autorin und Erscheinungsdatum und -ort, Thema) und charakterisiert den Sachtext dabei als Buchrezension/-besprechung	3	
gibt im Anschluss leserorientierend den Inhalt der Rezension systematisch, d.h. in aller Regel nach Sinnabschnitten nachvollziehbar gegliedert, wieder (in indirekter Rede, Präsens, in eigenen Worten/Paraphrase) und erläutert diese, etwa • Kernthese im 1. Sinnabschnitt (Z. 1 – 11): Unterstützungsleistung des Romans für junge Leser durch Betonung des Rechts auf Autonomie und Eigensinn, von dem die Gesellschaft ebenso profitiere wie der sich in seiner Identität erst ausbildende junge Mensch • Einwand gg. Technik- und Kulturkritik Hesses sowie dessen Plädoyer für ewige Werte, dennoch zählten Risikobereitschaft u. Fähigkeit zur Selbstkritik mehr (Z. 12 – 18) • Erläuterung der Chancen von Literatur im Prozess der Begegnung des Lesers mit der Figur des Harry Haller: Nachvollzug der Verzweiflung des Romanhelden führe zur Begegnung des Lesers mit eigenen psychischen Inhalten u. ggf. zu deren Therapie (Z. 19 – 33) • Plädoyer für Thematisierung der „falschen Töne“ (Z. 39) des Romans: weltanschauliche Überfrachtung, Betonung angeblich ewiger Werte, Kulturkritik an bürgerlicher Bildungstradition; aber auch: Ermutigung junger Menschen zum Experiment der Selbsterfahrung, dabei Ernstnehmen des einzelnen Menschen und seiner Individualität (Z. 34 – 63) • Charakterisierung des Romans als Risiko oder „Wagnis“: Lektüre des Textes unterscheidet sich von Trivialliteratur durch Teilhabe an Ausbildung einer (neuen) Identität. Thematisierung von Gefahren („narzisstische Selbstbespiegelung“) und Chancen (Suche nach eigener Gegenwelt, ernsthafte Beschäftigung mit eigener Persönlichkeit) (Z. 64 – 76)	15	
beschreibt den Argumentations- und Gedankengang der Autorin nachvollziehbar, etwa • Kernthese zu Beginn (Z. 1 f.) • Folgerungen: „<u>So</u> stärkt der Text ...“ (Z. 8 f.) oder „So machen junge Leser ...“ (Z. 19 f.) • Ausführungen und Erläuterungen zur Hauptaussage (Z. 34 – 63) • antithetische Argumentationsstruktur: „Man muss ... nicht teilen“ als Anerkennen der z. T. berechtigten Kritik am Roman, Gegenargumente werden nicht verschwiegen • Autoritätsargumente: Zitate Hesses (Z. 49 – 52, 57 – 63 und 74 – 76) und deren Erläuterung • gleichzeitig zirkuläre Gesamtstruktur des Auszugs: der Text beginnt positiv im ersten Sinnabschnitt und endet ebenso (vgl. Z. 74 ff.) positiv ausklingend mit Zitat Hesses	8	

untersucht die Sprache und die Syntax des Textes, etwa • Inversionen (Z. 2 „Eigensinn ...“ und Z. 64: „Ein Wagnis...“) • Anaphorik/Parallelismus (Z. 65, 67, 71: „Wer ... Wer ... Wer ...“) • Alliteration (Z. 42 f.: „Welt des ewiges Wertes“) • Metaphorik (Z. 39: „falsche Töne“ und Z. 29: „Spiegel der Selbstbegegnung“) • Häufige Dopplungen (Z. 16: „Bereitschaft und Fähigkeit“, Z. 43: „Normen und Werte“) • insgesamt sachliche Fachsprache („narzisstische Selbstbespiegelung“, Z. 68 f. oder „suggestiv verklärende Passagen“, Z. 40), häufig psychologisierend (Z. 10: „falsche Ich-Bilder“, oder Z. 32: „Kraft seiner eigenen Mitte“ oder Z. 22: „therapeutische Wirkung“) • häufig hypotaktische Satzstrukturen (z. B. Z. 22 – 27: „Im Steppenwolf begegnet ihnen ... .“) • gelegentlich poetischer, an Hesses Stil angelegter Sprachduktus: „Wer seiner Faszination erliegt, findet sich [...] vor dem zerbrochenen Spiegel wieder.“ (Z. 65 f.), Aufnahme/Adaption der Metaphorik Hesses für eigene Argumentation	8	
arbeitet abschließend die Intention (Wirkungsabsicht) des Textes heraus, etwa • insgesamt klares Plädoyer für die Lektüre des Romans gerade im Hinblick auf eine junge Leserschaft • dabei Einräumung, Entkräftung bzw. Vorwegnahme der Kritik an Aspekten des Romans • Beleg: u. a. zirkuläre Argumentationsstruktur (positiver Beginn und Ausklang dominieren) • Weckung von Interesse auf Seiten junger Leser, indem deren spezifische Identitätsprobleme in den Blick genommen werden	8	
erfüllt ein weiteres aufgabenbezogenes Kriterium (4)		
Summe 1. Teilaufgabe	42	

Teilaufgabe 2		
Die Schülerin/der Schüler	**maximale Punktzahl**	**erreichte Punktzahl**
stellt einleitend den Grundkonflikt des Steppenwolfs in groben Zügen dar, etwa • dualistische Grundstruktur zwischen Bürger/Mensch auf der einen sowie Außenseiter/Steppenwolf auf der anderen Seite • dabei: Charakterisierung des bürgerlichen Anteils als eines Menschen, der sich nach Geborgenheit, Geselligkeit, Sicherheit, Heimat, Reinheit, Pflichterfüllung und Alltäglichkeit sehnt und Bedingtheit/Beschränkung akzeptiert • dabei: Charakterisierung des Steppenwolfanteils als Wunsch nach bzw. Ausdruck von Elite, Einsamkeit, Unruhe und Wildheit, Depression, Außenseitertum, Unbedingtheit • insgesamt: Leiden an innerer Zerrissenheit des Menschen als Ursache der Lebensmüdigkeit Harry Hallers, Unzufriedenheit mit banal-alltäglicher Existenzweise des Bürgers	8	
nimmt selbst Stellung zu der Frage, ob und inwiefern es sich bei Hesses Roman um einen Text handelt, den junge heranwachsende Menschen im Laufe ihrer Identitätsbildung lesen sollten, und formuliert textnah begründete Zustimmung, zum Beispiel • Gefühl des Außenseitertums Hallers, sein Gefühl des Nichtverstandenwerdens ist auch typisch für die Phase der Adoleszenz • Hallers Konflikte mit der Gesellschaft sind möglicher Spiegel der Probleme junger Heranwachsender mit Eltern und gesellschaftlichen Institutionen (Lehrer, Schule, Ausbildung) • junge Menschen neigen wie Haller zu Abgrenzung und selbstgesuchter Isolation • Roman als Konfliktbewältigungsmodell und Orientierung für junge Leser	8	

nimmt selbst kritisch Stellung zu der Frage, ob und inwiefern es sich bei Hesses Roman um einen Text handelt, den junge heranwachsende Menschen im Laufe ihrer Identitätsbildung lesen sollten und formuliert textnah begründete Kritik, zum Beispiel • bedenkenlose Verherrlichung des Elitemenschen • Abwertung des Einzelnen als Folge des „Hungers auf Ganzheit" steht im Widerspruch zur Würde des Individuums, die das Grundgesetz in Art. 1 als unantastbar betont • Abwertung der Demokratie als schwacher Staatsform • Gefahr des Missbrauchs wegen fragwürdigem Menschenbild ist hoch • fehlende Anschauung und Konkretheit der Lösung im Magischen Theater • offenes Ende lässt Leser unbefriedigt und mit Fragen zurück • bloße Innenschau: Gefahr der narzisstischen Selbstbespiegelung	8	
erläutert das vorliegende Zitat aus dem Roman zutreffend und nutzt es für die Kritik am Text, z. B. • Arroganz gegenüber Durchschnittlichkeit des Bürgers, der verachtet wird • fragwürdiges, in Anklängen faschistoides Menschenbild • Verachtung der Demokratie und damit implizites Plädoyer für Führertum und Autorität	6	
erfüllt ein weiteres aufgabenbezogenes Kriterium (4)		
Summe 2. Teilaufgabe	**30**	
Summe Inhaltsleistung	**72**	

2. Darstellungsleistung

Anforderungen		
Die Schülerin/der Schüler	**maximale Punktzahl**	**erreichte Punktzahl**
strukturiert ihren/seinen Text kohärent, schlüssig, stringent und gedanklich klar: • angemessene Gewichtung der Teilaufgaben in der Durchführung • gegliederte und angemessen gewichtete Anlage der Arbeit • schlüssige Verbindung der einzelnen Arbeitsschritte • schlüssige gedankliche Verknüpfung von Sätzen	6	
formuliert unter Beachtung der fachsprachlichen und fachmethodischen Anforderungen: • Trennung von Handlungs- und Metaebene • begründeter Bezug von beschreibenden, deutenden und wertenden Aussagen • Verwendung von Fachtermini in sinnvollem Zusammenhang • Beachtung der Tempora • korrekte Redewiedergabe (Modalität)	6	
belegt Aussagen durch angemessenes und korrektes Zitieren: • sinnvoller Gebrauch von vollständigen oder gekürzten Zitaten in begründender Funktion	3	
drückt sich allgemeinsprachlich präzise, stilistisch sicher und begrifflich differenziert aus: • sachlich-distanzierte Schreibweise • Schriftsprachlichkeit • begrifflich abstrakte Ausdrucksfähigkeit	5	
formuliert lexikalisch und syntaktisch sicher, variabel und komplex (und zugleich klar)	5	
schreibt sprachlich richtig	3	
Summe Darstellungsleistung	**28**	

BEWERTUNG	maximale Punktzahl	erreichte Punktzahl
Summe insgesamt (Verstehens- und Darstellungsleistung)	100	

Die Arbeit wird mit der Note

_______________________________ beurteilt.

____

Datum Unterschrift

Kommentar:

Note	Punkte	erreichte Punktezahl
sehr gut plus	15	100 – 95
sehr gut	14	94 – 90
sehr gut minus	13	89 – 85
gut plus	12	84 – 80
gut	11	79 – 75
gut minus	10	74 – 70
befriedigend plus	9	69 – 65
befriedigend	8	64 – 60
befriedigend minus	7	59 – 55
ausreichend plus	6	54 – 50
ausreichend	5	49 – 45
ausreichend minus	4	44 – 39
mangelhaft plus	3	38 – 33
mangelhaft	2	32 – 27
mangelhaft minus	1	26 – 20
ungenügend	0	19 – 0

Klausurvorschlag II (Romanauszug)

Wir saßen und plauderten und tranken Champagner. Wir schlenderten beobachtend, abenteuerliche Entdecker, suchten uns Paare aus, deren Liebesspiel wir belauschten. Sie zeigte mir Frauen, mit denen zu tanzen sie mich aufforderte, und gab mir Ratschläge über die Verführungskünste, welche bei dieser und bei jener anzuwenden seien. [...] Alles war Märchen, alles war eine Dimension reicher, um eine Bedeutung tiefer, war Spiel und Symbol. Wir sahen eine sehr schöne junge Frau, die etwas leidend und unzufrieden aussah, Hermann tanzte mit ihr, brachte sie zum Blühen, verschwand mit ihr in eine Sektlaube und erzählte mir nachher, sie habe diese Frau nicht als Mann erobert, sondern als Frau, mit dem Zauber von Lesbos. Mir aber ward allmählich dies ganze tönende Haus voll tanzbrausender Säle, dies berauschte Volk von Masken zu einem tollen Traumparadies, Blüte um Blüte warb mit ihrem Duft, Frucht um Frucht umspielte ich suchend mit probenden Fingern, Schlangen blickten mich aus grünem Laubschatten verführend an, Lotosblüte geisterte über schwarzem Sumpf, Zaubervögel lockten im Gezweige, und alles führte mich doch zu einem ersehnten Ziel, alles lud mich neu mit Sehnsucht nach der Einzigen. [...]

Ein Erlebnis, das mir in fünfzig Jahren unbekannt geblieben war, obwohl jeder Backfisch und Student es kennt, wurde mir in dieser Ballnacht zuteil: das Erlebnis eines Festes, der Rausch der Festgemeinschaft, das Geheimnis vom Untergang der Person in der Menge, von der Unio mystica der Freude. Oft hatte ich davon sprechen hören, jeder Dienstmagd war es bekannt, und oft hatte ich das Leuchten im Auge des Erzählenden gesehen und hatte immer halb überlegen, halb neidisch dazu gelächelt. Jenes Strahlen in den trunkenen Augen eines Entrückten, eines von sich selbst Erlösten, jenes Lächeln und halb irre Versunkensein dessen, der im Rausch der Gemeinschaft aufgeht, hatte ich hundertmal im Leben an edlen und gemeinen Beispielen gesehen, an besoffenen Rekruten und Matrosen ebenso wie an großen Künstlern, etwa im Enthusiasmus festlicher Aufführungen, [...] und noch in jüngster Zeit hatte ich dies Strahlen und Lächeln des glücklich Entrückten bewundert, geliebt, bespöttelt und beneidet an meinem Freunde Pablo, wenn er selig im Rausch des Musizierens im Orchester über seinem Saxophon hing oder dem Dirigenten, dem Trommler, dem Mann mit dem Banjo zuschaute, entzückt, ekstatisch. Solch ein Lächeln, solch ein kindhaftes Strahlen, hatte ich zuweilen gedacht, sei nur ganz jungen Menschen möglich oder solchen Völkern, die sich keine starke Individuation und Differenzierung der einzelnen gestatteten. Aber heute, in dieser gesegneten Nacht, strahlte ich selbst, der Steppenwolf Harry, dies Lächeln, schwamm ich selbst in diesem tiefen, kindhaften, märchenhaften Glück, atmete ich selbst diesen süßen Traum und Rausch aus Gemeinschaft, Musik, Rhythmus, Wein und Geschlechtslust, [...]. Ich war nicht mehr ich, meine Persönlichkeit war aufgelöst im Festrausch wie Salz im Wasser. Ich tanzte mit dieser oder jener Frau, aber nicht nur sie war es, die ich im Arm hatte, deren Haar mich streifte, deren Duft ich einsog, sondern alle, alle die andern Frauen mit, die im selben Saal, im selben Tanz, in derselben Musik wie ich schwammen und deren strahlende Gesichter wie große phantastische Blumen mir vorüberschwebten, alle gehörten mir, allen gehörte ich, alle hatten wir aneinander teil. Und auch die Männer gehörten dazu, auch in ihnen war ich, auch sie waren mir nicht fremd, ihr Lächeln das meine, ihr Werben das meine, meines das ihre. [...]

Ich tanzte ununterbrochen mit jeder Frau, die mir eben in den Weg lief, [...], von allen entzückt, lachend, glücklich, strahlend. Und als Pablo mich so strahlen sah, mich, den er immer als einen sehr beklagenswerten armen Teufel angesehen hatte, da blitzten seine Augen mich glückselig an, er stand begeistert von seinem Orchesterstuhl auf, stieß heftig in sein Horn, stieg auf den Stuhl, stand oben und blies mit vollen Backen und wiegte sich, [...] und ich und meine Tänzerin warfen ihm Kußhände zu und sangen mit. Ach, dachte ich zwischenein, mag mit mir geschehen, was da wolle, einmal bin doch auch ich glücklich gewesen, strahlend, meiner selbst entbunden, ein Bruder Pablos, ein Kind.

Aus: Hermann Hesse: Der Steppenwolf. Frankfurt am Main: Suhrkamp 2007, S. 178 – 182 (Auszüge)

Name:	Schule:	Fachlehrer:
Kurs:	Arbeitszeit:	

Thema der Unterrichtsreihe: Hermann Hesses Roman „Der Steppenwolf“

Aufgabenart: Analyse eines epischen Textauszuges mit weiterführendem Schreibauftrag

1. *Analysieren Sie den vorliegenden Textauszug aus Hermann Hesses Roman „Der Steppenwolf“ nach Form und Inhalt, indem Sie u. a.*
   - *ihn in den Handlungsverlauf des Romans bzw. den persönlichen Entwicklungsprozess des Protagonisten Harry Hallers einordnen und dabei die Struktur bzw. den Aufbau des Romans deutlich werden lassen,*
   - *den Inhalt systematisch und in eigenen Worten wiedergeben und erläutern,*
   - *die Sprache und die Syntax (Satzbau) beschreiben und deuten sowie*
   - *die Erzähltechnik des Autors (Erzählform, -perspektive, -verhalten) funktional untersuchen.*

   [48 Punkte]

2. *Nehmen Sie zu dem nachfolgenden Zitat unter Berücksichtigung des Romanauszugs begründet Stellung. Stellen Sie dafür zu Beginn die Kritik Meyers in eigenen Worten dar und erläutern Sie diese. Formulieren Sie im Anschluss als „Anwalt“ des Autors Hermann Hesse mindestens ein nachvollziehbares Gegenargument, das Sie beispielhaft und textnah verdeutlichen. Kommen Sie abschließend zu einem begründeten Gesamturteil über den Roman des Künstlers und Literaturnobelpreisträgers Hermann Hesse .*

   „Das, was mich an diesen großen Worten störte und ihnen gegenüber misstrauisch machte, war, dass sie mir zu ungenau und zu viel umfassten und zusammenfassten und sich so meiner Kontrolle entzogen; dass ich nicht sicher war und sein konnte, ob sie für andere das Gleiche oder doch irgendwie Ähnliches bedeuteten wie für mich, und dass sie – weil sie zu vage, zu unbestimmt, zu ungewiss, zu unsicher, zu dunkel und zu verschwommen waren – zu leicht missbraucht werden konnten [...]. All das, was mich an Hesses Werken stört oder ärgert, ließe sich [...] in einem einzigen, allerdings nicht vernachlässigbaren kleinen Einwand zusammenfassen, und das wäre der Einwand gegen die großen Worte.“

   Aus: E. Y. Meyer. Die großen und die kleinen Wörter. Kritische Bemerkungen des Schriftstellers E. Y. Meyer über Hermann Hesse und seine Sprache. In: Egon Schwarz (Hrg.): Hermann Hesses „Steppenwolf“. Königstein im Taunus: Athenäum 1980, S. 101 – 103, gek.

   [24 Punkte]

Bewertungsbogen für ______________________________

1. Verstehensleistung

Teilaufgabe 1		
Die Schülerin/der Schüler	**maximale Punktzahl**	**erreichte Punktzahl**
formuliert eine funktionalisierte Einleitung (Autor, Titel, Erscheinungsjahr ...) und stellt das Thema des Textauszuges angemessen dar, etwa: ekstatisch-rauschhafte, glücklich machende Erfahrungen Hallers auf dem Maskenball; Vorgang der Entindividualisierung (Ich-Dissoziation)	4	
ordnet den Textauszug in den Handlungsverlauf des Romans bzw. den persönlichen Entwicklungsprozess des Protagonisten Harry Hallers ein und lässt so die Struktur bzw. den Aufbau des Romans deutlich werden, etwa • Maskenball-Erlebnis Hallers am Ende des Romans • vierteiliger Aufbau des Romans aus 1. Teil (Vorwort), 2. Teil (erste Ausführungen Hallers), dem theoretischen „Tractat" (3. Teil) sowie den Ausführungen Hallers am Ende (4. Teil), die sowohl den Maskenball als auch das Magische Theater umfassen • multiperspektivisches Erzählen macht Seelenkrise des Protagonisten deutlich • Problematik des Steppenwolfs: Leiden an dualistischer Persönlichkeitsstruktur (Gegensatz von Bürgertum (Sicherheit, Geborgenheit, Geselligkeit)) und Steppenwolf-Existenz (Außenseitertum, Elite, Einsamkeit, Depression), innere Zerrissenheit als Folge einseitig-neurotischer Identität, die wichtige Persönlichkeitsinhalte verdrängt/nicht zulässt	8	
gibt den Inhalt des Textauszugs systematisch mit eigenen Worten wieder, erläutert ihn und nennt dabei u. a. folgende Punkte • nach anfänglichem Unwohlsein und Abreisewunsch sitzt Harry nun mit Hermann, der weiblichen Hermine, im Keller der Globussäle an der Bar und wartet auf den Beginn des Magischen Theaters als Höhepunkt des Maskenballs • euphorisch-ekstatische Feierstimmung, Alkoholrausch, Musik, Drogen, Tanz • Beobachtung von Liebespaaren, (lesbische) Liebeserfahrung Hermanns und anschließende Deutung als Aufhebung dualistischer Sexualität als Beispiel für die gewünschte Aufhebung des „Principium individuationis" • persönlicher Erfahrungsbericht Hallers beschreibt Prozess der Entindividualisierung („unio mystica der Freude") und rauschhaftes Gemeinschaftserlebnis, in dem der einzelne Teilnehmer untergeht und dies als bereichernd empfindet • Tanzerfahrungen mit Männern und Frauen im Medium der Musik verwandeln Haller in einen glücklichen, nicht mehr an den Gegensätzen leidenden Menschen (Prozess der Katharsis/Reinigung) • Kontakt mit Pablo; dessen Freude an dem aus seiner Sicht gelungenen Prozess der Persönlichkeits-/Bewusstseinserweiterung als Auflösung des Ichs und Infantilisierung	10	
beschreibt und deutet Sprache und Syntax (Satzbau) des Textauszuges, zum Beispiel • Polysyndeton (Z. 1 f.: 2x „und") betont gemeinschaftliche Tätigkeit/Vorgang der Feier durch Hemmung des Redefortschritts • Ellipse (Z. 7: „Alles war Märchen") betont irreal-mythischen Charakter des Maskenballs • Alliteration (Z. 9: „Spiel und Symbol") informiert über Methode und Bedeutung der geschilderten Handlung • Metapher (Z. 14 f.: „Zauber von Lesbos") betont Notwendigkeit der sexuellen Diversität • zahlreiche Dopplungen (Z. 10 f.: „leidend und unzufrieden", Z. 26: „Backfisch und Student", Z. 39: „besoffenen Rekruten und Matrosen", Z. 42 f.: „Strahlen und Lächeln") • Aufzählungen (Z. 43 f.: „bewundert, geliebt, bespöttelt und beneidet")	10	

• Vermischung von Sinneseindrücken/Synästhesie (Z. 56: „atmete ich ... diesen Traum.") • Paradoxon (Z. 58: „Ich war nicht mehr ich...") • Vergleich (Z. 58f.: „Meine Persönlichkeit war aufgelöst wie [...] Salz im Wasser.") • Ausruf (Z. 80f.: „Ach, dachte ich [...].") • ausgeprägte Anaphorik (Z. 66f.: „alle gehörten mir, allen gehörte ich, alle hatten [...].") • häufig hypotaktische, komplexe Satzstrukturen (Z. 9–15: „Wir sahen eine sehr schöne [...].") • insgesamt Umschreibung einer rauschhaft-subjektiven Erfahrung durch mehrere Wörter mit ähnlichen, einander teilweise überlagernden Wortfeldern (Dopplungen/Wiederholungen); strenge, absichtsvolle poetische Stilisierung und Ausdruckshäufungen		
untersucht die Erzähltechnik des Autors funktional, etwa • Erzählform: Ich-Erzähler (stark subjektiv gefärbte Auslassungen zur Handlung, deutlich handlungs- und lösungsorientierter als in den Passagen zu Beginn des Romans) • Erzählperspektive: Innensicht • Erzählverhalten: personal • Charakter eines inneren Monologs/Bekenntnisstil/Offenbarung/Metamorphose	8	
verfasst einen aufgabenbezogenen Schlussteil, fasst zusammen, zieht ein Fazit, wertet ggf., etwa • Maskenball und Magisches Theater als Höhepunkt und Abschluss des Romans • sprachmagische Darstellung eines Vorgangs der Dekonstruktion der Persönlichkeit als innerpsychischer Entwicklungsprozess • Ablehnung der bisherigen steppenwölfisch-dualistischen Existenzweise korrespondiert mit Aufforderung, sich für neue Persönlichkeitsbereiche zu öffnen • Ziel: Erlangung einer neuen Bewusstseinsform	8	
erfüllt ein weiteres aufgabenbezogenes Kriterium (6)		
Summe 1. Teilaufgabe	**48**	

Teilaufgabe 2		
Die Schülerin/der Schüler	**maximale Punktzahl**	**erreichte Punktzahl**
stellt zu Beginn die Kritik Meyers in eigenen Worten dar und erläutert diese, etwa • Zweifel an Aussagekraft der bildhaften Sprechens Hesses • Bildhäufungen führen nicht zu höherer Genauigkeit, sondern ins Gegenteil • Vorwurf der uneffektiven Redundanz (Dopplungen ohne inhaltlichen Mehrwert als bloße Pose und poetische Effekthascherei) • Vorwurf der Unbestimmbarkeit der Aussagen und Gefahr möglicher Fehldeutungen durch diverse Leser und Leserinnen, Vorwurf der reinen Subjektivität • Gefahr des Missbrauchs, Manipulation und absichtlicher Fehldeutung • (unangebrachte) Überhöhung banaler Erfahrungen und Aussagen ins Kosmische	8	
formuliert als Anwalt Hesses mindestens ein nachvollziehbares Gegenargument, das beispielhaft, textnah und nachvollziehbar erläutert wird, zum Beispiel • Tatsache der Rezeption: Millionen von (jugendlichen) Lesern haben Hesses Texte und seine Sprache bis heute begeistert aufgenommen, der Roman ist ein weltweit bekannter und vielfach gelesener Bestseller	8	

• zum Teil hohe Anschaulichkeit der sprachlichen Gestaltungsmittel, etwa – Neologismus (S. 83): „Es stank alles nach fauler Verbrauchtheit, nach fauler Halbundhalbzufriedenheit […].“ – rhetorische Frage (S. 35): „War es schade darum? Es war nicht schade darum.“ – Metapher (S. 35): „[…] dieser Becher war ausgetrunken und wurde mir nicht mehr gefüllt.“ – überraschende Wortspiele wie Zeugma (S. 35): „[…] voll tiefen Genießens und voll von Versen.“		
zieht ein Fazit und kommt abschließend zu einem begründeten Gesamturteil über den Roman des Künstlers und Literaturnobelpreisträgers Hermann Hesse, das sich aus den vorherigen Aussagen nachvollziehbar ergibt. Dabei ist sowohl Zustimmung zur Kritik Meyers, Ablehnung als auch ein ausgewogenes Urteil möglich.	8	
erfüllt ein weiteres aufgabenbezogenes Kriterium (4)		
Summe 2. Teilaufgabe	24	
Summe Inhaltsleistung	72	

2. Darstellungsleistung

Anforderungen		
Die Schülerin/der Schüler	**maximale Punktzahl**	**erreichte Punktzahl**
strukturiert ihren/seinen Text kohärent, schlüssig, stringent und gedanklich klar: • angemessene Gewichtung der Teilaufgaben in der Durchführung • gegliederte und angemessen gewichtete Anlage der Arbeit • schlüssige Verbindung der einzelnen Arbeitsschritte • schlüssige gedankliche Verknüpfung von Sätzen	6	
formuliert unter Beachtung der fachsprachlichen und fachmethodischen Anforderungen: • Trennung von Handlungs- und Metaebene • begründeter Bezug von beschreibenden, deutenden und wertenden Aussagen • Verwendung von Fachtermini in sinnvollem Zusammenhang • Beachtung der Tempora • korrekte Redewiedergabe (Modalität)	6	
belegt Aussagen durch angemessenes und korrektes Zitieren: • sinnvoller Gebrauch von vollständigen oder gekürzten Zitaten in begründender Funktion	3	
drückt sich allgemeinsprachlich präzise, stilistisch sicher und begrifflich differenziert aus: • sachlich-distanzierte Schreibweise • Schriftsprachlichkeit • begrifflich abstrakte Ausdrucksfähigkeit	5	
formuliert lexikalisch und syntaktisch sicher, variabel und komplex (und zugleich klar)	5	
schreibt sprachlich richtig	3	
Summe Darstellungsleistung	28	
BEWERTUNG	**maximale Punktzahl**	**erreichte Punktzahl**
Summe insgesamt (Verstehens- und Darstellungsleistung)	100	

Die Arbeit wird mit der Note

____________________ beurteilt.

Datum Unterschrift

Kommentar:

Note	Punkte	erreichte Punktezahl
sehr gut plus	15	100 – 95
sehr gut	14	94 – 90
sehr gut minus	13	89 – 85
gut plus	12	84 – 80
gut	11	79 – 75
gut minus	10	74 – 70
befriedigend plus	9	69 – 65
befriedigend	8	64 – 60
befriedigend minus	7	59 – 55
ausreichend plus	6	54 – 50
ausreichend	5	49 – 45
ausreichend minus	4	44 – 39
mangelhaft plus	3	38 – 33
mangelhaft	2	32 – 27
mangelhaft minus	1	26 – 20
ungenügend	0	19 – 0

Einen epischen Textauszug analysieren

Bei der **Analyse eines Erzähltextes** geht es darum, einen kürzeren oder längeren Erzähltext, ggf. einen Textauszug, genau zu untersuchen und dabei auch die besonderen Merkmale von Erzähltexten deutlich machen.

Ihre **Einleitung** enthält Titel, Verfasser, Erscheinungsjahr und Textsorte des Textes. Anschließend nennen Sie das Thema, d.h. die zentrale Problematik/Fragestellung des Textes. Achten Sie darauf, dass Sie zwischen Inhalt und Thema das Textes unterscheiden. Abschließend können Sie Ihr erstes Textverständnis und eine Deutungshypothese formulieren.

Beginnen Sie den **Hauptteil** mit einer kurzen Inhaltsangabe des zu untersuchenden Textes. Wenn es sich um einen Textauszug handelt (z.B. aus einem Roman), sollten Sie den Auszug in den Gesamtzusammenhang des Gesamttextes einordnen (z.B. Handlungsverlauf, Entwicklung der Thematik.) Anschließend stellen Sie die Ergebnisse Ihrer Untersuchung dar; dabei können Sie **linear** den Text Abschnitt für Abschnitt durchgehen (Text vorher gliedern) oder ihn jeweils auf bestimmte **Aspekte** hin untersuchen (**aspektorientiertes Vorgehen**). Sie müssen entscheiden, welche Gesichtspunkte sich sinnvoll am vorliegenden Text untersuchen lassen. Folgende Untersuchungsaspekte kommen infrage:

Thema: zentrales Thema/Problem/zentraler Konflikt
Aufbau der Handlung: Abschnitte/Verlauf der Handlung; Bedeutung von Anfang und Ende, Spannungsbogen, Haupt- und Nebenhandlung
Figuren: Unterscheidung von Haupt- und Nebenfiguren sowie deren Charakterisierung und Entwicklung, Beziehungen zwischen den Figuren
Ort und Zeit der Handlung: Beschreibung des Handlungsortes (Atmosphäre); symbolische Bedeutung des Handlungsortes; (historische) Zeit, zu der die Handlung spielt; Zeitstruktur (z.B. Rückblenden); Verhältnis von Erzählzeit und erzählter Zeit
Sprache: Auffälligkeiten in Satzbau und Wortwahl, rhetorische Mittel, bildhafte Ausdrücke (z.B. Metaphern, Vergleiche, Symbole, Personifikationen), Stilebene (z.B. Alltagssprache oder gehobene Sprache), sprachliche Besonderheiten genau beschreiben und funktional erläutern.
Erzähltechnik: z.B. Erzählform, Erzählerstandort, Erzählverhalten, Redewiedergabe (direkte/indirekte Rede, innerer Monolog, erlebte Rede)
Textsorte: Benennung und Bestimmung der Textsorte (z.B. Kurzgeschichte, Novelle, Roman) anhand der Textsortenmerkmale
Titel: Deutung des Titels, Zusammenhang zwischen Titel und Erzähltem

Im **Schlussteil** fassen Sie die zentralen Untersuchungsergebnisse zusammen und leiten daraus eine **Deutung** des Textes ab. Dabei sollten Sie erläutern, welche **Wirkungs- und Aussageabsichten** der Text für Sie hat. Anschließend können Sie den Text in einer persönlichen Stellungnahme unter verschiedenen Gesichtspunkten **beurteilen** (z.B. Wirkung auf Sie als Leser; erzähltes Geschehen, Verhalten der Figuren, Bedeutung und Behandlung des Themas, sprachliche Qualität, Bedeutung des Textes und seines Themas damals und heute).

Die **Sprache** Ihrer Textanalyse ist bestimmt durch ihre informierende Absicht; sie ist sachlich. Achten Sie darauf, dass Sie die Ihnen bekannten Fachbegriffe verwenden (z.B. zur Sprachanalyse und Erzähltechnik). Als Zeitform wählen Sie das Präsens.

Vgl. J. Diekhans/M. Fuchs (Hg.) P.A.U.L. D.10. Paderborn: Schöningh Verlag, S. 279f.

Musik: „Born to be wild“ (Steppenwolf)

Get your motor runnin'
Head out on the highway
Lookin' for adventure
And whatever comes our way
Yeah Darlin' go make it happen
Take the world in a love embrace
Fire all of your guns at once
And explode into space

I like smoke and lightning
Heavy metal thunder
Racin' with the wind
And the feelin' that I'm under
Yeah Darlin' go make it happen
Take the world in a love embrace
Fire all of your guns at once
And explode into space

Like a true nature's child
We were born, born to be wild
We can climb so high
I never wanna die

Born to be wild
Born to be wild

1. *Übersetzen Sie das Lied der US-amerikanischen Hardrock-Band ‚Steppenwolf'.*
2. *Welche Motive des Romans von Hermann Hesse finden Sie wieder? Notieren Sie in den Denkblasen am Rand.*
3. *Besorgen Sie sich eine Tonfassung des Liedes und diskutieren Sie die musikalische Umsetzung.*